导游业务

主　编 李　盼

副主编 梁　焰　邹建琴　何成亿

西南交通大学出版社
·成都·

图书在版编目（CIP）数据

导游业务 / 李盼主编. —成都：西南交通大学出版社，2018.5（2020.8 重印）
ISBN 978-7-5643-6176-1

Ⅰ. ①导… Ⅱ. ①李… Ⅲ. ①导游–业务–教材 Ⅳ. ①F590.633

中国版本图书馆 CIP 数据核字（2018）第 101258 号

Daoyou Yewu

导 游 业 务

主编　李　盼

责任编辑	武雅丽
封面设计	严春艳
出版发行	西南交通大学出版社 （四川省成都市二环路北一段 111 号 西南交通大学创新大厦 21 楼）
邮政编码	610031
发行部电话	028-87600564　028-87600533
官网	http://www.xnjdcbs.com
印刷	四川森林印务有限责任公司
成品尺寸	185 mm×260 mm
印张	17.5
字数	436 千
版次	2018 年 5 月第 1 版
印次	2020 年 8 月第 2 次
定价	45.00 元
书号	ISBN 978-7-5643-6176-1

课件咨询电话：028-87600533
图书如有印装质量问题　本社负责退换
版权所有　盗版必究　举报电话：028-87600562

前　言

导游人员处于旅游服务的第一线,导游工作是旅游业中最具代表性的工作。旅游服务质量是旅游业竞争力的重要因素,导游服务是其中最重要的环节之一,直接关系到旅游业的整体形象,因此,导游被称为"旅游业的灵魂"。

21世纪,是中国旅游业蓬勃发展的世纪,旅游市场在不断发生新变化,对导游服务的规范化、专业化、个性化和多样化有了更高的要求。为了贴合我国当前旅游业发展的新特征和新趋势,培养素质较高、知识面宽、服务规范、综合业务能力强的优秀导游人员队伍是我国旅游业发展的迫切需要,是我国各类高等院校旅游管理教育的重要任务之一,也是本教材编写的最高目标。

在编写过程中,我们认真总结了多年的课堂教学经验和实践经验,深入调查研究、广泛征集工作在第一线的导游从业人员的意见,采纳了旅游行政管理人员和旅行社管理人员的建议,参阅了已有的同类教材和研究成果,按照专业要求和行业需要,力求在深入进行理论阐述的基础上,提供充实的案例,在导游技能培养方面,注重科学性、实用性、现代性和可操作性。

本教材有以下几个特点:第一,根据最新大纲要求编写。国家旅游局规定从2016年起实行全国统一的导游资格考试制度,并公布考试大纲,2017年3月对2016版考试大纲进行了修订。本教材的编写大纲完全遵从新大纲要求,内容覆盖新大纲中全部考点,且重点突出,既可做旅游管理专业教材,又可作为考生的考试参考用书。第二,根据课程和行业的特点,本教材在强调理论与实践相结合的基础上,更加注重实用性和业务可操作性,并在各章中提供大量典型案例,便于主讲教师进行案例教学,学生能够将理论知识进行运用和融会贯通。第三,本教材的内容完全根据最新的法律法规、部门规章和规范性文件等进行编写。我们根据2009年5月1日起施行的《旅行社条例》、2013年10月1日起施行的《中华人民共和国旅游法》、2011年1月14日国家旅游局发布的《导游服务规范》、2016年8月19日国家旅游局下发的《关于深化导游体制改革加强导游队伍建设的意见》和2017年10月16日国家旅游局公布,自2018年1月1日起施行的《导游管理办法》等进行内容编写,使教材在内容上与时俱进。第四,导游业务是一门实践性很强的课程,要求学生掌握理论知识的同时具有较强的实际操作技能，如语言、讲解、带团和应变技能等，因此，本教材将配套出版导游业务实训教程，培养学生的实际操作能力和对理论知识进行应用的能力。第五，相对其他教材，本教材新增了导游服务质量评估与管理这一章，此举基于国家标准、行业标准与游客的感知构建了导游服务质量评价指标体系，具有很强的实用性，有利于导游的自我提升与相关组织和部门对导游服务质量的监管，契合我国旅游业发展对导游服务提出的新要求。

本教材共分四篇十一章。"基础篇"主要阐述相关的基本理论，包括导游人员的基本概念、分类、职责、从业素质、行为规范和职业形象等；导游服务的内涵、类型、性质、特点、地位、作用、发展历程与发展趋势等；导游服务质量及其管理的相关问题等。"实务篇"主要说明导游工作规范化的操作程序，包括团队导游和散客导游的服务程序与规范；导游人员对旅游过程中各类故障的预防和处理措施；导游人员对旅游者的各种个别要求的具体的处理办法。"技能篇"主要讨论了导游人员在导游服务过程中应该具备的各种技能，包括语言技能、讲解技能和带团技能。"常识篇"概述了导游人员在导游服务过程中必备的一些基本常识，包括出入境、交通、邮电和卫生保健及救护等常识。

本教材的编写由凯里学院旅游学院四位教师共同完成，其编写分工如下：李盼（第一、二、三、四、五、六、七）、邹建琴（第八、九章）、何成亿（第十、十一章），本教材编写大纲的拟定和统稿由梁焰和李盼负责。

本教材编写过程中，始终得到西南交通大学出版社的指导和帮助，同时还参阅了国内外众多有识之士的相关研究成果（见参考文献），在此，向各位尊敬的作者表示衷心的感谢。

书中如有疏漏不当之处，敬请广大读者和业内人士不吝赐教。

李　盼
2017 年 12 月

目 录

基础篇

第一章　导游服务 ·· 002
　　第一节　导游服务概述 ·· 002
　　第二节　导游服务的产生和发展 ·· 006
　　第三节　导游服务的范围和类型 ·· 014
　　第四节　导游服务的性质与特点 ·· 018
　　第五节　导游服务的地位和作用 ·· 021
　　本章小结 ··· 024

第二章　导游人员 ·· 025
　　第一节　导游人员的概念与分类 ·· 026
　　第二节　导游人员的从业素质 ··· 030
　　第三节　导游人员的职责要求 ··· 035
　　第四节　导游人员的行为规范与职业道德 ································ 038
　　第五节　导游人员的职业形象 ··· 043
　　本章小结 ··· 049

第三章　导游服务质量评估与管理 ··· 050
　　第一节　导游服务质量概述 ·· 050
　　第二节　导游服务质量评估 ·· 053
　　第三节　导游服务质量管理 ·· 057
　　本章小结 ··· 064

实务篇

第四章　团队导游服务程序与规范 ··· 066
　　第一节　地方陪同导游服务程序与规范 ··································· 066
　　第二节　全程陪同导游服务程序与规范 ··································· 088
　　第三节　出境旅游领队服务程序与规范 ··································· 097
　　第四节　景区景点导游服务程序与规范 ··································· 107
　　本章小结 ··· 111

第五章　散客导游服务程序与规范 ·· 113
　　第一节　散客旅游服务 ·· 113
　　第二节　散客导游服务 ·· 118
　　第三节　散客导游服务程序与规范 ·· 121
　　本章小结 ·· 125

第六章　旅游故障的预防和处理 ·· 127
　　第一节　旅游故障概述 ·· 127
　　第二节　接团故障的预防和处理 ··· 132
　　第三节　误机（车、船）故障的预防和处理 ······························ 137
　　第四节　旅游活动计划和日程变更的处理 ································· 139
　　第五节　物品遗失问题的预防和处理 ······································· 141
　　第七节　游客走失的预防和处理 ··· 146
　　第八节　游客患病、死亡问题的预防和处理 ······························ 148
　　第九节　旅游突发事件的预防和处理 ······································· 152
　　第十节　游客越轨言行的处理 ·· 159
　　本章小结 ·· 160

第七章　游客个别要求的处理 ··· 162
　　第一节　游客个别要求概述 ·· 162
　　第二节　对吃住行方面个别要求的处理 ···································· 164
　　第三节　对游娱购方面个别要求的处理 ···································· 168
　　第四节　对其他方面个别要求的处理 ······································· 172
　　本章小结 ·· 178

技 能 篇

第八章　导游语言技能 ·· 180
　　第一节　导游语言的概念与要求 ··· 180
　　第二节　导游口头语言技能 ·· 185
　　第三节　导游态势语言技能 ·· 189
　　第四节　导游交际语言技巧 ·· 193
　　本章小结 ·· 199

第九章　导游讲解技能 ·· 200
　　第一节　导游讲解概述 ·· 200
　　第二节　导游讲解方法和技巧 ·· 204
　　第三节　导游词的创作技巧 ·· 215
　　第四节　实地导游讲解的要领 ·· 221
　　本章小结 ·· 224

第十章　导游带团技能 ································· 225
　第一节　导游人员带团的原则与要领 ················· 225
　第二节　导游人员的组织协调技巧 ··················· 228
　第三节　导游人员的心理服务技巧 ··················· 234
　第四节　导游的审美引导技巧 ······················· 239
　第五节　特殊游客的接待技巧 ······················· 243
　本章小结 ··· 246

常识篇

第十一章　导游服务必备常识 ··························· 248
　第一节　出入境常识 ······························· 248
　第二节　交通、邮电常识 ··························· 255
　第三节　货币、保险常识 ··························· 261
　第四节　卫生保健救护常识 ························· 266
　本章小结 ··· 270

参考文献 ··· 271

基础篇

第一章　导游服务
第二章　导游人员
第三章　导游服务质量评估与管理

第一章　导游服务

学习目标

通过本章的学习，要求学生掌握导游服务的概念和原则，能将导游服务的原则运用于带团工作的实践中；了解世界和中国导游服务的产生和发展历史；对导游服务的发展趋势有一定的认识和理解；熟悉导游服务的类型、范围，导游服务的性质和特点；掌握导游服务的地位和作用，为将来从事导游工作、树立正确的导游服务理念打下基础。

第一节　导游服务概述

一、导游服务的概念

（一）导游的概念

"导游"一词来自英语 Tour Guide。Tour 和 Guide 均既可为名词，也可作动词。按牛津词典解释，Tour 作为名词含义为"旅游、观光"，作为动词则为"周游、旅行"；Guide 作为名词含义为"指路的人"，作为动词，即为"引导"。Tour Guide 在美国威斯康星大学哲学博士查理斯-梅特尔卡编著的《住宿、旅行和旅游词典》中的解释是"领有执照并受雇带领旅行者在当地观光旅行的人"。

"导游"这个词最早使用的时间虽然难以考证，但毫无疑问，它是人们在长期旅游实践中对引导游客旅行的行为进行科学总结概括而来的。其原意也包括两层含义：作为动词意为"引导旅行游览"；作为名词意为"引导者"，通常指导游人员。我国学术界和旅游界对导游的理解主要为上述两种。本书将"导游"作为动词理解，即引导游客进行旅行游览的一种服务活动，而"导游人员"则在第二章中另做解释。

（二）服务的概念

服务，国际标准化组织和原国家技术监督局（现为国家质量监督检验检疫总局）制定的国家标准 GB/T 16766-1997《旅游服务基础术语》所下的定义是："为满足顾客的需要，供方与顾客接触的活动和供方内部活动所产生的结果。"在旅游活动中，服务是作为旅游产品供方的旅游企业在同游客的接触中使其需要得到满足的活动。

（三）导游服务的概念

导游是近代社会的产物，但其原始形式却是伴随着人类旅行的产生而萌发的。现今，导游服务随着大众旅游的兴起而不断发展深入。

导游服务是导游人员代表委派的旅行社，接待或陪同游客旅行、游览，按照组团合同或约定的内容和标准向游客提供的旅游接待服务。

导游服务的概念包含三层含义：

首先，根据《导游人员管理条例》，导游人员必须由旅行社委派。在提供导游服务时，导游人员代表的是旅行社。未受旅行社委派的导游人员，不得私自接待游客。若私自承揽或者以其他任何方式直接承揽导游业务，进行导游服务，将受到相关处罚。《导游人员管理条例》第十九条规定：导游人员未经旅行社委派，私自承揽或者以其他任何方式直接承揽导游业务，进行导游活动的，由旅游行政部门责令改正，处1 000元以上3万元以下的罚款；有违法所得的，并处没收违法所得；情节严重的，由省、自治区、直辖市人民政府旅游行政部门吊销导游证并予以公告；对该导游人员所在的旅行社给予警告直至责令停业整顿。

其次，导游人员的主要业务是从事游客的接待。地方导游人员负责的是当地的旅游接待服务；全陪导游人员负责的是游客在整个旅游行程中的接待和陪同服务。

最后，导游人员向游客提供的接待服务，对于团体游客必须按照组团合同的规定和导游服务质量标准实施，对于散客必须按照事先约定的内容和标准实施。《导游人员管理条例》第十三条规定：导游人员应当严格按照旅行社确定的接待计划，安排游客的旅行、游览活动，不得擅自增加、减少旅游项目或者终止导游活动。导游人员在引导游客旅行、游览过程中，遇到有可能危及游客人身安全的紧急情形时，经征得多数游客的同意，可以调整或者变更接待计划，但是应当立即报告旅行社。因此，导游人员应该按照《导游人员管理条例》的要求向游客提供接待服务，否则，既会损害旅行社的利益和国家或地区的形象，又会损害游客的合法权益。

二、导游服务的基本原则

导游人员在向游客提供导游服务时，既要热情周到，又不能违背原则，对待游客要一视同仁，处理问题要合情合理；既要圆满完成旅行社委派的任务，又要满足游客的需求。因此，导游服务过程中必须遵守以下几个原则。

（一）游客至上原则

"宾客至上"是服务人员的行动指南，是整个服务业的宗旨，也是服务工作中处理问题和事故的出发点。在导游服务工作中，它具体体现为"游客至上"。这一原则有三层含义：

首先，"游客至上"意味着在游客与旅行社的关系中，游客是第一位的。因此，旅行社在产品设计、开发、促销、销售、接待等过程中，首先应该考虑游客的实际需求，导游人员在导游服务过程中应将游客利益摆在第一位，全心全意为游客服务。

其次，"游客至上"意味着导游人员要尊重游客，要尊重游客的权益，尊重游客的人格，尊重游客的合理要求。

最后，"游客至上"意味着导游人员在处理某些问题时要以游客利益为重，不能过多强调自己的困难，更不能以个人情绪来对待或左右游客，而应在合理而可能的情况下尽量满足游客的合理要求。

（二）合理而可能的原则

满足游客的正当要求，使他们愉快地度过旅游生活是导游人员的主要任务。旅游环境复杂多变，游客的要求往往多种多样。有些游客对可能享受的旅游服务理想化，经常会提出一些不合理的要求，甚至对旅行社的安排、导游人员的服务横加指责和挑剔。即使在这种情况下，导游人员也要耐心倾听、认真对待，分析其中是否有合理的成分，绝不能置之不理。如果有合理的成分，又有办到的可能，导游人员就要想方设法满足他们，弥补导游服务中的不足；对不合理或无法实现的要求，要实事求是、合情合理地耐心解释，争取游客的理解。导游人员若能做到这一点，他的工作必然会得到游客的高度评价。实行合理而可能的原则，不仅能最大限度地满足游客的要求，还能使游客心悦诚服，更加相信导游人员，有利于导游服务工作的顺利开展。

总之，"合理而可能"既是导游服务的原则，也是导游人员处理问题、满足游客要求的依据和准绳。

（三）规范化和个性化相结合的原则

规范化服务是国家和（或）行业主管部门制定并发布某项服务（工作）应达到的统一标准，要求从事该项服务（工作）的人员必须在规定的时间内按标准进行服务（工作），所以又称为标准化服务。

我国关于导游服务已经发布了四个标准：一是于1995年12月发布，1996年6月1日实施的《导游服务质量》（GB/T 15971-1995）国家标准；二是国家旅游局于1997年3月13日发布，1997年7月1日实施的《旅行社国内旅游服务质量要求》行业标准；三是国家旅游局于2002年7月27日发布并实施的《旅行社出境旅游服务质量》行业标准；四是国家质量监督检验检疫总局和国家标准化管理委员会于2011年1月14日发布，2011年5月1日实施的《导游服务规范》（GB/T 15971-2010），本标准替代了《导游服务质量》（GB/T 15971-1995）。国家标准和行业标准只是旅行社必须达到的起码的标准。旅行社在接待游客的时候，应当以此标准为基础，结合游客的实际需求，将规范化服务和个性化服务相结合，向游客提供优质的导游服务。

个性化服务是导游人员在执行以上标准规定的要求和旅行社与游客之间的约定外，按照游客的合理要求而提供的个性化服务。这种服务一般是针对游客的个别要求而提供的，所以又被称为特殊服务。相对规范化服务而言，个性化服务是针对游客的个别需要在合理而可能的条件下提供服务。它也是建立在理解人、体贴人基础上的富有人情味的服务。

规范化标准是服务的基本骨架，没有规范化要求，服务将是随意的，服务质量容易因服务人员的个性、情绪、工作时间和环境而受到影响；而个性化则是服务的灵魂，没有个性化的补充，服务将是呆板、僵化的，并会导致服务人员思想上的僵化和懒散，游客满意度将会大大降低。规范化服务与个性化服务两者密不可分，只有两者有机结合，才能实现优质服务。

（四）维护游客合法权益原则

从游客购买旅行社的产品开始到旅游活动结束这段时间内，旅行社有责任维护客人的合法权益不受侵犯。导游人员作为旅行社委派的代表，处于游客接待的第一线，必须不折不扣地按照规定向游客提供导游服务，将维护游客的合法权益作为自己服务的准则，并根据这一准则对其他旅游服务的供给进行监督，处理好旅游接待过程中的有关问题，尤其是我国加入世贸组织（WTO）以后，不仅要遵照国家旅游局关于保护游客权益的规定执行，而且要严格按照世界旅游组织（World Tourism Organization）有关保护游客合法权益的准则执行。概括起来，游客的合法权益主要有以下内容：

1. 旅游自由权

旅游自由权包括旅行自由权和停留权。旅行自由权是指游客在不违背有关法律规定和履行了必要手续的前提下，可以根据自己的意愿前往各地旅行，其旅行方式、旅行时间和旅行地点均不应受到任何不合理的干预；停留权是指游客在旅游目的地或旅游途中有合法停留的权利，其停留的时间、地点和方式不应受到不合理的干预。

2. 旅游服务自主选择权

旅游服务自主选择权是指游客有权自行选择从事旅游经营的企业、旅游线路、旅游项目和服务等级等，不受任何单位和个人的干预。

3. 旅游服务内容知悉权

旅游服务内容知悉权是指游客在购买和接受旅游服务时，享有获得包括服务内容和其他相关信息的权利，旅游经营企业有向游客提供真实情况和有效信息的义务。

4. 旅游公平交易权

旅游公平交易权是指旅游经营企业在同游客签订旅游服务合同或进行交易时，应遵循公平、平等、诚实、信用的原则，不得有强制、欺诈、违反公平的内容和行为。游客对交易的旅游产品和服务不满意时，有拒绝购买或签约的权利。

5. 依约享受旅游服务权

依约享受旅游服务权是指游客有享受旅游合同约定的服务的权利。旅游经营企业和导游人员有按约定提供符合标准的服务的义务。游客对强加的旅游计划外的项目有拒绝权。

6. 人身和财物安全权

在旅游活动中，游客享有人身和财务安全不受侵犯的权利。旅游经营企业和导游人员有义务采取一切有效措施，防止盗窃、暴力、交通事故和食物中毒等事故的发生，为游客提供安全的服务和旅游环境。

7. 医疗、求助权

游客在旅游期间如有患病、受伤等情况发生，有权享有与当地居民同等待遇的医疗服务权。游客在旅游期间遇到困难时，有请求获得帮助的权利。

8. 求偿权和寻求法律救援权

游客在合法权益受到损害或侵犯时，有向有关部门进行投诉和要求有关旅游企业或保险公司赔偿的权利。若游客的要求得不到满足，有权在当地寻求各种可行的法律支持或直接向法院提出诉讼。

第二节　导游服务的产生和发展

案例 1-1　近代旅游活动的开端

近代旅游业的诞生，是以"托马斯·库克旅游公司"在莱斯特的问世为标志，托马斯·库克一开始就以"为一切旅游公众服务"为宗旨，所以被公认为近代旅游业的创始人。

托马斯·库克（Thomas Cook），1808年11月22日生于英格兰德比郡墨尔本镇，自幼家境贫寒，10岁辍学从业，做过帮工、木工、诵经人等。出于宗教信仰，他极力主张禁酒。1841年7月初，在离他居住的莱斯特城不远的拉夫伯勒要举行一次禁酒会。为壮大这次会议的声势，托马斯·库克在莱斯特城张贴广告，招徕游客，组织了570人前往拉夫伯勒参加禁酒大会。他向每位游客收费1先令，为他们包租了一列火车，做好了行程的一切准备，使得这次短途旅行十分成功。这次旅行被公认为是近代旅游活动与古代旅游活动的分界线。

1845年托马斯·库克放弃了木工的工作，开始专门从事旅游代理业务，成为世界上第一位专职的旅行代理商。他在英格兰的莱斯特城创办了世界上第一家商业性旅行社。旅行社成立之后，托马斯·库克于1845年8月4日第一次组织消遣性的观光旅游团，即莱斯特到利物浦之行，参加人数350人。库克本人对这次团体旅行进行了周密的计划，并亲自考察旅游线路，确定沿途的游览点，与各地客栈老板商定旅客的吃住事宜。回来后，他整理出版《利物浦之行手册》发给游客，成为早期的旅游指南。1846年，他又组织350人到苏格兰集体旅游，并配有向导。这是世界上第一次有商业性导游陪同的旅游活动。

案例点评：

从托马斯·库克于1841年组织第一次商业性旅游活动，1845年创办了世界上第一家商业性旅行社，到1846年组织第一次有商业性导游陪同的旅游活动，仅5年时间，证明了导游在旅游业中不可动摇的地位与作用，因此，导游被人们誉为"旅游活动的灵魂"。

导游服务作为旅游服务的重要组成部分，随着商业性旅游活动的出现而产生，并随着旅游业的不断发展而日趋成熟。

一、古代的向导服务

在人类历史上，早在原始社会末期，旅行活动便已开始。那时人们外出旅行主要是出于生存和经济目的，如游牧部落的迁徙、商人来往于不同部落之间专门从事商品的交换等，商人以经商为目的四处奔走开创了旅行的通路。商品交换越发达、交换的范围越大，人们就越要离开常住地到异地他乡经商。所以，最早的旅行是建立在经商贸易基础上的一种经济活动，但是这个时期的旅行活动并未产生导游服务，因为这时的社会条件还不具备。

随着人类社会由原始社会进入奴隶社会，私有制出现使社会财富集中在少数奴隶主手中，他们除了生活上奢华享受之外，还开始了以巡视、巡游为名义，以消遣为目的的享乐旅行，如公元前1490年古埃及荷赛特女王到现今索马里一带的观光巡游等。在这些旅行活动中，臣仆们簇拥前后，除随时侍奉外，实际上也起着旅行向导的作用。此外，在奴隶制社会时期，宗教旅行、体育旅行、商业旅行开始出现。如古埃及在5000年前就开始组织朝圣者去圣地朝拜的朝圣旅行；古希腊时代，人们旅行去参加和观看奥林匹克体育竞技比赛等。

到了封建社会，随着社会生产力的进一步发展和交通条件的改善，旅行的形式更加多样。除了帝王、王公贵族的巡游之外，以经商为目的的跨国旅行、以探险为目的的航海旅行、以科学考察为目的的旅行等形式也相继发展起来。如意大利旅行家马可·波罗为经商来到中国，著名意大利航海家哥伦布发现美洲新大陆，麦哲伦绕地球一周证明了地圆说等。在这些旅行活动中，有的旅行者有侍从相随，有的则在途中雇用了向导。

中国是一个幅员辽阔、历史悠久的文明古国，旅游的历史也非常久远。大禹为治理洪水跋山涉水走遍了大半个中国，可以算是我国最早的知名旅行家。在我国，古代帝王为了维护统治的需要，也为了消遣娱乐而进行巡游，如秦始皇、汉武帝泰山封禅的旅游活动。帝王出游时必有陪臣、侍从同游，这些人中的有些人就充当了帝王出游的实际导游人员。

除了帝王巡游之外，我国进入封建社会后，历朝的旅行活动中涌现出一批在世界旅游发展史中占有重要地位的人物。如春秋战国时期孔子等士大夫周游列国；西汉张骞两次出使西域，开辟了"丝绸之路"；唐朝玄奘前往印度取经、鉴真东渡日本传教；李白、杜甫等文人士子漫游大江南北；明朝的郑和七下西洋；杰出的旅行家徐霞客30多年遍游诸省进行旅行考察，写出了地理科考巨著《徐霞客游记》等。在这些旅行活动中，旅行者往往都配有熟悉路途的人做向导，这些充当向导的人，不仅可以引路，还能对沿途的山水景物和当地的风俗民情进行介绍。

由此可见，在古代时期的各种旅行活动中，已产生了向导服务。只不过在古代，这种向导服务并不具有普遍的社会意义。因为受当时社会生产力水平低下和交通工具的制约，旅游活动只是社会中少数人的行为，参加旅游的人数不多，旅游活动的规模不大，旅行的范围有限。对于提供向导服务的人来说，一是具有偶然性，即人们当"向导"的机遇很少，只不过是少数人的一种兼职行为；二是不能形成一种社会化的职业。

知识链接 1-1　中国旅游日

中国旅游日，是每年的5月19日，非法定节假日。该节日起源于2001年5月19日，浙江宁海人麻绍勤以宁海徐霞客旅游俱乐部的名义，向社会发出设立"中国旅游日"的倡议，建议将《徐霞客游记》首篇《游天台山日记》的开篇之日——5月19日，定名为中国旅游日。2011年3月30日，国务院常务会议通过决议，自2011年起，将每年5月19日确立为"中国旅游日"。

2011年"中国旅游日"活动主题："读万卷书、行万里路"。
2012年"中国旅游日"活动主题："健康生活、欢乐旅游"。
2013年"中国旅游日"活动主题："休闲惠民，美丽中国"。
2014年"中国旅游日"活动主题："快乐旅游，公益惠民"。
2015年"中国旅游日"活动主题："新旅游、新常态"。
2016年"中国旅游日"活动主题："旅游促进发展，旅游促进扶贫，旅游促进和平"。
2017年"中国旅游日"活动主题："旅游让生活更幸福"。

二、近代导游服务

旅游发展与社会经济的进步密切相关。随着资本主义生产关系的建立，特别是 18 世纪 60 年代在英国开始，19 世纪 40 年代在美国、法国、德国等西欧国家以及日本相继完成产业革命，大大促进了生产力的发展，不仅给人类社会带来了巨大的变化，也使得这一时期的旅游活动获得了突破性的发展。产业革命一方面催生了一批新兴的资产阶级和大量的雇佣工人，使资产阶级的统治地位最终确立；另一方面加速了新技术在工业中的应用，特别是蒸汽技术在交通运输中的应用，出现了速度快、运量大的轮船、火车等新型交通工具，为人们进行长途的海洋、陆地旅行带来极大的便利，为旅游活动的开展创造了有利条件。

正是在这种历史背景下，英国人托马斯·库克发现了巨大商机，并率先开始了组织旅游活动的行为，从而成为近代旅行代理业的创始人。1845 年托马斯·库克放弃了木工的工作，开始专门从事旅游代理业务，成为世界上第一位专职的旅行代理商。他在英格兰的莱斯特城创办了世界上第一家商业性旅行社，"为一切旅游公众服务"是它的服务宗旨。1846 年，托马斯·库克亲自带领一个旅行团乘火车和轮船到苏格兰旅行。他组织的旅游活动，不仅设置随团陪同人员提供全程陪同服务，而且还聘用地方导游提供地方游览项目的讲解服务。前者不仅起着向导作用，而且还要负责旅游团的行程和生活照料服务；后者则是负责对当地游览项目进行导游和讲解。因此，这个时期是导游服务的开创时期，也是现代导游服务的奠基时期，所提供的导游服务在许多方面与现代导游服务是相同或类似的。从托马斯·库克开始组织商业旅游活动、创办旅行社，到聘用导游人员的过程，是导游人员职业化的过程。所以，这个时期也是导游服务逐步走向职业化的时期。

后来欧洲及北美诸国和日本纷纷借鉴托马斯·库克组织旅游活动的成功模式，先后组建了旅行社或类似的旅游组织，招募陪同或导游，带团在国内外参观游览。这样，在世界上逐渐形成了专业导游队伍。第二次世界大战后，大规模的群众性旅游活动崛起并得到发展，使导游队伍迅速扩大。到目前，几乎世界各国都拥有一大批数量不等的专职和兼职导游队伍。

三、现代导游服务

（一）世界导游服务的发展

第二次世界大战以后，世界各地的社会化大众旅游活动迅速普及。一方面，战后世界经济稳步发展，人们的收入和支付能力不断提高，生产劳动自动化程度提高，使人们的工作时间缩短，闲暇时间增多，因而有更多的人加入游客的队伍中。另一方面，战后科学技术的发展使交通运输工具越来越先进，大大缩短了人们外出旅游的时空距离，为远程旅游提供了新的便利条件。同时，各国政府也对发展旅游业非常重视。正是由于这些主要因素的推动，旅游活动迅速走向大众化，世界旅游进入了现代的大众旅游时期。随着大众旅游的兴起，旅游业作为一种新兴的综合性产业在世界经济中确立了重要地位，并成为世界经济中一个重要的产业部门。在这个时期，有组织的团体包价旅游成为现代旅游活动中最普及的形式。而在这种大众旅游模式中，导游人员所提供的导游服务作为旅游各服务中最为重要的内容，起着非常关键的作用。导游人员通过为游客提供生动的讲解服务、周到的旅行生活服务等，使旅游活动顺利进行，使游客游览、审美的愿望和安全、舒适的旅行需求得到满足，导游人员也能获取应得的报酬。因此，随着大众旅游活动的发展，导游作为一种新兴的职业，其人数不断增加，队伍迅速扩大，现在已发展成为一支遍及全球的专业化队伍。

（二）中国导游服务的发展历程

同欧美国家相比，中国近代旅游业起步较晚。中国的第一代导游人员出现在20世纪20年代，至今经历了四个发展阶段。

1. 起步阶段（1923—1949年）

20世纪初期，一些外国旅行社，如英国通济隆旅游公司（前身即托马斯·库克父子旅游公司）和美国的运通旅游公司等，开始在上海等地设立旅游代办机构，总揽中国旅游业务，雇用中国人充当向导。1923年8月，上海商业储蓄银行总经理陈光甫先生在同仁的支持下，在该银行下创设了旅游部。1927年6月，旅游部从该银行独立出来，成立了中国旅行社，即后来香港中国旅行社股份有限公司的前身，其分社遍布华东、华北、华南等15个城市。与此同时，中国还出现了其他类似的旅游组织，如铁路游历经理处、公路旅游服务社、浙江名胜导游团等。社会团体方面也相继成立了旅游组织，1935年中外人士组织成立了中国汽车旅行社，1936年筹组了国际旅游协会，1937年出现友声旅行团、精武体育会旅行部、萍踪旅行团、现代旅行社等。这些旅行社和旅游组织承担了近代中国人旅游活动的组织工作，同时也出现了第一批中国导游人员。

2. 初创阶段（1949—1978年）

1949年，中华人民共和国成立，中国旅游业发展的历史掀开了新的一页。

当时，百业待兴，而在华侨最为集中的厦门，出入境的人口很多。为了贯彻落实国家的侨务政策，安排接待回国探亲、定居、访问的海外侨胞，为他们出入境提供服务，也为了让世界上更多的人了解中国，成为我们的朋友，1949年11月19日，厦门市有关部门接管了旧"华侨服务社"，经过整顿，于同年12月正式开业，创立了中华人民共和国第一家旅行社——厦门华侨服务社。此后，广州、泉州等十几个城市也相继成立了华侨服务。1954年4月15日，中国国际旅行社在北京成立，并在全国设立了14家分社，成为我国第一个从事接待外国游客的机构。其任务主要是承办除外国政府代表团之外的外宾接待工作，为外宾在中国的食、住、行、游提供服务。1957年，各地的华侨服务社组建成华侨旅行服务总社及其分社。1974年，华侨旅行社改名为中国旅行社，接待对象主要为自费归国观光探亲的海外华侨、外籍华人以及港、澳、台同胞。1980年，中国青年旅行社在北京成立。至此，我国三大全国性旅行社——国旅、中旅、青旅，承揽了绝大部分入境游客的招徕和接待工作，以及国内游客的旅游业务。

知识链接1-2 中国旅行社发展历程（"中旅"CTS）

1949年11月19日，厦门有关部门接管了旧"华侨服务社"，创立了中华人民共和国第一家华侨服务社。其后，重点侨乡广东省、福建省和许多中心城市相继成立华侨服务社。

1957年3月，全国各地华侨服务社在北京开会，决定在社名上添加"旅行"二字，统一更名为"华侨旅行服务社"。

1957年4月,"华侨旅行服务社总社"在北京成立,统筹全国各地华侨旅行服务社的工作,初步形成全国性网络。

1969年因各种原因,"华侨旅行服务社总社"被短期撤销。

1972年8月,中央批准恢复总社。

1974年,周恩来总理提议,保留"华侨旅行服务社总社",同时加用"中国旅行社总社"名称。

1990年7月,中国中旅(集团)公司和中国中旅集团在北京成立,与中国旅行社总社合署办公。

1994年5月,中国中旅(集团)公司与中国旅行社总社分署办公。

1994年10月,"CTS中旅"商标经国家工商行政管理总局商标局核准注册。

1994年12月,中国中旅的标志性建筑——中旅大厦在北京落成,中国中旅集团举行隆重的落成典礼并召开了中国旅行社成立45周年庆祝大会。

1999年1月,中共中央办公厅、国务院办公厅颁布《中央党政机关非金融企业脱钩的总体处理意见和具体实施方案》,将中国中旅(集团)公司列为首批交由中央管理的企业。

2000年6月,中国旅行社总社第一家控股单位广东拱北口岸中国旅行社有限公司成立,至今在全国已控股数十家中旅社。

2003年12月,中国旅行社总社与全球三大旅游企业集团之一的德国TUI集团合资成立中国第一家外资控股旅行社——中旅途易旅游有限公司。

知识链接1-3 中国国际旅行社发展历程("国旅"CITS)

1952年,我国成立"国际活动指导委员会"。

1953年南汉宸和刘贯一了解苏联国际旅行社情况后,决定筹建中国国家旅行社,并于1953年6月18日呈报政务院。

1954年4月15日,中国国际旅行社总社在北京正式成立。同年,在上海、天津、广州等12个城市成立了分社。成立之初,国旅总社是隶属国务院的外事接待单位。当时,全国还没有专门管理旅游业的行政机构,国旅总社实际上代行了政府管理职能。

1957年底,国旅在全国各主要大中城市设立19个分社,国旅的接待业务网络初步形成。在这一时期主要以政治接待任务为主。

1958年6月,国务院下发中国国际旅行社总社关于筹设国际旅行社分、支社机构的报告的批示。

1964年7月,中国旅行游览事业管理局(国家旅游局的前身)成立,中国旅游业的管理体制进入了一个新的时期,实行的是政企合一的体制。

1966年,国旅系统发展到46个分支社。

1982年,国旅总社与国家旅游局开始按"政企分开"的原则,分署办公和经营。

1984年,国家旅游局批准国旅总社为企业单位。从此,国旅总社从原来归口外事工作转为独立经营、自负盈亏的大型旅游企业。

1989年,国家旅游局批准中国国际旅行社集团成立。

1998年底,国旅总社与国家旅游局脱钩,成为中央直接管理的企业。

2000年，国旅总社成功地通过ISO9001国际质量体系认证并加入世界旅游组织；国家工商总局向国旅总社颁发了中国国旅集团证书。

2001年，国旅总社被国家统计局列入"中国企业500强"第219名，旅游业第1名，并分别进入营业收入增长率、利润增长率、人均营收、人均利润前100名。

2003年，国旅总社成为国有资产监督管理委员会管理的中央企业。

2004年，世界品牌实验室（WBL）和世界经济论坛（WEF）举办"2004年世界品牌大会暨中国500最具价值品牌"活动，"国旅"品牌名列第53名，旅游服务类第1名，品牌价值达88.81亿元。

2008年，国旅总社改制更名为中国国际旅行社总社有限公司。

2010年，全国百强旅行社排名第二。

从中华人民共和国成立初期到改革开放之前的这一时期，我国的旅游业只以完成接待任务为目标，并不考虑经济效益。因此，当时的导游接待服务等同于一项政治任务和外事工作。导游人员作为从事外事工作的国家干部，应该政治、外语和业务知识三方面过硬。由于这一时期我国旅游业的发展规模并不大，而且主要是入境旅游，因而导游人员的数量并不多，并且主要从事翻译导游服务。

3. 发展阶段（1978—1989年）

党的十一届三中全会后，我国实行对外开放政策，吸引了大批海外游客，国内旅游业蓬勃发展。为适应旅游业的大好发展形势，1978年中国旅行游览事业管理局改名为中国旅行游览事业管理总局，各省、市、自治区都设立相应的旅游局。1980年6月，中国青年旅行社总社成立，几个中央部委，包括邮电、教育、铁路等部门也相继成立了旅行社。1984年旅行社外联权下放后，全国各行业和地区性旅行社迅速发展。到1988年年底，全国形成了以中旅（中国旅行社）、国旅（中国国际旅行社）、青旅（中国青年旅行社）为主干框架的近1 600家旅行社体系，全国导游人员迅速增加到25 000人，他们为这一时期我国旅游业的发展做出了贡献。但由于增长速度过快，一批水平不高的人也进入导游队伍中，以致整体导游水平和素质不如前一阶段，个别导游人员甚至做出了有损人格、国格的事情，走上违法犯罪的道路。

知识链接1-4　中国青年旅行社成立过程（"青旅"CYTS）

1979年11月16日成立全国青联旅游部。

1980年6月27日国务院正式批准成立中国青年旅行社。

1997年11月26日，以中国青年旅行社总社（现中国青旅集团）为主发起人，通过募集方式设立中青旅股份有限公司（现中青旅控股股份有限公司）。

4. 全面建设导游队伍阶段（1989年至今）

为了整顿导游队伍，使导游服务水平适应我国旅游业大发展的需要，1988年国家旅游局开始在上海和浙江设立导游考试试点。1989年3月，国家旅游局在全国范围内进行了一次规模空前的导游资格考试。自此，每年都会举行一次全国性的导游资格考试。为配合导游资格考试，中国旅游报社等单位发起了"春花杯导游大奖赛"，此后又举办了多次全国导游大奖赛，对提高我国的导游服务水平、推进导游工作规范化的进程做出了贡献，同时也标志着我国开始迈入全面建设导游队伍的阶段。

1994年，国家旅游局决定对全国持有导游证的专职及兼职导游分等定级，划分为初级、中级、高级、特级四个级别，进一步加强导游队伍建设。同年，国家旅游局联合国家技术监督局发布了《导游人员职业等级标准（试行）》，随后国家旅游局又于1995年颁布了《导游服务质量》，1999年5月国务院颁布了《导游人员管理条例》，这些都为提高我国导游服务质量水平、加强导游服务质量管理提供了法律依据，也为导游队伍的发展和导游人员合法权益的保障提供了法律依据，标志着我国导游队伍建设迈向了法律进程。

2001年，国家旅游局又颁布了《导游人员管理实施办法》，决定启用新版IC卡式导游证，并实施导游记分制管理。国家旅游局运用现代科学技术手段建立导游数据库，在全国范围内推行导游电子信息网络化管理，实现导游管理机制的规范化、标准化和信息化。

2013年10月1日，《中华人民共和国旅游法》正式施行，该法为保障游客、旅游经营者和导游人员等的合法权益，规范旅游市场秩序，保护和合理利用旅游资源，促进旅游业持续健康发展做出重大贡献。同时，该法对导游人员的准入条件做出重大修改，从源头上保证各类导游人员有固定的收入渠道，规范了导游人员与旅行社之间的利益分配关系，并且进一步明确了导游职业行为应该承担的法律责任。该法的实施为推进我国导游的职业化进程、全面提升导游人员素质和社会地位打下坚实的基础。

2016年8月19日，国家旅游局下发《关于深化导游体制改革加强导游队伍建设的意见》，该意见推动导游从行政化、非流动、封闭式管理向法治化、市场化管理转变，构建"进出、监管、保障、奖惩"四位一体的管理体系，使导游管理体制更加科学高效，导游监管、评价、流动、激励机制更加完善，营造消费者、导游、市场共赢局面，使导游成为旅游市场秩序的坚定维护者，成为旅游业创新、创业的活跃领域，成为人民群众游得放心、舒心、开心的重要环节。

2017年10月16日国家旅游局公布《导游管理办法》，自2018年1月1日起施行。目的是在《关于深化导游体制改革加强导游队伍建设的意见》指导下进一步规范导游执业行为，提升导游服务质量，保障导游合法权益，促进导游行业健康发展。

（三）中国导游服务的发展特征

导游工作是旅游活动发展到一定阶段后的产物，随着大众旅游活动的发展，导游工作也在不断地发展，目前我国导游服务的发展呈现出如下主要特征。

1. 从非职业性发展为职业性

从导游工作的社会属性来说，它从社会中一种偶然行为发展为一种社会行为，即从其非职业性发展为职业性。在古代旅行活动中，由于旅行的人数很少，为旅行者提供向导只是一种偶然的、临时性的工作，不可能以此谋生，旅行者与向导之间不存在雇佣的业缘关系，仅属于泛缘关系。尽管后来出现了一些引导客人游览并收取报酬的现象，但对社会经济生活并未产生影响，向导并没有成为社会化的职业。随着旅游活动的发展，旅游业成为社会经济中的一个行业，以向导、陪同、接待员、讲解员等身份出现的专业人员和导游队伍才开始产生，并逐渐成为社会众多职业中的一种。

2. 从单一职能发展为综合职能

从导游工作的内容来说，导游人员的工作从为游客充当向导发展为向导和讲解相结合，最后发展为集向导、讲解和生活照料等于一身。导游工作内容的发展是两方面的因素促成的：首先，游客需求的变化促使导游工作内容发展和变化。随着社会经济水平的提高，人们外出旅游的目的、形式和内容都在不断变化，因此对导游工作的要求也随之变化。人们越来越要求在异地他乡的旅游活动既舒适安全又能获取更多的知识，或是旅游的经历能充分满足自己的个性化要求，导游服务内容的这种演变正是游客需求变化的反映。其次，旅行社提高经济效益的需求促使导游工作内容发生变化。导游工作所包含的各项内容都是有偿服务，旅行社正是通过导游工作销售其服务产品。旅行社为了降低成本，提高经济效益，全权委托导游人员代表旅行社处理游客旅游过程中的各种需求，使导游人员逐渐集向导、讲解与生活照料等于一身，这样可以大大提高劳动效率。

3. 从口耳相传发展为多媒体传播

从导游服务的类型来说，从单纯地依靠导游人员的体能发展到体能与图文声像相结合。在古代旅游活动中，游客需要的是向导，主要依靠体力引导游客旅行，随着消遣性旅游活动的开展，游客就不再满足于导游人员的单纯的向导作用了。现代大众旅游兴起后，导游人员接待的游客越来越多，接待的频率不断提高，完全依靠体能已经不能适应蓬勃发展的旅游活动的需要。因此，以图文声像作为辅助手段进行导游服务已成为必需；它不但可以减轻导游人员的体能消耗，而且也是游客所期盼的。

4. 从单一语言发展为多种语言

从导游服务的语言来说，导游服务的语言从单一语种向多语种发展。随着大众旅游在全世界的迅速普及，为了能向多个国家和地区的游客提供导游服务，导游队伍必须由掌握多种语言的人员组成。

（四）中国导游服务的发展趋势

未来旅游活动的发展趋势对导游服务必将产生影响并提出新的要求。导游服务在未来将出现如下趋势。

1. 导游内容高知识化

导游服务是一种知识密集型的服务，即通过导游人员的讲解来传播文化、传递知识，促进世界各地区间的文化交流。在未来社会，人们的文化修养更高，对知识的更新更加重视，获取旅游相关知识的途径更加便捷，加上文化旅游、专业旅游、科研考察的发展，对导游服务提出了更高的知识要求。因此，导游人员必须提高自身的文化修养，不断吸收新知识和新信息，真正做到上知天文地理、下知鸡毛蒜皮；不仅能通游客讨论一般问题，还能深入地谈论某些专业问题。这样才能使导游讲解的内容进一步深化，更具有科学性，更具有说服力，实现导游内容高知识化。

2. 导游手段科技化

随着科学技术的发展，智慧旅游和大数据时代的到来，各种先进的科技手段将会被运用到导游服务过程中。图文声像导游、网络导游等先进的导游手段,在游览前或在游览现场引导游客参观游览的过程中,不仅让游客看到(听到)景观景物的现状,还进一步了解其历史沿革和相关知识,起到深化实地导游讲解和以点带面的作用,成为导游服务不可或缺的辅助手段。因此,导游人员必须学会使用它们,并在游前导、游中导和游后导的过程中运用自如,与实地口语导游密切配合,使其相辅相成,锦上添花。同时,导游人员在导游过程中讲解相关科技知识、运用科技手段,能够使游客了解到旅游和高科技发展之间的关系,使导游服务与时俱进,充满时代气息。

3. 导游方法多样化

旅游活动日趋多样化,尤其是参与性旅游活动的兴起和发展,要求导游人员随之变化其导游方法。参与性旅游活动的发展,意味着人们追求自我价值实现的意识在不断增强。追求自我价值不仅体现在工作中,人们还将其转移到娱乐活动之中。人们参加各种节庆活动,与当地居民一起活动、生活,在旅游目的地学习语言、各种手艺和技能,甚至参加冒险活动等。这都要求导游人员不仅会说,还要能动,与游客一起参加各种活动。

4. 导游服务个性化

今天的社会是个性张扬的社会,个性化发展成为时代的主题,人们对旅游的需求个性化,旅游产品的消费也呈现个性化趋势。一方面,导游服务的个性化要求导游人员要根据游客的个性化差异和不同的旅游需求提供针对性的服务,使不同的游客获得更大的心理满足;另一方面,导游服务的个性化有利于导游人员根据自己的优势或特长、爱好,形成自己的个性风格,朝品牌化导游方向发展,给游客留下特色鲜明的印象。

5. 导游职业自由化

从世界各国导游发展的历史来看,导游人员作为自由职业者是必然的趋势。他们身份自由、行动自由、收入自由,靠以高尚的职业道德为游客提供良好的服务获得社会认同。导游人员的收入取决于上团机会,服务水平高、个人声誉好的导游上团机会就多,收入就高,体现了"优胜劣汰"的原则。2016年国家旅游局发布《关于深化导游体制改革加强导游队伍建设的意见》中提出:改革导游执业制度,以市场化为导向,依据市场规则,构建自由执业、自由流通的导游执业制度,形成渠道丰富、主体多元、流通顺畅、市场活跃的导游执业生态。这便是导游职业自由化这一趋势的最好反映。

第三节 导游服务的范围和类型

一、导游服务的范围

导游服务范围是指导游人员向游客提供服务的领域,即导游人员业务工作的内容(图1-1)。大致可以归纳为四大类:

基础篇

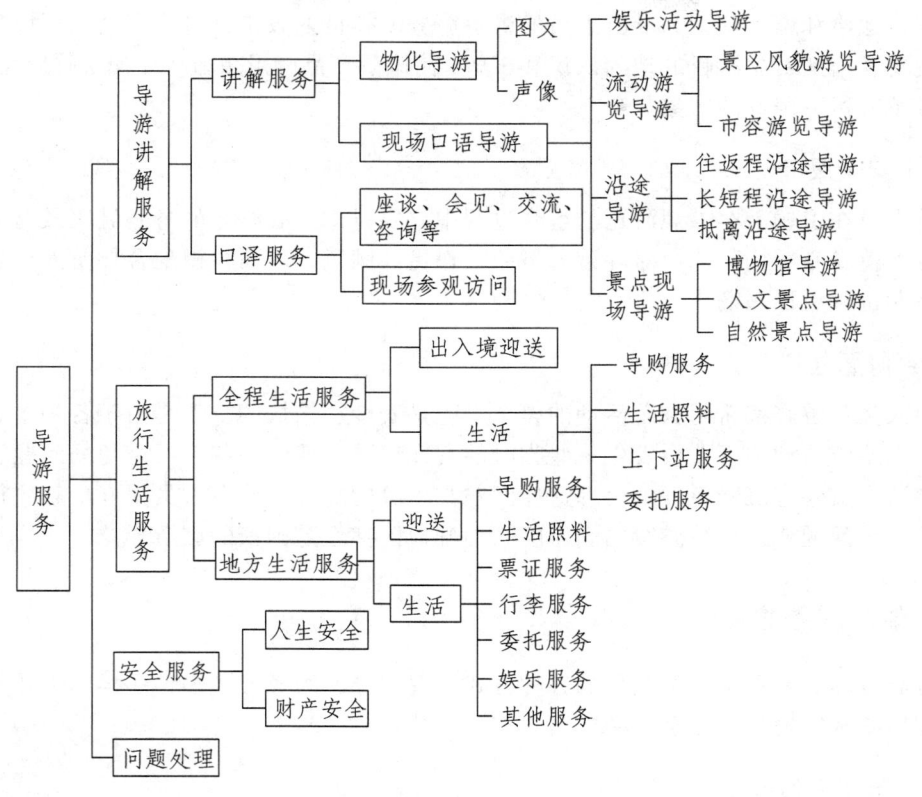

图 1-1　导游服务示意图

（一）导游讲解服务

导游的讲解服务需要导游人员在引领游客参观游览的过程中，运用自己掌握的知识、导游技能和语言艺术，对旅游目的地的风景名胜、风俗民情、古今文化、艺术和建设新貌等准确而又生动形象地进行讲解介绍，使游客在游览观光时的审美情趣和求知需求得到满足。通过导游讲解服务，帮助游客认识一个国家或地区的历史文化和现代文明，进而了解当地人民的精神风貌和道德水准。因此，导游讲解服务贯穿于参观游览的全过程，涉及的知识领域非常广泛。

导游讲解服务主要有以下两方面内容：

第一，讲解介绍，包括参观景点、游览市容时的沿途介绍和现场讲解说明，解答游客的提问，就游客关心的问题进行交谈，报告时事新闻等。

第二，口语翻译，包括座谈会、参观引导、观赏影剧、会见领导、与当地居民交流时的现场翻译等。

（二）旅行生活服务

旅行生活服务是由导游人员根据合同约定的内容和标准为游客在旅途生活中提供的相应服务，是导游服务的重要组成部分。主要包括迎送服务；旅途中的游客食、住、行、游、购、娱的具体安排实施等，旅行生活服务是整个导游服务中不可缺少的一环。认真做好生活服务，使游客在旅游期间的生活舒适、愉快、丰富多彩，从而对导游人员产生好感和依赖感，使双

方关系变得融洽和谐，这就为导游人员的讲解服务取得良好效果创造了有利的环境条件。这不仅会使游客增加对旅游目的地的认识和了解，使旅游产品的形象极大丰富，质量大大提高，而且会给游客留下美好的印象。

（三）安全服务

导游人员在引领游客参观游览的整个过程中，要时刻关心游客的身心健康及财务安全。只有游客保持身心舒畅，才会对导游人员的工作更加满意，从而积极配合导游人员的工作，使整个旅游过程更加顺畅。

（四）问题处理

导游人员和游客都希望旅游活动的整个过程是安全、愉快的。但是由于各种主观或客观的原因，在旅游活动中可能会发生一些临时的突发情况，遇到一些不可避免的问题、困难和变故，导游人员要有沉着冷静地处理这些问题和事故的能力。导游人员很好地解决行程中临时遇到的各种问题能够提高游客的满意度，提升地区甚至是国家的旅游形象。

二、导游服务的类型

导游服务的类型是指导游服务的各种方式。现代导游服务方式多种多样，大致可归纳为图文声像导游和实地口语导游两种方式。

（一）图文声像导游

图文声像导游也称为物化导游。随着科学技术的飞速发展，图文声像导游的方式也更加丰富多样。目前主要分为图册类、纪念品类、声像类、语音导览器和智慧旅游等五种。

1. 图册类

图册类包括各种导游图、交通图、旅游指南、景点介绍册页、宣传册、画册、旅游产品介绍等。

2. 纪念品类

有关旅游产品、专项旅游活动的宣传品、广告、招贴等印刷资料以及旅游纪念品等。

3. 声像类

声像类包括有关国情介绍、景点介绍的录音带、录像带、影片、幻灯片等。这种导游方式主要是作为游客出行前及旅行期间的旅游指导，通过声音影像给游客以深刻的感官印象，帮助游客了解旅游目的地的基本概况。同时这种方式也是帮助宣传品和旅游纪念品招徕顾客的重要途径。声像导游方式多用于重大参观项目、旅游博览会和大型旅游活动中，并且在一些环境相对封闭的旅游景区、景点（如博物馆、教室、游船等）也多装备有先进的声像设备，以方便游人参观浏览。

4. 语音导览器

自助式语音导览器具有多种语言可供选择，可通过红外无线连接，采用图、文、声、像全方位多媒体技术对展览内容进行翔实的介绍，使展览得到更大程度的扩展和延伸。

5. 智慧旅游

通过融合通信与信息平台，利用计算机、物联网和互联网技术，借助全球卫星定位系统，使用便携式移动终端上网设备，主动感知旅游相关信息，实现导游服务。简单地说，就是游客与网络实时互动，让游程安排进入触摸时代。如使用百度、高德等导航软件，可以方便地实现向导服务；利用景区开发的第三方应用程序（App），可以实现景区游线规划、景点讲解、安全提示、旅游商品销售等目的。智慧旅游无疑是物化导游重要的表现形式。

（二）实地口语导游

实地口语导游也称为讲解导游，是指导游人员在游客旅行、游览过程中进行的介绍、讲解、交谈和问题解答等。实地口语导游长期以来一直是主要的导游方式。这是因为与图文声像导游相比，这种方式具有以下特点：

1. 体现了人在旅游服务中的主导地位

导游人员在进行讲解导游服务时，直接面对社会背景和地位不同、需求与目的各异的游客，通过对其言行举止的观察，通过与其接触和交谈，可以了解不同游客的旅游动机和想法，能在参观浏览中进行必要的介绍的同时，有针对性、有重点地进行讲解，以满足游客的不同需求。这是图文声像导游方式难以办到的。

2. 能够灵活自如地应对各种复杂多变的情况

现场导游情况纷繁复杂，在旅游过程中，游客随时都有可能提出各自感兴趣的问题和要求，一些事先无法预料的事情也可能随时发生。而通过实地讲解导游服务，可以有针对性、有重点地进行声情并茂的讲解并解答游客的各种提问，迅速灵活地处理游客提出的各种要求，妥善解决各种突发事件，得心应手地应对各种情况，从而满足不同层次的游客的各种要求。这是图文声像导游方式无法替代的。

3. 有利于旅游活动中的人际交往和情感交流

旅游是一种社会文化活动。人们到异域他乡观光游览，通过对当地社会文化的了解来增长知识，通过与旅游目的地居民的接触来了解当地人民的生活方式，在人与人的交往中增进友谊。导游人员是旅游目的地居民的代表，是游客首先接触到并且接触时间最长的当地居民，通过导游人员的言行举止、讲解和服务，可以使游客产生对目的地居民的直接印象。而且游客通过与目的地居民特别是导游人员的接触，很自然地会产生一种感情交流，而这种感情正是增进互相了解和友谊的纽带。这也同样是高科技导游方式难以做到的。

案例 1-2　图文声像会替代实地口语导游吗？

2002 年《南方都市报》报道：重新开放的南越王博物馆在全省博物馆界率先推行电子录音导览机，游客花 10 元钱便可租用一个，边听边游览；而带团出游的导游，只需将解说内容有选择地播放给游客听就可以了。有了导览机后，向游客租借、发放机器成了讲解员的日常工作。讲解员会不会因此丢饭碗？记者近日走访广州市内各博物馆，发现虽然博物馆设备日趋现代化，专职讲解员仍然紧缺。

案例分析：

先进的电子导览机是物化导游方式的代表，但在科学技术发达的今天，电子导游方式彻底取代传统的实地口语导游方式还不太现实。满足游客的各种需求，甚至导游服务的成败，往往取决于导游人员本身的素质与知识水平的高低。两种导游服务方式可以相互补充，取长补短，使游客在旅游过程中获得更加完美的导游服务，从而获得旅游需求的更大满足。

综上所述，图文声像导游与实地口语导游这两种方式都是必要的。图文声像导游方式形象生动、便于携带和保存的优势将会进一步发挥，并且由于充分利用了现代高科技手段，使游客能够迅速方便地获得大量的信息，所以，随着科技的进步，图文声像导游方式的发展空间非常广阔。与此同时，实地口语导游方式的优越性也绝非图文声像导游方式所能替代。特别是在我国，实地口语导游方式仍将长期居于主导地位。应该说，两种导游服务方式都是不可缺少的，它们相互补充，取长补短，可以使游客在旅游过程中获得更加完美的导游服务，获得旅游需求的更大满足。

第四节　导游服务的性质与特点

导游人员是旅游业的"形象大使"，他们所提供的服务也被看作是旅游业的标志性产品。作为旅游业的代表性工种，导游服务具有鲜明的行业特征和不同于其他服务的性质和特点。

一、导游服务的性质

导游服务的性质在不同的国家有着不同的提法，尽管如此，世界各国对导游服务的基本性质还是有共识的，主要包括以下几个方面。

（一）服务性

服务性是导游服务的基本属性。导游服务是旅游产品的核心组成部分，其服务性更为突出。导游服务是导游人员通过向游客提供一定的劳务活动而体现的，主要体现在导游讲解、翻译、旅行安排、生活服务等。导游人员向游客提供的劳务不产生任何物质成果，但是它能创造特殊的使用价值，即导游人员的劳动消耗能为旅行社带来效益，并以报酬的形式得以补偿，其具体劳动还能满足游客游览、审美的愿望和安全、舒适的旅行需要。

（二）社会性

导游服务的社会性来源于旅游活动的社会性。旅游活动已经成为当今世界上规模最大、最具活力的社会活动之一。现代旅游活动对促进人们之间交往、促进世界和平、促进经济的发展和社会的繁荣进步起着重要的作用。在这种活动中，导游人员处于旅游接待工作的中心位置，推动着世界上最大规模的社会活动的发展，所以导游人员的工作具有明显的社会性。同时，为了满足游客的需要，在服务的过程中，导游人员不仅要与游客保持经常接触，而且要同社会诸多方面和相关人员发生社会关系，因此，导游服务本身就是一种社会服务。随着旅游活动的发展，旅游业已经成为社会经济中的一个行业，导游工作作为一项社会职业，能够容纳一定数量的社会就业，对绝大多数导游人员来说，它又是一种谋生的手段。

（三）文化性

人们外出旅游不只是为了度假休闲享受，更多的是以体验异域文化、获取异地知识为目的。导游服务的核心是文化传递，在游客的旅游活动中，导游人员由于同游客接触的时间最长，因而是其获取文化知识和精神享受的主要帮手。从旅游目的地和旅游企业的角度来说，所销售的旅游产品主要是满足人们精神需要的文化产品，导游服务则是帮助游客实现对这种产品消费的主要渠道。通过导游人员精彩的讲解，可以帮助游客了解旅游地的风俗文化和古今文明，丰富游客的精神文化生活，增进游客对各方面的知识以及旅游地风光和各民族人民的了解。因此，导游服务实际上起着沟通和传播一个国家、一个地区及其民族的物质文明和精神文明的作用，从这个意义上讲，导游人员是文化的传播者。

（四）经济性

导游人员通过向游客提供导游服务而获取报酬，而且导游人员受旅行社或相关组织的委派，是作为旅行社或相关组织的代表为游客提供服务的，为有关旅游企业获利做出了贡献。在导游服务的过程中，导游人员还可以通过科学的安排，为企业节省开支。与此同时，导游服务可以为国家建设创收创汇。导游人员还可以在促销旅游商品、扩大客源和促进经济交流等方面发挥重要的作用。

（五）涉外性

在国际旅游接待活动中，导游人员应帮助海外游客正确了解和认识中国，融政治与对外宣传于导游讲解、日常交谈和游览娱乐中。导游人员在与海外游客交往时，必须严格遵守有关保密纪律，绝不能随心所欲地说话和行动。导游讲解既要遵循外事纪律，又要保持热情友好的态度，不卑不亢，有理、有礼、有节，求同存异，绝不能无理、无礼，乃至丧失国格、人格。导游服务的涉外性体现在：首先，导游人员为中国公民提供出境陪同服务。出境前导游人员要充分了解旅游目的地国的概况、社会动态、风俗民情、生活方式、宗教信仰等，向出境的中国公民讲解清楚，作为中国的代表，在国外要展示良好的精神风貌和素质。其次，表现在民间外交上。在国际旅游方面，由于旅游是不同国度、不同宗教、不同信仰以及不同生活方式的人们之间直接交往的手段，因而导游服务有助于增进国际间的了解，加强国与国之间的和平友好关系。事实证明，各国人民之间的交往常常先于官方之间的往来。旅游作为官方外交的补充和先导，起到了官方外交起不到的作用，特别是国家之间尚未建立正式外交关系时，旅游便成了国与国之间人们互相交往的重要途径。

二、导游服务的特点

导游服务是旅游服务中具有代表性的工作，处在旅游接待的第一线。随着时代的发展，导游工作的特点也在发生变化，就目前而言，其特点归纳起来包括以下内容。

（一）独立性强

导游服务是导游人员受旅行社委派后独自带领游客参观游览的服务活动。这种活动要求导游人员独当一面。在与游客相处的整个过程中，导游人员独立地根据旅游接待计划组织活动，带领游客参观游览，与各方面人士打交道，提供和协助提供各项服务，尤其是出现问题时，导游人员常常要当机立断，合情合理地进行处理，事后向领导和有关方面汇报。在内容讲解上，导游讲解也具有相对的独立性，即使是同一旅游线路或旅游景点，导游人员也要根据具体对象的年龄特点、文化层次以及不同的情趣爱好及时调整讲解的内容，以满足不同游客的旅游需求。当然，导游人员的这种独立工作特点并不意味着工作可以随心所欲，而必须以国家的有关政策、法规、标准和旅行社的有关规定为依据。导游服务的这一特点要求导游人员在工作的过程中树立主人翁意识，积极主动、灵活应变，同时又要严格自律、遵纪守法。

（二）脑体结合度高

导游服务是一项脑力劳动和体力劳动高度结合的服务性工作。导游服务并不像有些人认为的那样"游山玩水"，轻松愉快，而是一项复杂、烦琐的工作。一方面，导游人员在讲解过程中必然会涉及多方面的知识，这就要求导游人员知识渊博，掌握古今中外、天文地理、政治、经济、文化、医疗卫生、宗教信仰、社会生活、民风民俗等知识。另一方面，导游服务流动性强，工作量大，体力透支较大。在带团的过程中，导游人员除了在进行讲解、回答游客的问题的过程中消耗脑力之外，还要从早到晚与游客一起奔波，帮助游客解决各种问题，有时还要协助相关接待单位工作，几乎没有休息的时间。到了旅游旺季，导游人员往往是连轴转，一批游客接着一批游客，难得有休息的时间。不管是严寒还是酷暑，导游人员都是作业在外，体力消耗很大。因此，要求导游人员必须具备较强的事业心和良好的身体素质。

（三）复杂多变

导游服务工作繁重、复杂多变。主要体现在以下几个方面。

1. 服务对象复杂

导游服务的对象是来自五湖四海的游客，他们的民族、年龄、职业、宗教信仰、社会地位各异，他们的性格、志趣、习惯和嗜好各不相同。而且由于接待的每一批游客都互不相同，也加大了导游人员工作的难度。

2. 游客需求复杂

虽然每一个旅游团体都有共同的旅游接待计划，但是每个个体在旅游目标和生活习惯上不尽相同，从而在参观游览、娱乐活动、住宿饮食等许多方面都表现出不同的兴趣和爱好，存在着各种各样的要求。而且随着旅游活动的进行，这些需求还会发生变化。这就要求导游人员审时度势，准确判断并妥善处理。

3. 人际关系复杂

导游人员除了天天和游客打交道以外，在安排和组织游客旅游活动中还要同饭店、餐馆、旅游点、商店、娱乐、交通等部门和单位的人员接洽、交涉，以维护游客的正当权益，这是一项复杂的工作。单就游客而言，他们来自不同的国家或地区，有着不同的旅游心愿和文化背景，他们的旅游需求基本一致却又各具特色，需要导游人员提供个性化的服务，同时导游人员还要处理和协调导游服务集体之间的关系，争取各方面的支持与配合。然而每一种关系的背后都有各自的利益，落实到具体人员身上，情况就更为复杂。导游人员既要代表旅行社的利益，又要维护游客的合法权益，同时还需要与这些单位的人员搞好协作关系，从而使其处在多种人际关系网和利益网的核心。

4. 讲解内容繁杂

导游讲解内容涉及面广，知识需要不断更新、扩展。导游现场讲解复杂多变，这就要求导游人员不仅具备渊博的知识，还要有随机应变的能力。

5. 直面"精神污染"

导游人员常年接触各方游客，直接面对形形色色的意识形态、政治、经济、文化观点、价值观念和生活方式，有时还会面临金钱、色情、利益、地位的诱惑，耳濡目染，导游人员如果缺乏高度的自觉性和抵抗力，往往容易受其影响，因此，导游人员在面对各种精神诱惑时，一定要守好自己的底线，坚持做到"出淤泥而不染"。

（四）跨文化性

导游服务是传播文化的重要渠道，起着沟通和传播文明，为人类创造精神财富的作用。游客来自不同的国家和地区，民族习性不同，文化背景各异，导游人员必须在各种文化差异中，甚至不同民族、不同地域文化的碰撞中工作，架设文化沟通的桥梁，找到不同文化之间的共同语言，减少文化接触中的负面冲撞，增加文化交流互补的机会，尽可能多地了解不同文化之间的差异，圆满地完成文化传播的任务。

第五节　导游服务的地位和作用

旅行社、饭店和交通是现代旅游业的三大支柱，其中旅行社在现代旅游业的三要素中处于核心地位，而旅行社接待工作中处于第一线的关键角色是导游人员。导游人员是导游服务工作的主体，因此，世界各国旅游专家把导游服务视为现代旅游业的代表工种，并给予高度评价。例如日本旅游专家土井厚认为，任何行业都有代表性的业务，在旅游业中，其代表性业务就是导游服务。导游服务在旅游接待中起着不可或缺的作用。具体来说，导游服务的重要性主要体现以下几个方面。

一、导游服务的地位

导游服务贯穿于旅游活动的始终，涉及旅游的六大要素，是整个旅游服务中最重要的一个部分，在现代旅游业中具有极其重要的地位，这可以从旅行社和游客两个角度来理解。

（一）从旅行社的角度来讲，导游服务是旅行社核心竞争力的重要组成部分

1. 导游服务在旅行社业务中具有核心地位

对游客而言，导游人员是旅行社的代表，是旅游产品的提供人。旅行社对游客服务的各项业务，如产品设计、线路组合、市场促销、车票预订等，最终都通过导游服务传递给游客。可以说，旅行社各部门的工作都是围绕导游服务这条主线展开的，都是导游服务的幕后支持者，因此，导游服务在旅行社业务中居核心地位。

2. 导游服务体现旅行社的服务质量和水平

导游服务是直接面对游客的服务，游客对导游服务的质量也最敏感，可以说，导游服务质量的好坏就代表着旅行社服务质量的好坏。一般来说，导游服务质量好，可以弥补其他旅游服务质量上的某些欠缺；导游服务质量水平低劣，游客则可能对整个旅行社的服务质量都产生不满。

3. 导游服务是旅行社之间的主要竞争力

导游服务在旅行社业务中处于核心地位，导游服务体现旅行社的服务质量和水平，因此，旅游竞争重要的方式之一就是导游服务质量的竞争。优质的导游服务能使游客增长见识，使旅游活动更富有魅力、更充满情趣。拥有一流导游队伍无疑是旅行社扩大知名度、争取更多客源的法宝，也是旅行社最重要的竞争力之一。

4. 导游服务是旅行社改进产品的主要途径

导游人员工作在旅游的第一线，熟悉旅游产品链中每一个环节的服务质量，了解游客的消费心理，可以及时将有关信息反馈给旅行社和旅游相关部门，有利于旅行社和相关部门改进服务方式，提高旅游产品的针对性，推出更具有竞争力的旅游产品。

（二）从游客角度来讲，导游服务是游客顺利完成旅游活动的根本保证

1. 导游服务是游客了解旅游目的地文化的桥梁

游客来自不同的国家和地区，与旅游目的地居民在文化、语言、生活习惯等方面存在着差异，他们必须借助导游人员的翻译服务和讲解服务，才能达到与旅游目的地居民顺利沟通，进而了解旅游目的地历史文化的目的。

2. 导游服务是旅游活动顺利开展的前提和保证

游客初到旅游目的地，人生地不熟，要自行安排吃、住、行、游、娱、购等项目多有不便，借助导游服务则可把行程中的一切琐碎事务抛诸脑后，专心游览，大大增加旅游的乐趣，使旅游活动更加轻松、惬意。

二、导游服务的作用

导游服务作为旅游行业的代表性业务，在旅游服务中具有十分重要的作用，主要体现在以下几个方面。

（一）纽带作用

导游服务是旅游服务的核心和纽带。正是通过导游服务才将旅游服务中的其他各项服务联系起来，使之相互配合，协同完成旅游接待工作。

1."承上启下"的作用

导游人员代表旅行社具体实施接待计划，为游客安排和落实食、宿、行、游、购、娱等各项服务，并处理旅游期间可能出现的各种问题。同时，导游人员作为旅行社的代表，在旅游活动期间直接面对游客，为游客提供全程服务。游客的需求以及对旅游产品的意见、建议等，导游人员了解得最为清楚。因此，导游人员处于承上启下的位置，应做好信息反馈工作，及时地反映、转达至上级管理部门。

2."连接内外"的作用

导游人员既代表旅行社的利益，履行合同，实施旅游接待计划，又代表游客的利益，负有维护游客的合法权益的责任，代表游客与各旅游服务部门进行交涉，提出合理要求。当遇到违反合同的行为时，要进行必要的干涉，为游客争取应该享有的正当权益。同时，导游人员有责任向游客介绍中国，帮助他们尽可能地多了解我们的国家、人民、文化、风俗民情以及国家的有关政策、法令等。在与游客接触的过程中，导游人员应多进行调查研究，了解国外，了解游客。

3."协调左右"的作用

导游人员在旅行接待服务中，还要负责协调与其他旅游接待部门的横向关系。导游服务与其他各项旅游服务的服务对象是共同的，但是服务内容上又有所不同。在根本利益一致的前提下，又有各自的部门利益，存在着相互依存、相互合作，又相互制约、相互牵连的关系。导游人员作为旅行社的代表，对饭店、旅游景点、交通部门、旅游商店、娱乐场所等企业提供的服务在时间上、质量上起着重要的协调作用。因为旅游服务中任何一个环节出现了问题，都会影响整个旅游服务质量。导游人员既有义务协助有关旅游服务提供者，同时也有责任对这些部门的服务提出意见和建议。

（二）标志作用

导游服务质量包括导游讲解质量、为游客提供生活服务的质量以及各项旅游活动安排落实的质量。导游人员与其他旅游接待单位的人员相比，同游客接触的时间最长，游客对导游服务的感受也最为深刻，对导游服务质量的感受最敏感。旅游服务中的其他服务虽然也很重要，但是给游客的感受一般不如导游服务质量深刻。因此，导游服务质量的高低相对于旅游目的地的接待服务水平具有某种代表性，起着一定的标志作用。

（三）扩散作用

优质的导游服务能对旅游目的地的旅游产品和旅行社形象起到扩散或传播的作用。由于导游服务质量的高低在很大程度上决定着旅游产品的使用价值，游客往往通过导游人员带领游客进行活动的情况来判断旅游产品的使用价值。如果导游服务质量高，令游客满意，游客会认为旅游产品物有所值，回到旅游客源地后就会以其亲身体验向亲朋好友进行义务宣传，从而扩大旅游产品的销路。反之，如果导游服务质量不高，则会导致游客抱怨和不满，并间接影响其周围的人，从而影响旅游产品的销路。由此可见，无论导游服务质量是高是低，都会对旅游产品的销路产生影响。不同的是，质量高时起到促销的作用，质量低时起到阻碍销售的作用。

（四）反馈作用

在旅游接待的过程中，导游人员如能较好地处理旅行社与游客的关系、旅行社与其他旅游接待单位的关系以及游客同其他旅游接待单位的关系，游客和其他旅游接待单位的意见、建议、要求等就能比较顺畅地向导游人员表达出来，并通过导游人员及时反馈给旅行社，这有利于旅行社进一步改进旅游产品，提高旅游产品的质量，以便更好地满足游客的需要。

本章小结

本章介绍了导游服务的概念和基本原则，总结了导游服务产生和发展的过程，认为导游服务是在旅游活动的发展过程中产生的一种社会职业，并随着旅游活动的发展而发展，其发展目前呈现四个主要特征和五大发展趋势；还介绍了导游服务的类型和范围，探讨了导游服务的性质，归纳了导游服务的特点，指出了导游服务在旅游服务中的地位和作用。

学习和思考

1. 简述导游服务的概念。
2. 导游服务过程中要遵循哪些基本原则？
3. 托马斯·库克为什么被称为近代最早的导游人员？
4. 简述中国导游服务的发展历程。
5. 导游服务的内容主要包括哪些？
6. 规范化服务与个性化服务的关系是怎样的？
7. 如何理解导游服务的纽带作用、标志作用、扩散作用和反馈作用？
8. 导游服务的特点有哪些？
9. 游客享有哪些合法权益？
10. 请结合实际，谈谈导游服务的发展趋势。

第二章　导游人员

学习目标

通过本章的学习，要求学生掌握我国导游人员的概念、分类，熟悉出境旅游领队、全程陪同导游人员、地方陪同导游人员和景区景点导游人员的基本职责和各自的主要职责；理解导游人员在思想道德、知识结构、业务能力和体魄心态等方面的素质要求；掌握对导游人员的行为规范、职业道德和职业形象的要求并在实践中自觉遵守，成为优秀的导游人员。

案例 2-1　走上《百家讲坛》的女导游

赵英健，现任清东陵文物管理处副处长、高级导游，中国紫禁城学会、中国清宫史学会、河北省博物馆学会会员。她没有过深的资历，导游出身，却走上了央视名牌栏目《百家讲坛》。她终日囿于清东陵方圆百里之地，却让联合国世界遗产委员会专家回国后念念不忘，专门写信表示称赞。她只有 36 岁，却让曾任全国人大常委会副委员长、全国政协副主席的雷洁琼女士发出"你是咱妇女的骄傲"的赞誉。

"要给游客一碗水，导游自己必须有一桶水。"赵英健回忆，刚上班时，一般的导游人员每人每天带两到三个团，而她的最高纪录却是半天就带四个团。她以"特有成就感"来形容自己的工作热情。正是凭着对本职工作和清东陵博大历史文化的深深热爱，赵英健多年来学习和研究了大量旅游专业知识，探索不同城市的游客心理，写下了几万字的读书笔记和心得体会，为做好导游服务打下了坚实的基础。为了将正史和野史巧妙地结合起来，使自己的讲解更有知识性和趣味性，她在学习了大量清史资料的同时，还遍访本地守陵人的后裔，丰富自己的知识积累。1995 年，国家旅游局首次举行全国导游人员大赛，赵英健凭着深厚的知识功底和机智善变的处理问题能力脱颖而出，跻身全国十佳优秀导游人员行列。

2000 年 1 月，清东陵申报世界文化遗产项目进入关键时刻，负责古代建筑介绍的工程师突遇车祸住院，领导临时决定把古建筑介绍和清史介绍这两项任务一并交给赵英健。当时离专家组来清东陵仅剩下 20 天，这让临危受命的赵英健感到空前的压力。但她没有退缩，她勇敢地挑起了这副重担。20 天的时间里，她夜以继日地工作。当时她患重感冒，白天她和领导们研究接待工作，晚上回家找个小诊所输液，边输液边翻书，有时累得不想睁开眼睛，就让医护人员念给她听。艰辛的努力总有回报，联合国世界遗产委员会专家对赵英健的讲解汇报给予高度评价，回国后专门写信称赞她是"在清东陵给我留下了深刻印象的儒雅导游赵女士"。2000 年 11 月 30 日，经联合国世界遗产委员会批准，清东陵等被正式列入了世界文化遗产名录。2006 年 9 月，她被评选为"全国模范导游人员"。

小思考

1）赵英健的故事给了我们哪些启示？
2）一名合格的导游人员应具备哪些知识？

第一节　导游人员的概念与分类

一、导游人员的概念

对导游人员的定义，不同的国家有不同的标准，目前世界上没有统一的标准。比较典型的如加拿大用"旅游团领队"指代导游人员，还明确地要求"他是受过高等教育和培训的人，他有能力进行研究，为一次旅游做准备，带领团队旅行，做旅游讲解，因而能使一次旅游成为一次异乎寻常、难以忘却的经历"。美国对导游人员的描述是："他是首要的代理人和各种服务的供应商，直接与旅行者打交道，保证提供承包的服务项目、实现承诺，使游客满意，此人就是陪同或旅游团领队，通常称为导游。"

随着我国旅游业的蓬勃发展，对导游人员的描述也在不断变化，1994年国家旅游局颁布的《导游人员职业等级标准》中明确定义为："运用专门知识和技能为游客组织、安排旅行和游览事项、提供向导、讲解和旅途服务的人员。"1996年《导游服务质量》国家标准中定义为："导游人员是指持有中华人民共和国导游证书，受旅行社委派，按照接待计划，从事陪同旅行团（者）参观、游览等工作的人员。"而目前我国普遍认可的是1999国家旅游局颁布的《导游人员管理条例》中的定义："导游人员是指按照《导游人员管理条例》的规定取得导游证，接受旅行社委派，为游客提供向导、讲解及其他服务的人员。"

导游人员的概念可以从以下三个层面理解。

第一，导游工作的性质、任务决定导游人员必须依照《导游人员管理条例》的规定取得导游资格证，导游证是导游人员的执业许可证件。《中华人民共和国旅游法》第三十七条规定：参加导游资格考试成绩合格，与旅行社订立劳动合同或者在相关旅游行业组织注册的人员，可以申请取得导游证。第三十九条规定：从事领队业务，应当取得导游证，具有相应的学历、语言能力和旅游从业经历，并与委派其从事领队业务的取得出境旅游业务经营许可的旅行社订立劳动合同。第四十一条规定：导游和领队从事业务活动，应当佩戴导游证，遵守职业道德，尊重游客的风俗习惯和宗教信仰，应当向游客告知和解释旅游文明行为规范，引导游客健康、文明旅游，劝阻游客违反社会公德的行为。

第二，取得导游证的人员，必须接受旅行社委派，方可从事导游工作，严禁导游人员未经旅行社委派私自承揽导游服务。国家旅游局2017年11月1日公布，2018年1月1日起施行的《导游管理办法》第十九条规定：导游为游客提供服务应当接受旅行社委派，但另有规定的除外。《中华人民共和国旅游法》第四十条规定：导游和领队为游客提供服务必须接受旅行社委派，不得私自承揽导游和领队业务。

第三，导游人员的工作范围，并不仅限于对参观游览对象的讲解，还要指导参观游览，沟通思想，提供生活服务，落实安排游客的食、行、游、购、娱等活动。随着旅游业的发展与市场竞争加剧，人们越来越重视旅游服务质量的控制与管理，而导游服务又是旅游服务的重要环节，因而对导游人员的要求也越来越严格。这就要求导游人员要不断提高自己的业务水平、提升自身素质、更新知识，成为称职的导游人员。

案例 2-2　从事导游工作的条件

某高校学生小张先后两次报名参加导游资格考试，均未合格。他急于从事导游工作，便与某国际旅行社多次联系，希望该国际旅行社能给予其带团导游实习机会。次年7月，正值旅游旺季，该国际旅行社导游不足，遂聘请小张充任导游人员。旅游行政管理部门查获此事后，以小张未通过导游资格考试、未获得正式导游证而擅自进行导游活动给予了其罚款处罚，并依据《旅行社管理条例》对旅行社也进行了相关处罚。

案例分析：

导游工作是一种高智能、高技能的服务工作，因而对导游人员的职业技能要求较高，导游人员必须考取职业资格证，通过相关部门申领导游证后方可上岗。案例中的小张一心想成为一名导游，但没有认真努力学习，考取导游资格证，因无证带团受到罚款处罚。旅行社违规也受到相关处罚。想成为一名导游，必须认真学习导游职业的基本知识，考取导游职业资格证并申领导游证，这是从事导游工作的基本前提。

二、导游人员的分类

导游服务范围广泛、对象复杂，加之各国各地区的具体情况不尽相同，这使得世界各国对导游人员的分类方法不一，很难有一个世界公认的统一分类标准。

（一）按业务范围划分

按业务范围分类，可将导游人员分为以下四种类型，其区别见表 2-1 所示。

1. 出境旅游领队

出境旅游领队是指具备《旅行社条例实施细则》中规定的条件，接受具有出境旅游业务经营权的国际旅行社的委派，全权代表该旅行社带领旅游团从事出境旅游活动的工作人员。

2016年12月12日国家旅游局公布施行的修改后的《旅行社条例实施细则》第三十一条规定旅行社为组织游客出境旅游委派的领队，应当具备下列条件：（一）取得导游证；（二）具有大专以上学历；（三）取得相关语言水平测试等级证书或通过外语语种导游资格考试，但为赴港澳台地区旅游委派的领队除外；（四）具有两年以上旅行社业务经营、管理或者导游等相关从业经历；（五）与委派其从事领队业务的取得出境旅游业务经营许可的旅行社订立劳动合同。赴台旅游领队还应当符合《大陆居民赴台湾地区旅游管理办法》规定的要求。

该实施细则第三十五条规定：不具备领队条件的，不得从事领队业务。领队不得委托他人代为提供领队服务。

知识链接 2-1　领队历史沿革

"领队"一词最早出现于1996年颁布的《旅行社管理条例》（以下简称《条例》）第二十五条。但是当时《条例》中并没有出台关于考取领队证的细化条款，因此各省市领队人员的准入缺乏统一标准。如江苏、湖南等规定，考取领队证必须具有导游资格；而北京则采取导游、领队双轨制，即导游、领队分别考试，分别发证，双方互不为前提。

2013年《中华人民共和国旅游法》（以下简称《旅游法》）第三十九条规定，从事领队业务，应当取得导游证，具有相应的学历、语言能力和旅游从业经历，并与委派其从事领队业务的取得出境旅游业务经营许可的旅行社订立劳动合同。《旅游法》出台后，领队申领条件被严格确定下来，其中明确申请领队资格的人员必须具备导游证。但是符合条件的导游就可以申请取得领队证，是否需要考试？领队证怎么申请，向谁申请？《旅游法》针对上述问题并没有给出明确答案，因此在其出台的这三年时间里，各省、市、地区、对领队的申领、发放"各自为政"：有的地方是行管部门组织考试核发，有的是旅行社核发向行管部门备案，也有的是由旅行社自行核发。

2016年12月，国家旅游局对《旅行社条例实施细则》进行适应性修改，按照《旅游法》修订精神，取消领队资格审批，也就是取消领队证考试。修改后的《旅行社条例实施细则》实施后，领队实行备案管理制，旅游主管部门不再对领队从业予以行政审批。进一步明确了导游人员从事领队业务的条件：（一）取得导游证；（二）具有大专以上学历；（三）取得相关语言水平测试等级证书或通过外语语种导游资格考试，但为赴港澳台地区旅游委派的领队除外；（四）具有两年以上旅行社业务经营、管理或者导游等相关从业经历；（五）与委派其从事领队业务的取得出境旅游业务经营许可的旅行社订立劳动合同。赴台旅游领队还应当符合《大陆居民赴台湾地区旅游管理办法》规定的要求。

出境社、边境社登录"全国旅游监管服务平台"使用"领队备案管理"功能，即可将符合条件的导游备案为领队。领队应当对其填报、提供的学历、语言能力、从业经历等材料的真实性负责。旅行社应当严格审核领队填报、提供的有关资料。

2. 全程陪同导游人员

全程陪同导游人员（简称全陪），是指受组团旅行社委派，作为组团社的代表，在领队和地方陪同导游人员的配合下实施接待计划，为旅游团（者）提供全程陪同服务的工作人员。其中，组团社是指接受旅游团（者）或境外旅行社预订、制订和下达接待计划，并可提供全程陪同导游服务的旅行社。领队则是指受境外旅行社委派，全权代表该旅行社带领旅游团队从事旅游活动的工作人员。

3. 地方陪同导游人员

地方陪同导游人员（简称地陪），是指受地方接待旅行社委派，代表地方接待旅行社实施接待计划，为旅游团（者）提供当地旅游活动安排、讲解、翻译等服务的工作人员。其中，地方接待旅行社是指接受组团社的委托，按照接待计划委派地方陪同导游人员负责组织安排旅游团（者）在当地参观游览等活动的旅行社。

4. 景区景点导游人员

景区景点导游人员也称讲解员，是指在旅游景区景点内部，如博物馆、展览馆、主题公园等为游客进行导游讲解的工作人员。

表 2-1　按照业务范围划分不同导游人员的区别

类型	委派单位	讲解内容	陪同范围	是否提供旅途生活服务
出境旅游领队	组团社（派出方）	旅游目的地国情况（行前介绍）	全程陪同	是
全程陪同导游人员	组团社（接待方）	沿途各站点情况	全程陪同	是
地方陪同导游人员	地接社	接待地及当地游览景点情况	接待地陪同	是
景区景点导游人员	景区景点	景区景点情况	景区景点陪同	否

综上所述，前两类导游人员的主要业务是进行旅游活动的组织和协调。第三类导游人员既有当地旅游活动的组织、协调任务，又有进行导游讲解或翻译的任务。第四类导游人员的主要业务是从事所在景区景点的导游讲解。在通常情况下，前三类导游人员，即领队、全陪和地陪组成一个导游集体，共同完成一个旅游团队的接待任务。这三类导游代表三方旅行社的利益，他们协作的愉快与否直接影响着游客旅游经历的质量好坏。

（二）按职业性质划分

按职业性质分类，可将导游人员分为专职导游人员和社会导游人员。

1. 专职导游人员

是指在一定时期内以导游工作为其主要职业的导游人员。一般为旅行社的正式职员，他们大多数受过中、高等教育，或经过专门训练，专职为旅行社带团，并由旅行社支付劳动报酬，缴纳社会保险费用等，他们是当前我国导游队伍的主体。

2. 社会导游人员

主体是取得导游资格证书并在相关旅游行业组织（导游协会）注册而取得导游证的导游人员，但也包括旅行社临时特聘的导游人员。社会导游人员分为自由执业导游人员和兼职导游人员两类。

（1）自由执业导游人员。

导游执业自由化，是导游工作发展的趋势，目前我国已有大量这类导游人员出现便是这一趋势的反映。他们以导游工作作为主要职业，但并不受雇于固定的旅行社或其他旅游企业，而是通过签订合同有选择地为多家旅行社服务，或者通过导游自由执业平台为散客提供导游服务。自由执业导游人员是西方大部分国家导游队伍的主体，近年来在我国导游队伍中也占据了主体地位，其主要收入来源是旅行社（或游客）支付的导游服务费。

（2）兼职导游人员。

亦称业余导游人员，是指不以导游工作为其主要职业，而利用业余时间从事导游工作的人员。目前这类导游人员分为两种：一种是通过了国家导游资格统一考试取得导游证而从事兼职导游工作的人员；另一种是具有特定语种语言能力，受聘于旅行社，领取临时导游证而临时从事导游工作的人员。业余导游的来源主要是：具有大中专文化水平并能熟练掌握一门外语的高等院校师生和中学的教师、科研人员、企事业单位的干部；旅游院校、外语院校的在校学生；社会上自学成材的青年等。他们经过短期培训并取得上岗证或合格证。业余导游人员不仅缓解了旅行社在旅游旺季专业导游人力不足的问题，而且在一定程度上降低了旅行社的人力成本，同时能广泛筛选、吸收高素质的兼职人员短期内固定为其所用。这种旅行社、业余导游、游客三方共赢的行为极有可能成为导游队伍中的一支生力军，成为导游服务的一个发展趋势。

（三）按使用语言划分

按导游使用的语言，可将导游人员分为中文导游人员和外语导游人员。

1. 中文导游人员

是指能够使用普通话、地方话或者少数民族语言从事导游业务的人员。目前，这类导游人员的主要服务对象是国内旅游中的中国公民和入境旅游中的港、澳、台同胞以及华侨游客。

2. 外语导游人员

是指能够运用外语从事导游业务的人员。目前，这类导游人员的主要服务对象是入境旅游的外国游客和出境旅游的中国公民。

（四）按技术等级划分

按技术等级分类，可将导游人员分为初级导游人员、中级导游人员、高级导游人员和特级导游人员。

1. 初级导游人员

《中华人民共和国旅游法》第三十七条规定：参加导游资格考试成绩合格，与旅行社订立劳动合同或者在相关旅游行业组织注册的人员，可以申请取得导游证。因此，具有高中、中专及以上学历，通过国家旅游局组织的统一考试，获得导游人员资格证书并进行岗前培训，与旅行社订立劳动合同或在相关旅游行业组织注册后，自动成为初级导游人员。

2. 中级导游人员

获初级导游人员资格两年以上，业绩明显，经笔试导游知识专题、汉语言文学知识或外语，合格者晋升为中级导游人员。他们一般为旅行社的骨干。

3. 高级导游人员

取得中级导游人员资格四年以上，业绩突出、水平较高，经笔试导游能力测试和导游综合知识（对旅游政策法规的掌握和运用能力，对旅游业发展趋势的深入了解，对国内外重大事件的及时掌握和分析，对旅游相关知识的综合运用能力）测试，合格者晋升为高级导游人员。

4. 特级导游人员

取得高级导游人员资格五年以上，业绩优异，有突出贡献，有高水平的科研成果，在国内外同行和旅行商中有较大影响，经论文答辩，通过后晋升为特级导游人员。

第二节　导游人员的从业素质

早在20世纪60年代，周恩来总理就对我国外事人员提出了"三过硬"和"五大员"的要求。结合导游工作的实际要求，当时提出翻译导游人员要"三过硬"（即思想过硬、业务过硬、外语过硬）和做"五大员"（即宣传员、调研员、服务员、安全员和翻译员）。改革开放以来，我国导游工作发生了较大的变化，导游专家王连义认为，当今导游人员要真正做好导游服务工作，真正成为游客喜欢的导游人员，必须当好"八大员"，即国情讲解员、导游翻译员、旅游协调员、生活服务员、安全保卫员、情况调查员、座谈报告员和经济统计员。总之，一名合格的导游人员应该具备以下各方面素质要求。

一、良好的思想道德

思想品德是一个人的灵魂，在任何时代、任何国家，人的思想道德品质总是处于社会最重要的地位。良好的思想道德品质是社会对其成员的共同要求，也是导游人员应具备的基本素质之一。

（一）具有爱国主义意识

爱国，在任何时代、任何国家，都是伦理道德的核心。导游人员处在旅游业的窗口岗位，代表着国家或地区旅游业的形象，在行业精神文明建设中起着重要作用。导游人员在向游客提供服务时，应把祖国的利益、社会主义事业摆在第一位，自觉维护祖国的利益和民族尊严。

爱祖国、爱家乡、爱社会主义制度是中国导游人员的首要美德。我国的导游人员不仅要熟知祖国的自然、人文景观，更要了解、掌握祖国五千年的历史文化，树立民族自尊心和自豪感，用自己的热情去感染游客，使他们在领略我国山川风情的同时体会中华文化的博大精深，感受中华民族不屈不挠、奋发图强的民族精神。

（二）具有优秀的道德品质

导游人员要做好导游服务工作，首先要学会做人。要尊重他人，要诚信待人，要将个人的功利追求和国家利益融合起来。导游人员要自尊、自爱，时时维护自己的人格尊严，绝不为蝇头小利而做有损人格、国格之事。

导游人员要自信、自强，不管面对什么人、什么事，都不应妄自菲薄，而要相信自己，相信自己的力量和能力。一个自信的人在工作和生活中总是充满信心，勇于克服困难，争取成功。

（三）践行社会主义核心价值观和旅游行业核心价值观

2012年，党的十八大报告明确提出"三个倡导"，即"倡导富强、民主、文明、和谐，倡导自由、平等、公正、法治，倡导爱国、敬业、诚信、友善，积极培育社会主义核心价值观"。这是对社会主义核心价值观基本内容的精辟概括，即概括了国家的价值目标、社会的价值取向和公民的价值准则。导游人员作为我国的基本公民，同时作为我国的形象大使，更要践行社会主义核心价值观。

旅游行业的核心价值观是"游客为本，服务至诚"。它是社会主义核心价值观在旅游行业中的具体体现。"游客为本"与"服务至诚"二者相辅相成，共同构成旅游行业核心价值观的有机整体。"游客为本"为"服务至诚"指明了方向，"服务至诚"为"游客为本"提供支撑。

导游人员是旅游业第一线工作人员，直接为游客提供各项服务，应以此来引领自己的工作，用实际行动践行旅游行业的核心价值观。

（四）具有尽职敬业精神

导游人员要将全心全意为人民服务的思想与"游客至上""服务至上"的旅游服务宗旨紧密结合起来，真心实意地为游客服务。导游工作是一种服务性劳动，要求导游人员要有尽职尽责的服务意识和无私的奉献精神，是一项脑力劳动和体力劳动高度结合的工作，工作强度大。导游人员只有热爱自己的工作，努力学习、刻苦钻研，不断提高自己，尽职尽责地完成工作，才能为游客提供满意的服务。

（五）自觉遵纪守法

导游人员应具有健康的政治素质、高尚的情操，不断提高判断是非、识别善恶、分清荣辱的能力，抵制形形色色的物质诱惑和"精神污染"。遵纪守法是每个公民的义务，导游人员作为旅游行业的形象代表更应该树立高度的法纪观念，自觉地遵守国家的法律、法规，遵守行业规章制度，严格执行导游服务质量标准，严守国家机密和商业机密，维护国家和旅行社的利益。在导游服务工作中牢记"内外有别"的原则，利用法律武器，维护游客和自身的权利。

二、广博的知识结构

随着时代的发展，现代旅游活动更加趋向于对文化、知识的追求。人们出游除了消遣，还想通过旅游来增长知识、增加阅历、获取教益，这就对导游人员提出了更高的知识要求。

丰富的知识是完成导游服务工作的前提。导游讲解必须以丰富的知识作后盾，讲解要做到内容丰富，言之有物，有情有趣、有根有据，而不是胡编乱造。因而，导游人员要具有真才实学，知识要丰富、涵盖面要广。实践证明，导游人员的知识越丰富、信息量越多，就越有可能把导游工作做得有声有色，越能在更大程度上满足游客的知识需求。具体来说，导游人员应掌握以下几个方面的知识。

（一）语言知识

语言知识是导游人员最重要的基本功，是导游服务的工具。古人云："工欲善其事，必先利其器。"导游人员若没有过硬的语言功底，就谈不上做好服务工作。语言知识包括外语知识和汉语知识，外语导游人员既要熟练掌握外语，又要不断提高运用母语的能力。

导游讲解是一项综合性的口语艺术，要求导游人员具有很强的口语表达能力，而导游人员的口语艺术必须建立在丰富的知识、扎实的语言功底的基础之上，两者有效结合，才能取得良好的导游效果。

（二）史地文化知识

史地文化民俗知识包括历史、地理、民族、宗教、风俗民情、风物特产、文学艺术、古建园林等诸方面的知识。导游人员必须不间断地通过各种渠道和方式学习、积累史地文化民俗知识，综合理解并将其融会贯通，灵活运用，提高导游讲解水平，使游客从讲解中学到新的知识，得到美的享受。

（三）政治、经济、社会知识

在游览过程中，游客特别是海外游客，会对随时可能见到或听到的旅游目的地国家或地区的某些社会现象比较感兴趣，要求导游人员给予相应的解释。因而，导游人员要了解国情，熟悉国家的政治、经济体制，关心国家和国际形势，熟悉社会知识，包括风土民情、婚丧嫁娶习俗、禁忌习俗、宗教信仰情况以及当前热门话题，结合旅游景区景点给游客以满意的答复。

（四）政策法规知识

政策法规知识是导游人员必备的知识，是导游人员工作的指针，指导导游人员的导游讲解、问题回答以及与游客讨论有关问题。政策法规是处理问题的原则，导游人员要根据相关的法律、法规正确处理旅游活动中出现的问题和事故；导游人员必须遵纪守法，同时让游客尤其是外国游客了解中国的法律、法规，遵守中国的法律、法规。导游人员必须掌握相关的法律、法规知识，以便正确地处理问题，做到有理、有礼、有节，同时自己也可防范错误的发生。

导游人员应掌握和熟悉的政策法规知识主要有《中华人民共和国旅游法》《旅行社管理条例》《导游人员管理条例》《旅游安全管理暂行办法》《旅游投诉暂行规定》《中华人民共和国合同法》《中华人民共和国消费者权益保护法》《中华人民共和国公民出入境管理法》《中华人民共和国外国人入境管理法》《导游管理办法》等。

（五）心理学知识

导游人员的服务对象是形形色色的游客，而且都是短暂相处，因而掌握心理学知识具有特殊的重要性。导游人员要学会运用旅游心理学、消费心理学和行为心理学知识了解游客，有的放矢地做好导游讲解和旅行生活服务，有针对性地提供心理服务，从而使游客从心理上得到满足，在精神上获得享受。导游人员也要运用心理学知识协调与各种各样的旅游接待部门工作人员的关系。导游人员还要运用心理学知识随时调整自己的心理状态，使自己始终精神饱满、热情周到地为游客服务。

（六）美学知识

旅游活动是一项综合性的审美活动。游客外出旅游的一个重要目的就是到异地，从大自然、历史文化遗迹和民俗风情中领略美、感受美，满足其审美心理需求。导游人员只有懂得什么是美，知道美在何处，并且善于运用生动形象的语言向不同审美情趣的游客传递审美信息，才能帮助他们最大限度地获得美的享受。由于导游人员本身就是游客的审美对象，所以导游人员也要运用美学知识指导自己的衣着打扮和言谈举止。

（七）旅行知识

导游人员带领游客在目的地游览，在提供导游讲解服务的同时，还要随时随地帮助游客解决旅行中的交通、食宿等方面的问题。为此导游人员应该掌握旅游业务知识，熟悉交通知识、海关知识、货币保险知识、邮电通信知识、社会知识、国际知识以及卫生、生活常识等。

(八)国际知识

涉外导游人员还应该掌握必要的国际知识,要了解国际形势和各时期国际上的热点问题,以及我国的外交政策和对有关国际问题的态度;要熟悉客源国(地)或旅游接待国(地)的历史、地理、文化、民俗风情宗教信仰、礼俗禁忌、思维方式等。了解和熟悉这些情况有利于导游人员有的放矢地提供导游服务,避免由于文化差异所引发的冲突,加强与游客的沟通,提高游客的满意度。

三、熟练的业务能力

为了圆满地做好导游服务工作,导游人员不仅要具有丰富的知识,较强的业务能力,也要掌握必不可少的服务技能,还要注意服务工作的方式、方法。语言、知识、服务技能构成了导游服务三要素,缺一不可。只有三者和谐结合才能向游客提供高质量的导游服务。

(一)语言表达能力

导游人员只有具有比较过硬的语言功底和很强的语言表达能力,才能和游客进行良好交流和沟通。导游服务使用的语言以口头语言和体态语言为主。口头语言要求语音清晰,语意清楚,语速适中,语言流畅;体态语言是一种辅助语言,其通过脸上各部位动作构成的表情语言和身体各部位做出表现某种具体含义的动作符号,使自己的表达方式更加丰富,表达效果更加直接。两者有效配合,可以更好地表情达意。语言表达能力是导游服务工作的基本功,需要导游人员在实践中不断锻炼,以练就扎实的功底,提高与游客的信息交流与沟通能力。

(二)导游讲解能力

导游讲解能力是指将旅游目的地景区、景点内容通过语言传递给游客的能力。导游讲解能力以良好的语言表达能力为基础,与导游人员对景区、景点的熟悉情况密切相关。导游讲解是导游服务的核心内容,导游讲解能力是导游人员应具备的各项能力的核心。导游人员要学会对相同的题材针对不同的游客从不同角度讲解,语言规范精确,清楚达意,生动形象,幽默风趣,娴熟流畅,使讲解达到不同的意境,满足不同层次和不同审美情趣游客的需要。

(三)独立工作能力

导游服务工作的独立性很强。带团外出旅游,导游人员一般是独当一面:独立地组织旅游活动,独立地处理各种各样的问题等。培养导游人员独立分析解决问题的能力和创新精神,既是导游服务工作的需要,也关系到个人的发展。导游人员的工作对象是形形色色的人,每天所遇到的问题各不相同,工作中也不允许墨守成规,导游人员只有具备较强的独立工作能力及创新精神,充分发挥主观能动性和创造性,才能更好地为游客服务。

知识链接 2-2　导游人员较强的独立工作能力主要表现在哪些方面?

1)独立执行政策和进行宣传讲解的能力。
2)较强的组织协调能力,能够协调各方关系,使旅游行程顺利进行。

3）善于与人交往的能力，导游人员的工作对象广泛，要善于和各种人打交道。

4）独立分析、处理问题的能力，导游人员要能够冷静分析、果断决定、正确处理突发事故。

四、健康的体魄和心态

导游服务工作是一项脑力劳动和体力劳动高度结合的工作，为了适应这项工作，导游人员不仅要有丰富的知识、较强的语言表达能力和娴熟的服务技能，还必须有健康的身体。导游服务工作要求导游人员能走路，会爬山，能适应各地的气候、水土和饮食；能为游客四处奔波，满足他们的正当要求，解决他们的困难；能适应长期在外、连轴转带团、体力消耗大、无法正常休息等工作特点。

导游人员的良好心理素质是导游活动成功的重要保证。导游服务的复杂性和特殊性，决定了导游人员不能只掌握一些操作技能，而是要全面培养自己的各种能力：敏锐的观察能力、准确的判断能力、冷静的思维能力、较强的自控能力等，这些都属于人的心理素质范围。

总之，导游人员的身心健康要求导游人员必须具有健康的身体、平和的心态、冷静的头脑和健康的思想等。

第三节　导游人员的职责要求

案例2-3　导游人员的工作职责

来自南宁的6位游客由厦门某旅游服务中心接待，参加厦门—武夷山—福州六日游，费用不低，但旅游质量却让人感到遗憾。一行人下午到达厦门，大家本来肚子很饿，但晚餐却淡而无味，非常糟糕，令人难以下咽，大家只得晚上自己去吃大排档。第二天到鼓浪屿游览，因为晚上要乘飞机去武夷山，所以游客在下午5：30就被带到餐厅吃饭。由于导游没有事先通知餐厅，游客等了好久才上菜，而且先上青菜，荤菜放在后头。菜刚上齐，导游又催着赶飞机，只好匆匆吃一点儿完事。在武夷山，导游是个刚做导游工作的年轻女孩，业务不熟悉，带队出游几乎不做任何讲解，漏掉了许多景点。武夷山每个峰都很高，爬上去不容易，由于导游业务不熟，使游客跑了很多冤枉路。从武夷山到福州，本应乘坐旅游列车，但接待单位却把游客安排到了一节普通车厢，游客们苦不堪言，后悔选错了旅行社。

案例分析：

导游对自己旅游团的行程路线、就餐地点及时间、就餐质量都应该心中有数并合理安排。本案例中由于导游业务不熟，导致游客吃饭不是"难以下咽"，就是没有时间下咽，"匆匆吃一点儿完事"，还让游客跑了很多冤枉路。一次本该愉快的旅游变成一次花钱买罪受的经历，游客也不会成为旅行社的回头客。导游人员在整个带团过程中应时刻牢记自己的工作职责，认真履行自己的义务。这是做好导游工作的基本要求。

一、导游人员的基本职责

导游人员的基本职责是指各类导游人员都应该履行的共同职责。由于工作性质、工作对象、工作范围和时空条件各不相同，各类导游人员的职责重点有所区别。但是他们的基本职责是共同的，就是为游客提供良好的导游讲解和旅行服务。因此，导游人员的基本职责可概括如下六点。

（一）接受任务，带团游览

导游人员应该接受旅行社分配的导游任务，根据旅行社与游客签订的旅游合同或约定，按照接待计划安排和组织游客参观、游览。

（二）导游讲解，传播文化

导游人员要负责向游客导游、讲解，介绍中国（地方）文化和旅游资源。

（三）安排旅游事宜，保护游客安全

在旅游过程中，导游人员要配合和督促有关协作单位安排游客的交通、食宿等，保护游客的人身和财物安全。

（四）反映意见要求，安排相关活动

导游人员要反映游客的意见和要求以及建议，协助安排游客会见、座谈等活动。

（五）解答问询，处理问题

在旅游过程中，导游人员要耐心解答游客的问询，协助处理旅途中遇到的问题。

（六）率先垂范，引导文明旅游

在旅游过程中，导游人员要以身作则，遵守文明旅游规范，并引导游客开展文明旅游活动。

二、出境旅游领队的主要职责

出境旅游领队是出境旅游团的领导者和代言人，是游客及其所在国家或地区利益的维护者。出境旅游领队的主要职责有如下四点。

（一）全程服务，旅途向导

出发前向旅游团介绍旅游目的地国家或地区的概况及注意事项；陪同旅游团的全程参观游览活动；必要时提供旅途导游和生活服务。

（二）落实旅游合同

监督和配合旅游目的地国家或地区的全陪、地陪全面落实旅游合同规定的内容，安排好旅游计划，做好各段游程之间的衔接工作，协助各地导游落实旅游团的吃、住、行、游、购、娱等各项服务旅游活动。

（三）做好组织和团结工作

关心游客，做好旅游团的组织工作，维护旅游团内部的团结，调动游客的积极性，保证旅游活动顺利进行。

（四）协调联络，维护权益，解决难题

负责旅游团与旅游目的地国家或地区接待旅行社的联络与沟通，转达游客的意见、要求与建议乃至投诉，维护游客的正当权益，必要时出面斡旋或帮助解决，保证游客在境外旅游的服务质量。

三、全程陪同导游人员的主要职责

全程陪同导游人员是组团旅行社的代表，对所率领的旅游团（游客）的旅游活动负有全责，因而在整个旅游活动中起主导作用。其主要职责有如下五点。

（一）实施旅游接待计划

按照旅游合同或约定的内容实施组团旅行社的接待计划，监督各个接待环节的执行情况和接待质量。

（二）联络工作

负责旅游过程中同组团旅行社和各地方接待旅行社的联络，做好旅行各站的衔接工作。

（三）组织协调工作

关心游客，照顾好游客的旅行；协调领队、地陪、司机等接待人员之间的合作关系；配合、督促各接待环节，为游客安排吃、住、行、游、购、娱等旅游服务。

（四）维护安全、处理问题

维护游客旅游过程中的人身和财务安全，处理或协助处理好旅途中的有关问题和突发事故；转达和处理游客的意见、要求和建议。

（五）宣传、调研

耐心解答游客的问询，介绍和传播中国文化和旅游资源；开展市场调研，协助开发、改进旅游产品的设计和促销。

四、地方陪同导游人员的主要职责

地方陪同导游人员是地方接待旅行社委派的，代表接待旅行社实施接待计划，为旅游团（者）提供当地旅游活动安排、讲解、翻译等服务的工作人员。其主要职责有如下五点。

（一）安排旅游活动

地方陪同导游人员是旅游接待计划的具体执行者，应按照旅游接待计划的要求、全陪的建议和游客的具体情况制订旅游团在当地的旅游活动日程，设计具体游览线路等。

（二）做好接待工作

地方陪同导游人员的重点职责之一是要认真安排、落实旅游团在当地的接送服务和吃、

住、行、游、购、娱等服务，并与全陪、领队密切配合，按照旅游接待协议做好当地旅游接待工作。

（三）负责导游讲解

地方陪同导游人员是游客在当地参观游览中导游讲解工作的主要承担者，应对讲解的内容和质量负主要责任。导游讲解过程中要结合游客的实际需要，因人而异地开展讲解服务，不断提高讲解的水平。

（四）维护安全

由于游客置身不熟悉的外部环境，地方陪同导游人员应维护游客在当地旅游期间的人身和财物安全，做好事故防范和安全提示工作。

（五）处理问题

地方陪同导游人员应负责处理在安排组织游客在当地的旅游活动中，出现干扰旅游活动正常进行的旅游事故或突发事件，应针对不同情况，采取不同的措施，争取做到早发现、早解决，使游客放心满意。在处理解决问题过程中，要积极取得领队、全陪和游客的理解和支持。

五、景区景点导游人员的主要职责

景区景点导游人员负责一个具体旅游景区景点内部的导游讲解。其主要职责有如下三点。

（一）导游讲解

景区景点导游人员亦称讲解员，负责所在景区景点的导游讲解，回答游客提出的相关问题。

（二）安全提示

在参观游览过程中，指出相关安全隐患，提醒游客注意安全，并给以必要的协助。

（三）宣传知识

结合具体景物向游客宣讲环境、生态和文物保护知识，提高游客游览素养。

第四节　导游人员的行为规范与职业道德

一、导游人员的行为规范

为了保护国家利益、维护祖国的尊严和中国导游队伍的荣誉，为了确保导游工作顺利完成，发展我国的旅游事业，每个导游人员都必须有很强的法纪观念，时时处处遵纪守法。几十年来，我国旅游界不仅形成了适合我国国情和导游工作特点的导游人员职业道德，而且也形成了一套导游人员的行为规范，即约束导游人员行为且必须遵守的纪律和守则，主要规范和要求如下：

（一）忠于祖国

导游人员要严守国家机密，时时、事事以国家利益为重。带团旅游期间，不随身携带内部文件，不向游客谈及旅行社的内部事务及旅游费用等。

（二）严格按规章制度办事，执行请示汇报制度

导游人员在旅游过程中，要时时刻刻严格按照规章制度办事，执行请示汇报制度，这是导游人员解决旅游过程中问题和事故的原则。

《导游人员管理条例》第十三条规定：导游人员应当严格按照旅行社确定的接待计划，安排游客的旅行、游览活动，不得擅自增加、减少旅游项目或者中止导游活动。

导游人员在引导游客旅行、游览过程中，遇到有可能危及游客人身安全的紧急情形时，经征得多数游客的同意，可以调整或者变更接待计划，但是应当立即报告旅行社。

第十四条规定导游人员在引导游客旅行、游览过程中，应当就可能发生危及游客人身、财物安全的情况，向游客做出真实说明和明确警示，并按照旅行社的要求采取防止危害发生的措施。

（三）自觉遵纪守法

遵纪守法是每个公民的义务。导游人员作为旅游行业的形象和代表，在导游服务工作中应遵守国家和旅游行政部门的有关法律法规。对《中华人民共和国旅游法》《导游人员管理条例》《旅行社条例》的法律法规中的相关规定，导游人员必须严格遵守，不得违犯。因此，导游人员应自觉遵守下列禁止性规定：

（1）严禁嫖娼、赌博、吸毒；也不得索要、接受反动、黄色书刊、画报及音像制品。

（2）不得套汇、炒汇；也不得以任何形式向海外游客兑换、索取外汇。

（3）不得向游客兜售物品或者购买游客的物品；不偷盗游客的财物。

（4）不能欺骗、胁迫游客消费或者与经营者串通欺骗、胁迫游客消费。

（5）不得以明示或暗示的方式向游客索要小费，不准因游客不给小费而拒绝提供服务。

（6）不得收受向游客销售商品或提供服务的经营者的财物。

（7）不得营私舞弊、假公济私。

（四）自尊、自爱，不失人格、国格

（1）导游人员不得"游而不导"，不擅离职守，不懒散松懈，不本位主义，不推诿责任。

（2）导游人员要关心游客，不态度冷漠，不敷衍了事，不在紧要关头临阵脱逃。

（3）导游人员不要与游客过分亲近；不介入旅游团内部的矛盾和纠纷，不在游客之间拨弄是非；对待游客要一视同仁，不厚此薄彼。

（4）导游人员有权拒绝游客提出的侮辱人格尊严或者违反职业道德的不合理要求。

（5）导游人员不得迎合个别游客的低级趣味和在讲解、介绍中掺杂庸俗下流的内容。

（五）注意小节

（1）导游人员不要随便单独去游客的房间，更不要单独去异性游客的房间。

（2）导游人员不得携带自己的亲友随旅游团活动。

（3）导游人员不与同性外国旅游团领队同住一室。
（4）导游人员饮酒量不要超过自己酒量的1/3。

加拿大旅游专家帕特里克·克伦在他的《导游成功的秘诀》一书中对导游人员的素质作了精辟的总结：导游人员应"是集专业技能和知识、机智、老练、圆滑于一身"的人。总之，一名合格的导游人员应精干、老练、沉着、果断、坚定，应时时处处显示出有能力领导旅游团，而且工作积极、耐心，善于处理人际关系，富于幽默感，导游技能高超等。

二、导游人员职业道德规范

职业道德是一个社会精神文明发展程度的突出标志，是公民道德建设体系的重要组成部分。职业道德就是指从事一定职业的人们，在工作或劳动过程中所应遵循的与其职业活动紧密联系的行为规范和准则的总和。它既是对职业人员在职业活动中行为的要求，同时又是职业对社会所负的道德责任与义务。职业道德包括职业观念、职业情感、职业理想、职业态度、职业技能、职业纪律和职业良心、职业作风等多方面的内容。旅游职业道德是随着旅游业的发展变化而变化的。旅游职业道德，就是适应旅游业的要求而必然产生的道德规范，是旅游从业人员在履行本职工作过程中所应遵循的行为规范和准则的总和。

（一）爱岗敬业、忠于职守

爱岗敬业、忠于职守是社会主义职业道德的基础和核心，是社会主义职业道德建设所倡导的首要规范。爱岗敬业、忠于职守作为旅游职业道德的基本规范，要求导游人员必须自觉遵守。爱岗敬业、忠于职守也是导游人员做好本职工作的基础和前提，是导游服务工作促进旅游发展的必然要求。其具体要求如下：

第一，正确认识旅游业，热爱导游服务工作。
第二，端正择业动机，树立高尚职业道德。
第三，积极努力工作，尽心竭力为游客服务。

（二）热情友好、宾客至上

热情友好、宾客至上是旅游企业赢得客人信赖与支持的基础，是旅游企业在激烈的市场竞争中获胜的法宝，是旅游企业取得良好声誉和经济效益的重要保证。其具体要求如下：

第一，主动招呼客人，为客人着想。
第二，尽力满足客人的要求，不怕麻烦。
第三，为客人服务，要注意礼仪。

（三）真诚公道、信誉第一

"诚者不伪，信者不欺。"真诚公道、信誉第一是导游人员职业道德的主要内容和基本原则。它既是优良的商务传统，也是一个人、一个企业立于社会的基本准则。

真诚公道、信誉第一是衡量旅游企业经营管理水平的重要尺度，是导游道德水平高低的重要标志，是树立企业良好形象的有效途径。其具体要求如下：

第一，真诚待客，正确处理宾客投诉。导游人员在旅游接待服务过程中，一定要以游客的需求为中心，以维护游客的利益为前提。

第二，拾金不昧，发扬优良传统。拾金不昧，是我国的传统美德。在旅游职业活动中，导游人员发扬这种传统美德更具有重要意义。游客在旅游活动中，遗忘或丢失物品是难免的。旅游从业人员在拾到游客的遗失物品时，应当设法及时归还，这样才能树立起旅游企业的良好形象和中国人民的高尚道德风尚。

第三，重合同，守信誉，严格履行承诺。依法订立的合同，受法律保护，必须严格履行。旅游企业与旅游企业之间、旅游企业与游客之间、旅游企业与相关企业之间经常要签订一些旅游合同，为了维护企业信誉，旅游从业人员必须严格遵守合同规定，全面履行所承担的义务。否则，就会影响到企业的形象和声誉。

第四，按质论价，收费合理。能否做到按质论价，收费合理，不仅是一个经营方法问题，而且是一个职业道德问题。旅游职业道德要求每一个导游人员在保证质量的前提下，一定要严格自觉地执行物价政策，不得随意提价或者变相提价，更不能乱收费，或者用其他方式克扣游客。

第五，宣传讲解，实事求是。宣传，是推销旅游产品的一项重要措施。但是宣传一定要实事求是，恰如其分，不得弄虚作假或者夸大其词，欺骗和愚弄游客。

（四）文明礼貌、优质服务

文明礼貌、优质服务，是旅游业最重要和最具行业特色的道德规范和业务要求，是导游人员职业道德素质较为集中的体现。

文明礼貌、优质服务是导游人员最基本的行业规范要求，是旅游企业在激烈的市场竞争中求得生存和发展的需要。其具体要求如下：

第一，真诚待人，尊重游客。

第二，清洁端庄，礼貌待客。

第三，实行标准化服务和个性化服务。

（五）不卑不亢、一视同仁

不卑不亢、一视同仁作为社会主义旅游职业道德的规范要求，是爱国主义精神和社会主义人道主义原则的具体展示，是导游人员在旅游职业活动中表现出的道德情感和道德行为。

不卑不亢，是自觉维护民族尊严，维护国格、人格的具体体现。一视同仁，对创造平等、团结、友爱、合作、互助的新型人际关系起着重要作用。其具体要求如下：

第一，不卑不亢的要求。谦虚谨慎，但不妄自菲薄。谦虚，是谦逊虚心，礼貌待人，尊重他人；谨慎，是作风严谨细致，工作一丝不苟，精益求精，慎重小心。妄自菲薄，是自己看轻自己，思想上不求进取，行动上畏缩不前，甚至灰心丧气，失去自尊心和自信心。导游作为旅游从业人员一定要谦虚谨慎、自尊自强，学习先进经验，博采众长，形成自己的服务特色，但不可妄自尊大。

第二，一视同仁的要求。一视同仁集中体现平等观念，体现对人格的尊重。旅游接待服务工作中的一视同仁，应重点体现在"五个一样"和"五个照顾"上。

"五个一样"：高低一样，即对高消费客人和低消费客人一样看待；内外一样，即对国内客人和境外客人一样看待；中外一样，即对华人客人和外国客人一样看待；东西一样，即对东方国家和西方国家的客人一样看待；新老一样，即对新来的客人和老客人一样看待。

"五个照顾"：照顾先来的客人；照顾贵宾；照顾少数民族客人；照顾老客人；照顾妇女、儿童和老弱病残客人。

（六）遵纪守法、廉洁奉公

遵纪守法、廉洁奉公作为社会主义旅游职业道德的一项重要规范，是旅游从业人员正确对待权利与义务的行为准则，也是正确处理个人、集体、国家等关系的一条重要原则。

遵纪守法、廉洁奉公是旅游企业搞好经营管理的前提，是纠正旅游行业不正之风、树立旅游行业窗口形象的重要保证。具体要求如下：

第一，自觉遵守职业纪律，严格执行政策、法令。

第二，自觉遵守社会公德。

第三，清正廉洁，自觉抵制行业不正之风。

（七）团结服从、顾全大局

团结服从、顾全大局是导游人员正确处理同事之间、部门之间；行业之间以及局部和整体、眼前利益和长远利益之间相互关系的一条道德规范，也是旅游业发展的可靠保证。

团结服从、顾全大局是集体主义原则在旅游职业活动中的具体要求，是导游职业活动日益社会化的内在要求，是建立新型人际关系的需要。其具体要求如下：

第一，团结友爱，相互尊重。导游人员在实际工作中一定要发扬团结友爱精神，这既是做好各项工作的重要条件，也是实行广泛团结合作的基础。

第二，发扬主人翁精神，相互支持。导游人员一定要发扬主人翁精神，在工作中用高标准严格要求自己，勇挑重担，勇于创新，锐意进取，争创一流的服务水平，出色地完成自己的本职工作。在工作中，彼此之间要密切配合，相互帮助，相互支持，以保证行业内部工作系统与社会生产系统的正常运转和良性循环，促进旅游业持续、稳定、健康地发展。

第三，学习先进，勇于竞争。先进人物是社会主义时代人们道德水平的体现和发展的方向，最能体现群众的要求和希望。在旅游企业内部要形成向先进分子学习的良好风气，取长补短，相互促进，共同提高，造成团结、温暖、融洽的企业气氛，使企业成为充满活力的、有强大凝聚力的集体。同时导游人员在自己的工作岗位上，要充分发挥主观能动性，积极开拓，大胆创新，勇于进取，不怕冷嘲热讽，敢于承担责任，以高度的事业心、进取心和创造精神去做好自己的本职工作。

（八）钻研业务、提高技能

钻研业务、提高技能，不仅关系到导游人员个人能力强弱和知识水平高低的问题，而且还涉及道德问题。它是旅游从业人员搞好本职工作并创造优异成绩的关键。

钻研业务、提高技能是导游人员履行工作职责、提高工作效益的基础和前提，是旅游人才迎接市场激烈竞争和挑战的实力积累。具体要求如下：

第一，树立明确的学习目标，持之以恒。

第二，掌握学习的规律和方法，不断进取。
第三，掌握过硬的基本功，努力提高专业技能。

第五节　导游人员的职业形象

导游人员的职业形象是指导游人员在导游服务中所呈现出来的与其从事职业相匹配的外部特征，即导游人员的仪容、仪表、仪态和礼节、礼貌。导游人员的素质是隐性的，而导游人员的职业形象却是外在的。一个合格的导游人员应是优良的素质和良好的职业形象的完美结合。

案例 2-4　导游人员的职业素养与职业形象

某年暑假，苏老师一家在成都某旅行社报名参团到北京旅游。接站的北京导游着装随便，言谈举止很粗放。在途中车上讲解时，导游的手机不时响起，播放的铃声都是时下比较前卫的歌曲，且声音很大。整个途中，这位导游不停地中断讲解去接电话，把游客晾到一边。第二天在故宫实地讲解时，这位导游仍然很忙，游客一进故宫，立刻被气势恢宏的建筑群所吸引，大家也饶有兴趣地听导游讲解，此时导游的手机又响了，游客只好站在地表温度近 40℃，并且毫无遮掩的广场上等待导游接电话。旅游回来后，苏老师感叹道："这位北京导游破坏了我对北京的好印象。"

案例分析：

1）游客对旅游目的地了解的主要途径就是通过地陪导游的讲解。因此导游讲解时应保持认真而诚恳的态度，讲解过程中最好不要有干扰。案例中导游频繁接听手机有失对游客的尊重，也暴露出导游职业素养欠佳。

2）导游人员应该树立良好的职业形象，即在导游服务中要呈现出与其从事职业相匹配的外部特征。案例中导游却着装随便，言谈举止粗放，不尊重游客。这些行为不但自毁形象，也损坏了旅游地的形象。导游人员素质关系到整个旅游服务质量，导游人员应注重自身修养，不断提高自身职业素养和职业形象。

一、仪容、仪表

仪容，通常是指人的外观、外貌。其中的重点，则是指人的容貌。仪表包括人的形体、容貌、健康状况、姿态、举止、服饰、风度等方面，是人举止风度的外在体现。在导游服务中，导游人员的仪容、仪表都会引起游客的关注，并将影响到游客对导游人员的整体评价。导游人员注重仪容、仪表，既是对游客的尊重，也是对自己的尊重，同时也是工作的要求。一般来说，导游人员的仪容、仪表应符合以下几个方面的要求。

（一）着装要求

服饰是一种文化，着装是一门艺术。对导游人员服饰美的基本要求是端庄、恬静、稳重、得体,并充分体现出服饰与环境、气氛的协调,服饰与职业、身份的协调,服饰与肤色、身材的协调,服饰与年龄段审美观的协调。

在导游人员岗位上形成的穿着传统为:

(1)男士衣服必有领子,女士衣服必有袖子;

(2)男导游不能穿圆领汗衫,女导游不能穿吊带上衣;

(3)衣着以穿单位工作服为宜,服装一定要简洁、大方,在导游讲解时,不戴饰物为佳;

(4)夏天男导游不应穿短裤,女导游不宜穿短裙;

(5)男女导游员导游时均不能穿拖鞋、背心;

(6)进入室内,男导游员应摘帽,男女导游人员都应脱下大衣、风雨衣,室内更不能戴太阳镜。

(二)容貌要求

容貌反映了一个人的精神面貌,对于导游人员来说,容貌端庄是从业的基本要求。导游人员适当注重自己的容貌修饰,能给游客留下较好的印象。

1. 男士仪容的基本要求

(1)注意面部的整洁,养成勤洗脸、勤剃须的习惯;注意头发的清洗与发型;

(2)指甲常修常剪;

(3)除领带和手表外,身上无多余饰物;

(4)注意口腔牙齿清洁,必要时嚼口香糖清除口腔异味。

2. 女士仪容的基本要求

(1)注意面部皮肤的修饰与保养;

(2)熟悉并掌握基本的面部美容化妆知识;

(3)注意头发的护理与保养并养成美发的习惯,以短发为宜;

(4)服装宜端庄,饰品不宜醒目;

(5)指甲常修常剪,不要涂过艳的指甲油。

二、仪 态

仪态是指一个人举止的姿态与风度,是身体显现出来的样子,如站立、行走、屈身、就座、眼神、手势和面部表情等。优雅的举止、潇洒的风度,能给人留下较深的印象。导游人员良好的仪态有利于赢得游客的信任和尊重。良好的仪态主要体现在以下几个方面。

(一)站 姿

站姿是一个人站立的姿势。导游人员在站立时要注重站姿的优雅。俗话说:"站如松。"即是指规范的站姿应体现出人在站立时像松树一样的挺拔。站姿要端正,眼睛平视,嘴微闭,面带微笑;双肩自然下垂或在体前交叉,右手放在左手上,以保持向游客提供服务的最佳状态;站立时要防止重心偏左或偏右;站立时双手不可叉在腰间,也不可抱在胸前;站立时身体不能东倒西歪;站累时,脚可以向后撤半步,但上体仍须保持正直,不可把脚向前或向后伸得过多或分开很大。切忌无精打采或东倒西歪；双手不可叉腰或抱在胸前；不能倚墙或以其他物品作为支撑点；两肩不可一高一低；双臂不摆，双腿不抖；手不能放裤袋，不能做小动作。

（二）坐　姿

坐姿是一个人坐在物体上的姿态。导游人员正确而优雅的坐姿是一种文明行为，它既能体现一个人的形态美，又能体现行为美。"坐如钟"，即是说坐姿要沉稳、坚实，规范的坐姿应如铜钟一般沉稳。导游人员要坐相端正；入座时走到座位前再转身；女子落座双膝须并拢；面带笑容，双目平视，嘴唇微闭，微收下颌；双肩平正放松，两臂自然弯曲放在膝上；立腰、挺胸、上体自然挺直；双膝自然并拢，双腿正放或侧放；一般只坐椅子的三分之二；上体与腿可同时转向一侧，面向对方形成S形坐姿。切忌坐椅时前俯后仰；不可摇腿、跷二郎腿；不可过于放松，瘫坐椅内。

（三）走　姿

走姿是指一个人走路时的姿态。"行如风"是人们对矫健走姿的赞美，系指走姿轻盈，像风吹过一样。导游人员的步态应当是轻松、有力，且有弹性。

导游人员走路时应抬头、挺胸、收腹；目光平视，双肩齐平；身体重心在前脚掌；行走路线靠右；速度适中；直线交叉步，上身不能晃动。

导游人员切忌摇头晃脑；重心要掌握好；不能走"内八"或"外八"；不得扭腰；双手不能入裤袋或背着双手，不能脚蹭地面。

（四）表　情

表情是指一个人的面部姿态，是眉、眼、鼻、耳、口及面部肌肉运动所表达的情感，是人的思想情感的外部体现。有关资料分析，美国心理学家艾伯特·梅拉比安在一系列研究的基础上得出了一个公式：信息的总效果=7%言词+38%语调+55%面部表情。由此可见，面部表情在导游讲解中有着十分重要的作用和地位。导游人员在进行导游服务工作时，要学会成功地运用表情，通过表情给人以宽容忍让、热情、诚恳、耐心周到的感觉。

导游人员讲解时的面部整体表情有助于讲解内容的情感表达。如果讲解时导游人员"铁面无情"或麻木不仁，没有必要的感情流露，只能是一部"会说话的机器"。脸上有一定的表情，而缺乏足以表达内心丰富情感的变化，或面部表情过于做作，与所要表达的思想情感不一致、不协调，同样不能收到良好的效果。导游人员面部表情应该与口语所表达的情感同时产生、同时结束；导游员的面部表情要明朗化，即每一点细微的表情变化都能让游客觉察到；导游员的面部表情，要表里如一；用面部表情要把握一定的"度"，要不温不火、适可而止。

导游人员讲解时的表情，不可用艺术表演的"表情"。"艺术性"太强的表情往往过于夸张，在导游讲解的情境中会显得不自然、不真实，有损于导游讲解的真实性。

（五）手　势

手势是一个人通过语言中枢建立起来的一套用手掌和手指位置、形状表现一定情感的特定语言系统。良好优雅的手势语言可以帮助导游人员传递更多的信息。导游人员讲解时的手势，不仅能强调或解释讲解的内容，而且能生动地表达讲解语言所无法表达的内容，使讲解生动形象，为游客看得见悟得着。手势可以用来表达导游讲解的情感，使之形象化、具体化，即所谓"情意手势"；用来指示具体的对象，即"指示手势"；用来模拟状物，即"象形手势"。

导游人员在哪种情况下用哪种手势，都应视讲解的内容而定。在手势的运用上必须注意：一要简洁、易懂；二要协调合拍；三要富有变化；四要节制使用；五不要使用游客忌讳的手势。

三、礼貌、礼节

礼貌是指人与人之间和谐相处的意念和行为，是言谈举止对别人尊重与友好的体现，它体现了时代的风尚和人们的道德品质，体现了人们的文化层次和文明程度。礼节是人们在日常生活中，特别是在交际场合，互相问候、致意、祝愿、慰问以及给予必要的协助和照料时惯用的形式。讲究礼貌、礼节是社会文明的一种体现，也是社会对一个公民的要求。导游人员的工作是旅游服务业的窗口岗位，更应以身作则，讲究礼貌、礼节。结合导游人员服务工作实践，常用的导游行为礼节主要有以下几个方面。

（一）见面礼节

见面礼节主要包括介绍、握手、拥抱、鞠躬、致意、合掌、互递名片等。

1. 介　绍

介绍和自我介绍是人际交往的开端。在交际场合结识朋友，可由第三者介绍，也可自我介绍。为他人介绍，要先了解双方是否有结识的愿望，不要贸然行事。无论自我介绍或为他人介绍，做法都要自然。自我介绍时，要讲清姓名、身份、单位。为他人介绍时还可说明与自己的关系，便于结识的人相互了解与信任。介绍具体人时，要有礼貌地以手示意，而不要用手指指点。介绍也有先后之别，应把身份低、年纪轻的介绍给身份高、年纪大的，把男子介绍给妇女。介绍时，除妇女和年长者外，一般应起立；但在宴会桌上、会谈桌上可不必起立，被介绍者只要微笑点头有所表示即可。

2. 握　手

握手是一种很常用的礼节，一般在相互见面、离别、祝贺、慰问等情况下使用，是一种沟通思想、交流感情、增进友谊的重要方式。与他人握手时，目光注视对方，微笑致意，不可心不在焉、左顾右盼，不可戴帽子和手套与人握手。在正常情况下，握手的时间不宜超过3秒，必须站立握手，以示对他人的尊重、礼貌。握手也讲究一定的顺序，一般讲究"尊者决定"，即待女士、长辈、已婚者、职位高者伸出手来之后，男士、晚辈、未婚者、职位低者方可伸出手去呼应。若一个人要与许多人握手，那么有礼貌的顺序是：先长辈后晚辈，先主人后客人，先上级后下级，先女士后男士。

3. 拥抱礼

拥抱礼是流行于欧美的一种礼节，通常与接吻礼同时进行。拥抱礼行礼方法：两人相对而立，右臂向上，左臂向下；右手挟对方左后肩，左手挟对方右后腰。把握各自方位，双方头部及上身均向左相互拥抱，然后再向右拥抱，最后再次向左拥抱，礼毕。

4. 鞠躬礼

鞠躬意思是弯身行礼,是表示对他人敬重的一种礼节。"三鞠躬"称为摄敬礼。在我国,鞠躬常用于下级对上级、学生对老师、晚辈对长辈,亦常用于服务人员向宾客致意,演员向观众掌声致谢。

5. 致 意

公共场合远距离遇到相识的人,一般是举右手打招呼并点头致意。在西方男子戴礼帽时,还可施脱帽礼,即两人相遇可摘帽点头致意,离别时再戴上帽子。有时与相遇者侧身而过,从礼节上讲,也应回身说声"你好",手将帽子掀一下即可。与相识者在同一场合多次见面,只点头致意即可。对一面之交的朋友或不相识者在社交场合均可点头或微笑致意。

6. 合掌礼

合掌礼流行于南亚和东南亚信奉佛教的国家。其行礼方法是:两个手掌在胸前对合,掌尖和鼻尖基本相对,手掌向外倾斜,头略低,面带微笑。

7. 互递名片

使用名片是现代人交际的重要手段,名片的使用也有礼节。递交名片时要保持微笑;名片要保持清洁,不要递出脏兮兮的名片;手的位置应与胸部齐高,要将名片朝向对方,双手恭敬地递上;收下名片后,应轻声地读一遍对方的姓名或职称,然后说谢谢;收到对方的名片后,当场便在名片上书写或折叠;在整理保存大量名片时,可以把对方的特征、兴趣爱好以及接收名片的地点、时间、所谈的话题等记在名片后面,这样下次见面即可投其所好,多谈一些他感兴趣的话题。

(二)交谈礼节

交谈是导游人员同游客交往的普遍形式,也是导游人员与游客进行沟通的重要环节。因此,导游人员应掌握社交聚谈时的礼貌礼节。

(1)导游人员在交谈时表情要自然大方,语音、语调柔和轻松。

(2)交谈时态度要真诚,避免给人以冷漠、傲慢、慌乱、随便的感觉。

(3)交谈的内容,可根据不同的对象有所侧重。交谈时,要遵循"五不问",即一不问年龄(尤其是女性),二不问婚姻,三不问履历,四不问工资收入,五不问家庭地址。交谈时不涉及个人隐私。

(4)交谈时距离不要太近,以相距半米为佳;手势不要太多,更不要唾沫横飞。

(5)双方谈话时,不要左顾右盼、心不在焉,不要注视别处或看手表,更不要轻易打断别人谈话。

(6)多人交谈时,要照顾大家,不要只同一两个人说话而冷落在场的其他人;也不要只顾自己说话,要尽量安排机会给其他人讲话。

(三)赴宴礼节

宴请是一种常见的社交活动,由于宴请的场合比较正式,接受宴请的导游人员应遵循以下礼节和相关注意事宜。

（1）接到宴会邀请，能否出席应尽早答复对方，若不能赴宴，一定要讲明原因并向主人致歉。赴宴要准时，早到（提前5分钟以上）和迟到均被视为失礼。

（2）就座时应听从主人安排，不可随意乱坐；若旁边是女性或长者，应帮助他（她）先入座。

（3）用餐前，不要用餐巾擦餐具，以免使人认为餐具不洁；进餐时，先把餐巾铺在膝上，餐后叠好放在盘子右边，餐巾可用来擦嘴，但不能用来擦汗和鼻涕。用餐的姿势要端正，不可用手托腮或将臂肘放在桌上。待主人招呼后，即可进餐。

（4）席间不应玩弄餐具，避免刀、叉、汤匙、筷子等碰击出声；取菜时不要盛得过多；若侍者前来加菜，待他走到自己左边时可取菜。

（5）在主人和宾客致辞、祝酒时，应暂停进餐，并认真倾听。

（6）进餐时，要闭嘴咀嚼，不要发出声音；口中有食物时不要讲话；不要伸舌舔嘴。

（7）席间导游人员不要主动地布菜、劝酒。如果导游人员以翻译身份赴宴，不要一边翻译一边吃饭，更不能吸烟，也不能抛下主人自己到处敬酒。

（8）用餐时，一般不吸烟，除非主人请客人吸烟，敬烟时，先敬长者和女性。

（9）席间不慎碰翻酒水或掉落餐具时，不要手忙脚乱，也不要自己处理，要让侍者去收拾和调换餐具，并对邻座道声"对不起"。

（10）在宴席进行期间，不要当众解开纽扣或脱衣服。如果主人请客人宽衣，男士可脱下外衣挂在椅背上。

（11）席间宜谈些令人愉快、格调高雅的话题，不可闷头用餐，要尽量与同桌的人交谈，尤其是左右邻座。

（12）宴会结束，宴会菜单可作为纪念品带走，而各种招待品，如糖果、水果、香烟等不能拿走。

（四）日常交往礼节

导游人员与游客的交往，最多的是日常的相处。通过日常交往，游客更能了解导游人员的性格和修养。导游人员注意日常交往礼节，会给客人留下美好、愉快的印象。

1. 导游服务活动中的礼节

（1）旅行社徽章或标牌应佩戴在上衣左胸的正上方。

（2）每次活动要提前到达岗位，不误出发时间。

（3）导游要左手举导游旗，保持正直，不扛在肩上，更不要反复摇晃或拖在地上。

（4）清点人数时，要用目光默数，不能指指点点，更不能数出声来。

（5）使用话筒时，应斜拿在嘴边，不要太靠近嘴，也不要遮住面部。

（6）导游讲解时，不要吸烟。在公共场所吸烟要遵守各地不同的有关规定，不要在有"禁止吸烟""请勿吸烟"标志的地方吸烟。

（7）带团行走时，不要搭肩；候车、等人时不要蹲歇；与人交谈时，双手不宜叉腰或放在衣袋内。

（8）不随地吐痰，不乱扔垃圾，不在客人面前打哈欠、修指甲、剔牙齿、挖耳朵、掏鼻孔；咳嗽、打喷嚏时，应用手帕捂住口鼻，偏向一旁，并说"对不起"。

（9）不要随便去客人房间，如需要去客人房间，一般应电话预约，进门前先按铃或敲门，不得擅自闯入。

（10）在游客房间内，不要触摸游客的行李物品和书籍等，不要随意借用游客的电话。

2. 与女性交往的礼节

"女士优先"是西方礼仪中的一个传统，由于它含有尊重妇女、照顾妇女的因素，逐渐为人们接受。男性导游人员应尊重这一礼仪，并注意以下几个方面。

（1）同行时，让女性走马路的内侧。

（2）上、下车时，要给女性开车门，协助其上、下车。

（3）进入、离开室内，要给女性开门，让女性先行，并照顾女性脱穿大衣；女子入座、离座时，要帮助拉开椅子。

（4）在公共场合，要给女性让路、让座；在上楼梯、电梯时，请女士先行。

（5）与女性共餐时，菜和敬酒先女后男，男子吸烟，应征得女士同意。

（6）女性有东西掉在地上时，男士应主动帮助拾起来。

本章小结

导游人员是导游服务工作的主体，是旅游服务的第一线。导游人员是否具备良好的从业素质，是否按照规范要求履行导游职责，是否遵守导游人员的行为规范和职业道德，是否具有良好的职业形象都是游客关注的重点，都会影响旅游服务质量的好坏，从而影响旅游企业、甚至是旅游地区和国家的旅游形象。因此，本章介绍导游人员的概念、分类、从业素质、职责要求、行为规范与职业道德以及职业形象，导游人员只有较好地掌握并运用这些知识才能为游客提供高质量的旅游服务。

学习与思考

1. 简述导游人员的概念及其内涵。
2. 简述导游人员的分类标准和方法。
3. 导游人员的基本职责和主要职责分别是什么？
4. 导游人员较强的独立工作能力主要体现在哪些方面？
5. 导游人员的行为规范有哪些？
6. 导游人员应该注意哪些小节？
7. 根据导游工作的要求，导游人员应具备哪些素质要求？
8. 导游人员在工作中怎么树立良好的职业形象？
9. 导游人员的着装应注意哪些问题？
10. 导游人员在提供导游服务时应该注意哪些礼貌礼节？

第三章　导游服务质量评估与管理

学习目标

通过本章的学习，要求学生掌握导游服务质量的内涵、构成要素，了解导游服务质量的评估标准和模式，掌握导游服务质量的评价指标体系并懂得运用其对导游服务质量进行分析和评价，探索导游服务质量的提升策略。另外，为了切实做好导游服务质量管理，保护游客和导游的合法权益，我国从导游管理法规制度、导游管理体系、导游服务质量的监管和保障三个方面建立和完善导游服务质量管理的控制体系，促进导游服务质量的提升。学生应该熟悉我国导游服务质量的控制体系，为将来从事导游工作、提供优质的导游服务做准备。

"客源是关键，质量是根本"。为游客提供全方位的高质量旅游接待服务，是旅游企业生存和发展的根本。导游人员处在旅游接待服务的第一线，服务质量是导游工作的生命线，导游服务质量的好坏直接影响整个旅游接待的质量和水平。因此，加强导游服务质量的评估和管理至关重要。

第一节　导游服务质量概述

一、导游服务质量的内涵

（一）导游服务质量的内涵

导游服务质量涉及三个方面：

1. **反映在导游活动的服务质量上**

导游人员按照旅游合同或约定提供符合规定要求的明确服务，而这些服务更多属于无形服务的范畴，其服务质量往往不容易衡量与把握。主要表现在导游人员的服务意识、职业道德、服务态度、服务项目、服务技能、服务效率等方面。

2. **反映在对导游服务质量的监控上**

现代旅游活动中旅行社全面委托导游人员为游客提供旅游接待服务，但这并不意味着旅行社放手不管。事实上，旅行社对导游人员失去监督和控制，会出现游客因不满导游服务而投诉的事实。因此，导游服务质量应该包括导游质量的内容和标准，以及为落实质量管理而对导游活动过程实时监控。前者是导游服务质量的主要表现形式，后者是实现导游服务质量的保证。

3. **反映在相关产品和服务供给部门或单位的服务质量**

导游服务具有很强的关联性，除要求导游人员本身注重旅游文化知识的积累、导游讲解的质量、具有组织安排能力和协调沟通能力之外，若没有旅游相关部门与产品的支持，导游服务给人的感受可能被打折扣。因为在游客看来,他们追求的是享受整个旅游经历,其中任何一个环节出现差错,都会降低其满意度。

由此可见,导游服务质量从游客的角度来说,既包含了导游活动服务质量,包含了旅行社对导游活动内容和标准落实情况的监控,又包含了导游人员对相关部门与单位的服务质量的监督。

(二)导游服务质量的基本含义

如同导游服务内容非常广泛一样,导游服务质量的内容也较为复杂,既有旅游行政管理部门规定的服务质量标准,又有游客感知的服务质量高低。而不同游客对同一导游服务产品的质量判断可能会有很大差别,这个游客认为是质量高的服务,在另一个游客看来却可能是低质量的。游客对服务质量的评价带有很强的主观性。因此,导游服务质量的判断是一个相对复杂的问题。

游客是旅游企业生存和发展的基础,游客对产品的看法和满意程度将决定其消费心理和今后的购买行为,进而影响到企业经营的成败。所以导游服务质量最终将由游客评判,其质量的高低将以游客的看法和理解来判断。

导游服务质量的核心就是游客所理解或感知的质量,它在很大程度上是游客的一种主观判断。游客感知或意识到的服务质量,实际上包括两个基本方面:一是技术方面;二是职能或过程方面。导游人员按照导游服务规范向游客提供的导游讲解服务和旅行生活服务就构成导游服务的技术质量。另外,游客还受到导游人员传递这些技术质量内容所用方式的影响,如导游人员的言谈举止、服务态度、办事效率以及为游客提供所需要的个性化服务等均构成导游服务的职能质量范畴,它们会影响到游客对整体服务质量的评价。随着旅游业竞争的日益加强,职能质量已经成为旅游企业竞争的焦点,虽然游客对职能质量的感知具有极强的主观性和随意性,但在游客可感知质量的形成上,职能质量已经成为比技术质量更为重要的因素。

案例 3-1 几个西瓜

2016年夏天,贵阳市某旅行社导游人员小张接待了一个20人的广东团。到达的第二天,全团去红枫湖风景名胜区参观游览。在返回途中,汽车忽然抛锚,前不着村后不着店,正值盛夏,酷暑难耐。小张找到一处阴凉地,让游客下车乘凉,并马上与旅行社取得联系,另派车来。在等车的一个多小时中,小张通过幽默的语言调节了紧张的气氛。他对游客说:"大家照张相留个纪念吧,这是'汽车遇难处'。"大家立即笑起来。小张还拿出随身携带的扑克让游客玩。之后,他又拦住公路上的一位当地老乡,托老乡到附近的小镇买几个西瓜回来,给大家解渴。同时,向游客道歉,说明旅游旺季用车紧张,被迫使用旧车,给大家带来麻烦……由于小张周到、热情、幽默的服务,游客消除了怨气,也避免了游客对旅行社的投诉。

讨论:

如何理解导游服务质量?这一案例中游客感知到的导游服务质量是什么?

二、导游服务质量的构成要素

导游服务就其质量内涵而言,由许多因素共同构成,如导游人员的仪表仪态、导游人员所掌握的知识、导游人员的应变能力以及对旅游事故的处理等。导游服务质量是各种因素的综合体现，其中任何一种因素都会影响导游服务的质量，必须以一定的的标准体系来测定各项因素。

（一）服务形象

1. 仪表仪态

导游人员的仪表仪态是构成服务形象的主要外在表现形式，包括其服饰、表情、姿态、举手投足等。导游人员的仪表仪态应符合游客的审美标准，要求整洁、大方自然。

2. 服务态度

诚恳、热情、亲切、自然、友好是导游服务态度最起码的标准。为了满足游客的相关需求，导游应当做到不厌其烦，全身心地投入到各项服务当中。

3. 语言表达

古人云："工欲善其事，必先利其器。"导游人员靠嘴巴吃饭，他们要"利"的"器"便是过硬的语言表达能力。导游人员的讲解要准确、丰富、生动，能引起游客强烈的兴趣；语言优美形象，富有文采，幽默诙谐；表达要符合思维逻辑规律，条理清楚、脉络清晰；沟通上要用游客理解的语言适时准确地向游客提供各种旅游信息。这些都是树立导游服务形象的重要环节。

（二）服务内容

1. 导游知识

实践证明，导游人员掌握的知识越广，提供的信息越多，就越能令游客满意。

2. 服务范围

导游人员的服务范围极其广泛，凡是涉及旅游活动的全部内容都要协调处理。导游人员应主要把握导游讲解服务、游客生活服务、保证游客的人身财产安全服务等。

（三）服务技能

高水平的导游服务，需要导游人员具备一定的技能、技巧乃至独特的艺术风格。

1. 带团技能

如何维持团队成员的行动统一、激发游客的游兴、争取游客的合作，是带团技能的主要表现内容。

2. 协作技能

协作技能是导游人员与其他导游人员和其他旅游服务工作部门及人员之间的协作共事的能力。这是追求旅游服务的整体性和协调性的必需技能。

3. 讲解技能

如何使自己的讲解内容容易被游客理解并产生共鸣是衡量导游讲解质量的关键，也是游客认同导游服务的重要指标。

4. 应变技能

旅游是按行程计划进行活动的，如果导游人员不能够及时、妥善地处理突发的旅游事故，则会使计划中断，使游客的游兴受损。

（四）服务监督

1. 相关产品质量

导游服务过程中，游客对服务设施、设备、服务环境的要求同样很在意。他们认为旅行社和导游人员是有责任对这些相关产品的质量进行监督的，因此，这些产品质量的高低也会直接影响游客对导游服务质量评价的高低。相关产品质量较高，游客认为导游人员的服务监督较好，对其评价较好，反之则较差。

2. 旅游相关行业、单位的支持

要提供良好的导游服务需要相关行业及其他旅游供给部门的充分支持，若缺乏这些部门的支持，则会令导游服务无法正常地履行下去，游客会大失所望。

第二节　导游服务质量评估

一、导游服务质量评估标准

导游服务质量评估是指按一定的标准为导游服务质量进行综合评定或评价。导游服务无形性的特点决定了其评价标准难以把握。一般来说，可以从以下几个方面来衡量。

（一）内部标准

内部标准一般反映在一些制度、条例上，用事先制定的条例来规范导游服务。制定内部标准的依据主要有《导游人员管理条例》《导游服务规范》《旅行社管理条例》等，以及各地方制定的相关条例、旅行社制定的各种行为与规范等。这些评估依据的优点是有利于对导游人员的工作进行监督、管理和考核，不足之处是标准欠细致到位，尤其是忽视了游客对导游服务的具体要求。

案例 3-2　导游服务质量有问题，谁该承担责任？

学生小谢大学毕业后参加导游资格考试合格，并办理了登记注册手续，被某旅行社聘用。在一次带团导游中，他按照旅行社的接待计划，安排和组织某团游客游览。该团游客对其在旅游途中的导游讲解质量不满，觉得小谢没尽到导游的职责。旅游结束后，该团对小谢的服务进行投诉，要求退还导游服务费用。该社以游客投诉为由，不付小谢带团报酬，并辞退了小谢。对旅行社的这一做法，小谢十分不满，提出此次带团是受旅行社委派，旅行社应按约定支付其带团报酬并对投诉承担责任。而旅行社则以与小谢没有订立合同为由拒绝这一要求。据查，小谢在带团导游讲解过程中，确实存在服务质量问题。

案例思考：

1）小谢认为游客对其投诉应由旅行社承担责任，这种说法对吗？

2）旅行社以与小谢没有订立合同为由拒绝支付报酬的说法是否成立？有何依据？

案例分析：

1）小谢的说法不全对。依照《导游人员管理条例》的规定，导游人员是受旅行社的委派，为游客提供向导、讲解及相关旅游服务的人员。导游人员的行为应视为旅行社的行为。虽然游客是对小谢进行投诉，但是因为小谢是由旅行社委派的，代表的是旅行社，故应先由旅行社承担责任，之后旅行社可以根据实际情况追究小谢的责任。

2）旅行社的说法是不成立的。依据《旅行社管理条例》，旅行社与其聘用的经营人员，应当签订书面合同，约定双方权利、义务。因此，该旅行社不得以与小谢没有订立合同为由拒绝支付报酬。但由于小谢在工作中没有尽到自己的讲解义务而被顾客投诉，给旅行社带来损失，那么旅行社也有权扣除其部分报酬作为赔偿，不过不能抹杀小谢的其他劳动成果。

（二）外部标准

导游服务质量评估的外部标准是指游客将其旅游期望与所享受到的导游服务进行比较所做的具体评价。其主要依据的是导游人员的服务对象——游客对其的主观感受和认识。游客对导游服务质量的评价主要集中于对导游服务质量的构成要素的评价上。

导游服务质量外部标准的优点是将导游服务的实际同满足游客期望的程度结合起来，充分考虑了导游服务满足游客需要的水平。其不足之处是该种评价全面实施的难度较大，因为不同游客的知识水平、欣赏角度、对具体事物的认识层次及角度等各有所不同，这样有可能对同一服务产生不一样的评价。

（三）内外结合评价标准

上述叙述表明，导游服务质量评估的内部标准与外部标准各有所长，各有所短。因此，较好的评估标准应是将二者有机地结合起来，取长补短。导游人员在工作中应正确认识和把握，既不能因严格贯彻内部标准而忽视了满足游客需要的宗旨，又不能一味迎合游客需求而牺牲旅游目的地和旅行社的利益。

二、导游服务质量评估模式

由于导游服务属于服务产品范畴，具有生产与消费不可分离及异质性等特点，所以，对服务质量的理解与评价相当复杂，相应地，对导游服务质量的要求也不同于对实体产品的质量要求。导游服务质量的高低不但与导游人员是否提供了标准化的服务有关，更与导游人员是否为游客提供了其所需要的个性化服务密切相连，而且导游服务质量最终要取决于游客的满意程度。因此，建立基于游客感知的导游服务质量评价的指标体系是非常有必要的。

（一）导游服务质量评价的指标体系

导游服务质量的构成要素实际上是影响导游服务质量的各个因素的综合体现，导游服务质量外部标准的主要评估因素也是导游服务质量构成要素中的重要组成部分。根据导游服务质量评价标准的论述，较好的评价标准应是将内部标准和外部标准结合，因此，可以将导游服务质量的各个构成要素作为导游服务质量评价的一级指标，根据内部标准以及外部标准的各个要素与导游服务质量构成要素之间的关系将其内化为导游服务质量评价标准的二级指标和三级指标，然后将各级指标配备与之相关的权重值（分值），最后通过汇总各项指标加权对导游人员的服务质量做出相关等级的评价。具体做法是：

1. 确定导游服务质量评价指标

各级指标都是整合导游服务质量外部标准（主要表现为导游服务质量构成要素）与内部标准（主要表现为《导游服务规范》等制度与条例）的因素而来，这些指标主要反映导游人员在某一方面的综合能力，游客对这些指标的评价的高低可以反映出游客对导游服务质量评价的高低。

2. 确定权重

主要是根据各项评价指标在整个导游服务过程中的重要性而分别给予匹配的权数。

3. 评估指标的分解，合理确定权数（分值）

4. 对导游服务质量进行评估

汇总各项指标加权后的实际分值，对导游人员的最终服务质量进行评定。分值从高至低可按等级划分（优、良、合格、不合格等），如表 3-1 所示。

表 3-1 导游服务质量评价指标体系

一级指标	分值	二级指标	分值	三级指标	分值
服务形象	34	仪表仪态	8	服饰	2
				仪容	2
				仪态	2
				卫生	2
		服务态度	12	热情友好	4
				积极主动	4
				耐心细致	4
		语言表达	8	语言规范、准确、符合语法	2
				语言优美、诙谐幽默	2
				符合游客语言习惯	2
				正确使用体态语言	2
		基本素质	6	爱国主义意识	2
				遵纪守法、遵守公德	2
				尽职敬业	2

续表

服务内容	26	导游知识	14	基础知识	4
				旅行知识	5
				业务知识	5
		服务范围	12	旅行生活服务	3
				讲解服务	3
				问题处理	3
				维护安全	3
服务技能	31	讲解技能	12	讲解内容	6
				讲解方法	6
		带团、协作技能	12	导游集体协作能力	4
				与游客合作，凝聚、沟通能力	4
				与旅游接待单位协作能力	4
		应变技能	7	处理突发事件的能力	4
				处理个别要求的能力	3
服务监督	9	相关产品质量	6	旅游线路产品质量监督	2
				服务设施设备质量监督	2
				服务环境质量监督	2
		旅游相关行业、单位的支持	3	旅游相关行业、单位质量监督	3

（二）游客对导游服务质量的评价模式

通过一定的方式从游客那里获得导游服务质量的信息，从而根据获取的信息对导游服务质量做出相关评价。主要实施步骤包括：

1. 制定游客意见征询表

游客对导游服务质量的意见征询表是参考上述的"导游服务质量评价的指标体系"进行制定的，主要是调查游客对导游服务质量的各个评价指标的期望情况、感知情况与评价情况，从而分析导游服务质量的水平。

2. 发放意见征询表

游客是导游服务的对象，是导游服务质量的直接感知者，是最有发言权的人。因此，这一过程是选择一定范围且有代表性的游客作为调查对象，进行调查，在调查的过程中要注意对意见征询表中的有关项目向游客做出必要的解释。

3. 回收意见征询表并汇总

回收向游客发放的意见征询表，注意对游客的合作表示真诚的感谢或给予适当的奖励。

4. 依据汇总信息，对导游服务质量做出合理的评价并反馈

注意将评价结果及时地反馈给导游人员，以便其发扬优点，纠正缺陷，提升导游服务质量。

三、导游服务质量提升策略

从微观层面上，导游服务质量具体的提升策略应该根据以导游服务质量评价指标体系为基础制定的游客意见征询表的分析结果来制定。一般需要通过导游人员、旅行社及旅游管理部门的共同努力来完成。从宏观层面上，导游人员若想提高服务质量，必须提高服务的技术性和职能性两方面的质量，具体包括以下三点。

（一）强化服务意识

导游服务意识是导游人员提供优质导游服务的基础，它源于广大导游人员对工作的热爱和认同。良好的导游服务意识就是导游人员有随时为游客提供全方位服务的积极的思想准备。

（二）提高导游技能

导游技能是指导游人员对导游知识和导游操作技能掌握的熟练程度。它是以广博的服务知识、熟练的服务技能为前提条件。导游人员如果只有较强的服务意识而缺乏必要的知识、技能和方法，要想取得良好的导游效果是不可能的。

因此，导游人员在带团的过程中，要运用所有知识和技能，进行有针对性的服务，并及时补充、更新知识，总结带团经验，以提高导游技能，为游客提供优质的服务。

（三）严格按规定的程序和质量标准提供服务

导游行业有其严格规定的国家带团程序和服务质量标准，同时还有更为严格的业内标准，它们都是提高导游服务质量的保障，为此导游人员必须按照相关规定进行操作。

导游人员在带团过程中，要熟记导游人员带团程序和服务质量，不得随意更改。由于职能质量较技术质量更为直观，游客对职能质量更为敏感，导游人员应该在严格按规定程序和质量标准工作外，提供更多的个性化服务。特别是对于游客提出的合理的服务要求，导游人员应该认真对待，以提高、完善职能质量。

旅行社和旅游行政管理部门应加强质量监督与检查，搞好服务质量控制，建立建全质量保证系统。通过旅游行政主管部门对导游人员执业规范的经常检查，业务部门对导游人员操作规程的定期检查，质量管理部门对其的抽查及游客的意见反馈，及时纠正导游服务中的偏差，从而确保导游服务质量不断提高。

第三节　导游服务质量管理

导游服务是旅游接待服务的代表业务，导游服务质量的高低在一定程度上代表着一个国家和地区旅游接待水平的高低，它影响着一个国家和地区的旅游形象。因此，我国一直以来很重视导游服务质量的管理和提升。为了切实做好导游服务质量管理，保护游客和导游的合

法权益,我国一直从导游管理法规制度、导游管理体系、导游服务质量的监管和保障三个方面建立和完善导游服务质量管理的控制体系,促进导游服务质量的提升。

一、我国主要的导游管理法规制度(依颁布实施的时间顺序排列)

(1)1987年11月14日国务院批准,1987年12月1日国家旅游局发布,1988年3月1日,《导游人员管理暂行规定》(1999年废止)实施。目的是为了加强对全国导游人员的统一管理,提高导游服务质量,保护旅行者和导游人员的合法权益,促进旅游事业的健康发展。

(2)1994年,国家旅游局发布和实施《导游人员职业等级标准(试行)》,对导游人员实施等级评定工作。

(3)1995年,我国国家技术监督局发布《导游服务质量》国家标准(GB/T15971-1995),对导游服务程序、质量要求和导游人员的基本素质进行了规定。

(4)1997年,国家旅游局发布《旅行社国内旅游服务质量要求》,提出了旅行社组织国内旅游活动所应具备的产品和质量要求。

(5)1999年10月1日,国务院发布《导游人员管理条例》,对导游人员的从业和服务行为进行规定,同时废止了国家旅游局发布的《导游人员管理暂行规定》。

(6)2002年1月1日,国家旅游局发布《导游人员管理实施办法》,对导游资格证和导游证、计分管理、年审管理和等级考核进行了具体规定,使我国导游人员的管理逐步步入法制化的轨道,从法制的角度对导游服务进行了规范。

(7)为了规范旅行社组织中国公民出国旅游活动,保障出国游客和出国旅游经营者的合法权益,2002年7月1日起施行《中国公民出国旅游管理办法》。

(8)2005年7月3日,开始实施《导游人员等级考核评定管理办法(试行)》。为加强导游队伍建设,不断提高导游人员的业务素质,国家旅游局重新制定导游人员等级考核评定标准、实施细则,对导游人员等级考核评定工作进行监督检查。全国导游人员等级考核评定委员会组织实施全国导游人员等级考核评定工作。

(9)2009年2月20日国务院公布《旅行社条例》,自2009年5月1日起施行。加强对旅行社的管理,保障游客和旅行社的合法权益,维护旅游市场秩序,促进旅游业的健康发展。

(10)2011年1月14日国家旅游局发布《导游服务规范》,规定了导游服务的要求和导游服务过程中若干问题的处理原则。代替了GB/T 15971-1995《导游服务质量》。

(11)2016年9月7日国家旅游局公布《旅游安全管理办法》,自2016年12月1日起施行。加强旅游安全管理,提高应对旅游突发事件的能力,保障游客的人身、财产安全,促进旅游业持续健康发展。

(12)2016年9月27日国家旅游局公布《关于废止〈导游人员管理实施办法〉的决定》,《导游人员管理实施办法》规定的导游岗前培训考核制度、计分管理制度、年审管理制度和导游人员资格证3年有效制度等停止实施,国家旅游局将根据导游管理体制机制改革工作的推进,逐步完善事中事后监管措施并加强监管。

(13)2016年8月19日国家旅游局下发《关于深化导游体制改革加强导游队伍建设的意见》,改革的目标是:推动导游从行政化、非流动、封闭式管理向法治化、市场化管理转变,构建"进出、监管、保障、奖惩"四位一体的管理体系,使导游管理体制更加科学高效,导游监管、评价、流动、激励机制更加完善，营造消费者、导游、市场共赢局面，使导游成为旅游市场秩序的坚定维护者，成为旅游业创新、创业的活跃领域，成为人民群众游得放心、舒心、开心的重要环节。

（14）2017年10月16日国家旅游局公布《导游管理办法》，自2018年1月1日起施行。目的是在深化导游体制改革，加强导游队伍建设的意见指导下进一步规范导游执业行为，提升导游服务质量，保障导游合法权益，促进导游行业健康发展。

二、我国的导游管理体系

20世纪90年代以来，我国主要围绕《导游人员管理条例》和《导游人员管理实施办法》，形成了导游的资格认证、等级考试管理制度，IC卡计分管理制度，导游年审考核、信誉档案制度等，涉及导游职业的进入、培训考核、职称、监督管理等方面的较健全的管理体系。这些制度分别由不同的主体来执行实施，基本形成了对导游人员有效的日常管理制度体系。尤其是2002年新版导游证开始用IC卡计分管理，实现了对导游的全程动态跟踪监管，被业界称为我国导游管理的第一次革命性"飞跃"。

进入21世纪，随着信息化的进程不断加快、旅游+互联网的步伐不断深入，顺应我国旅游业从景点旅游向全域旅游转变，迎接正在兴起的大众旅游时代，建立法治化、市场化、信息化的导游管理体制势在必行。我国导游管理迎来了新的"飞跃"。

《关于深化导游体制改革加强导游队伍建设的意见》与《导游管理办法》等对我国导游管理体系提出了新的要求，具体如下。

（一）导游考核管理

经导游人员资格考试合格的人员，方可取得导游人员资格证。具体程序是：

1. 全国导游资格考试

国家旅游局负责制定全国导游资格考试政策、标准，组织导游资格统一考试，以及对地方各级旅游主管部门导游资格考试实施工作进行监督管理。

省、自治区、直辖市旅游主管部门负责组织、实施本行政区域内导游资格考试具体工作。具备考试资格，参加全国导游资格考试，成绩合格，方可取得导游人员资格证。

2. 申请取得导游证

取得导游人员资格证，并与旅行社订立劳动合同或者在旅游行业组织注册的人员，可以通过全国旅游监管服务信息系统向所在地旅游主管部门申请取得导游证。

导游证采用电子证件形式，由国家旅游局制定格式标准，由各级旅游主管部门通过全国旅游监管服务信息系统实施管理。电子导游证以电子数据形式保存于导游个人移动电话等移动终端设备中。

（1）在旅游行业组织注册并申请取得导游证的人员，应当向所在地旅游行业组织提交下列材料：身份证、导游人员资格证、本人近期照片、注册申请。

（2）导游通过与旅行社订立劳动合同取得导游证的，劳动合同的期限应当在1个月以上。

（3）申请取得导游证，申请人应当通过全国旅游监管服务信息系统填写申请信息，并提交下列申请材料：① 身份证的扫描件或者数码照片等电子版；② 未患有传染性疾病的承诺；③ 无过失犯罪以外的犯罪记录的承诺；④ 与经常执业地区的旅行社订立劳动合同或者在经常执业地区的旅游行业组织注册的确认信息。

（二）导游执业管理

1. 导游为游客提供服务应当接受旅行社委派，但另有规定的除外

导游在执业过程中应当携带电子导游证、佩戴导游身份标识，并开启导游执业相关应用软件。游客有权要求导游展示电子导游证和导游身份标识。

2. 导游在执业过程中应当履行的职责

（1）自觉维护国家利益和民族尊严；

（2）遵守职业道德，维护职业形象，文明诚信服务；

（3）按照旅游合同提供导游服务，讲解自然和人文资源知识、风俗习惯、宗教禁忌、法律法规和有关注意事项；

（4）尊重游客的人格尊严、宗教信仰、民族风俗和生活习惯；

（5）向游客告知和解释文明行为规范、不文明行为可能产生的后果，引导游客健康、文明旅游，劝阻游客违反法律法规、社会公德、文明礼仪规范的行为；

（6）对可能危及游客人身、财产安全的事项，向游客做出真实的说明和明确的警示，并采取防止危害发生的必要措施。

3. 导游在执业过程中不得有下列行为

（1）安排游客参观或者参与涉及色情、赌博、毒品等违反我国法律法规和社会公德的项目或者活动；

（2）擅自变更旅游行程或者拒绝履行旅游合同；

（3）擅自安排购物活动或者另行付费旅游项目；

（4）以隐瞒事实、提供虚假情况等方式，诱骗游客违背自己的真实意愿，参加购物活动或者另行付费旅游项目；

（5）以殴打、弃置、限制活动自由、恐吓、侮辱、咒骂等方式，强迫或者变相强迫游客参加购物活动、另行付费等消费项目；

（6）获取购物场所、另行付费旅游项目等相关经营者以回扣、佣金、人头费或者奖励费等名义给予的不正当利益；

（7）推荐或者安排不合格的经营场所；

（8）向游客兜售物品；

（9）向游客索取小费；

（10）未经旅行社同意委托他人代为提供导游服务；

（11）法律法规规定的其他行为。

4. 旅游突发事件发生后，导游应当立即采取下列必要的处置措施

（1）向本单位负责人报告，情况紧急或者发生重大、特别重大旅游突发事件时，可以直接向发生地、旅行社所在地县级以上旅游主管部门、安全生产监督管理部门和负有安全生产监督管理职责的其他相关部门报告；

（2）救助或者协助救助受困游客；

（3）根据旅行社、旅游主管部门及有关机构的要求，采取调整或者中止行程、停止带团前往风险区域、撤离风险区域等避险措施。

5. 具备领队条件的导游从事领队业务的，应当符合《旅行社条例实施细则》等法律、法规和规章的规定

旅行社应当按要求将本单位具备领队条件的领队信息及变更情况，通过全国旅游监管服务信息系统报旅游主管部门备案。

（三）导游服务星级评定管理

导游服务星级评价是对导游服务水平的综合评价，星级评价指标由技能水平、学习培训经历、从业年限、奖惩情况、执业经历和社会评价等构成。导游服务星级根据星级评价指标通过全国旅游监管服务信息系统自动生成，并根据导游执业情况每年度更新一次。

旅游主管部门、旅游行业组织和旅行社等单位应当通过全国旅游监管服务信息系统，及时、真实地备注各自获取的导游奖惩情况等信息。

知识链接 3-1　导游星级评价制度制定背景

导游作为旅游服务的第一线，为旅游业发展做出了积极贡献，但是与快速增长的旅游发展和人民日益增长的美好生活需要相比，导游服务水平还存在发展不平衡不充分的问题。导游队伍素质参差不齐，导游服务的市场价值尚未得到充分认可，迫切需要研究设计一种与导游服务质量直接相关、通过市场化方式对导游服务水平进行标识的评价模式，便于旅行社、旅游消费者对导游的识别选择。基于此，国家旅游局在认真调研并借鉴相关行业有关制度的基础上，推动建立了导游星级评价制度。

（四）导游培训管理

《关于深化导游体制改革加强导游队伍建设的意见》中提出改革导游培训方式，构建强制性培训与自愿性培训相结合，岗前培训与在岗培训相衔接，"课堂培训、实操培训、网络培训"相统一的复合型培训体系；引导旅游院校加强导游相关专业学生实践技能和适应能力的培养，推动校企合作，促进院校教育与职业培训有机衔接，在全国旅游院校构建导游培训网络；遴选部分高等级旅游景区设立导游执业培训基地，丰富实操性培训；完善导游研修"云课堂"，拓宽覆盖面，丰富培训内容，为更多导游提供免费网络培训。

《导游管理办法》提出各级旅游主管部门应当积极组织开展导游培训，培训内容应当包括政策法规、安全生产、突发事件应对和文明服务等，培训方式可以包括培训班、专题讲座和

网络在线培训等,每年累计培训时间不得少于24小时。培训不得向参加人员收取费用。

旅游行业组织和旅行社等应当对导游进行包括安全生产、岗位技能、文明服务和文明引导等内容的岗前培训和执业培训。

导游应当参加旅游主管部门、旅游行业组织和旅行社开展的有关政策法规、安全生产、突发事件应对和文明服务内容的培训;鼓励导游积极参加其他培训,提高服务水平。

三、导游服务质量的监管和保障

目前,我国导游服务质量的监管和保障将主要从以下三个方面进行。

(一)健全事中事后监管体制

利用信息技术提升对导游执业全过程、动态化的监管水平;建立导游社会化评价与监督体系;实现由点到面、由事前到事中事后、由静态向动态的监管转变。

1. 建立导游执业动态监管机制

取消导游年审制度。充分利用信息技术,打造汇集导游基本信息,执业信息,游客评价及旅行社、自由职业机构、旅游管理部门奖惩评价信息为一体的全国导游公共服务监管平台,向游客提供导游身份认证及执业信息、诚信记录查询,向导游提供注册申领电子导游证、管理执业信息、查询游客评价,向旅行社和导游行业组织提供导游注册审核、管理、查询,向旅游部门提供导游证核发、管理、统计分析,向执法机构提供实时查询导游位置、认证导游信息、在线记录导游违法信息,实现对导游执业全过程、动态化服务监管,形成权责明确、流程清晰、信息共享、运转高效、监督到位的市场监管格局。

2. 建立导游信用综合评价体系

改革导游计分管理等规则,从过去仅靠行政执法人员现场扣分,转变成通过建立游客评价、"用人单位"考核、旅游部门奖惩为一体的导游执业综合评价制度,用"结果导向"促使导游用优质服务获取市场好评和执业机会。以导游与游客平等、责任权利对等为原则,通过契约规范约束双方行为,严肃惩戒导游失德失信行为,建立健全跨部门失信联合惩戒机制,将导游失德和违法违规行为列入《旅游不文明行为记录》和不诚信从业人员名录,并向社会公布。

(二)依法推进导游行业组织体系建设

推动各地级市(区)成立以导游个人会员为主的导游行业组织,各省成立以市级导游行业组织单位会员为主的导游行业联合会。推动各级导游行业组织组建数量适当、结构合理、精干高效的工作队伍,健全内设机构与工作机制,规范办事程序和工作流程。同时,要充分发挥导游行业组织自律作用。鼓励所有导游积极加入导游行业组织。促进各级导游行业组织建立健全以章程为核心的内部管理制度、会员约束制度,积极协调会员间利益,开展会员培训、权益维护、法律咨询等服务,切实把行业组织打造成"导游之家"。

（三）创新导游激励机制

从加强导游人才队伍建设、完善导游等级评定制度、打造星级导游服务品牌、树立导游正面典型等方面，创新导游激励机制，增强导游职业归属感和荣誉感。

1. 建立星级导游品牌制度

修订《导游服务规范》标准，建立与游客评价、执业时长、培训学习、导游等级、用人单位考核、旅游部门奖惩情况相挂钩的星级评价标准，建立去行政化、高度市场化和智能化的评价机制，打造导游职业服务品牌。

2. 完善导游等级评定制度

制定《导游等级标准》，进一步建立健全第三方参与的导游等级评定办法和机制，启动特级导游评定工作，打造导游职业技能品牌。

知识链接 3-2　导游星级评价制度与导游等级评定制度的区分

导游等级评定制度与星级评价制度都是为便于游客和社会各方面对导游水平能力的识别，并激励导游自我提升导游执业素养而确立的制度，二者互为补充，但也存在着明显的区别。主要有以下三方面：

1）评价功能不同。导游等级评定制度是对导游职业技能水平的评价，侧重的是技能水平，相对是静态的，等级一般只升不降；导游星级评价制度侧重对导游执业服务能力、质量和信用水平的评价，侧重的是服务水平，相对是动态的，星级有升有降。

2）评价方式不同。导游等级评定主要通过考试方式，导游技能大赛获得最佳名次的导游也可以晋升等级；导游服务星级评价主要基于游客对导游服务的客观评价，不组织考试、不设评定机构，通过"全国旅游监管服务平台"自动计分生成导游服务星级。

3）评价内容不同。导游等级评定中，中级导游考核内容主要为"导游知识专题"与"汉语言文学知识"，高级导游人员考核内容主要为"导游案例分析"和"导游词创作"，特级导游人员的考核采取论文答辩方式；导游服务星级主要以游客对导游服务的满意度为导向，对导游服务水平进行综合评价，指标包括社会评价、技能水平、执业经历、学习培训和奖惩情况等，促进导游以诚实劳动、至诚服务赢得更好社会评价，取得更高服务星级，获得更多就业机会。

3. 加强导游正面宣传引导

大力弘扬导游先进典型，树立导游正面形象，激励和引导广大导游忠于职守、爱岗敬业、诚实守信、乐于奉献，使社会公众进一步理解、尊重和信任导游，增强导游的职业自信心和自豪感。持续征集宣传好导游事迹，举办全国导游大赛，开展"文明旅游我先行"活动，树立一批文明旅游引导标兵。努力争取提高导游在各级人大代表、政协委员及劳模中的名额，推动有关部门在积分入户等方面考虑导游等级、星级及所获的行业荣誉。

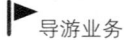

本章小结

本章介绍了导游服务质量的内涵及其构成要素、导游服务质量的评估标准与评估模式，构建了基于游客感知的导游服务质量评价指标体系，提出了导游服务质量的提升策略，分析了我国的导游服务质量管理制度，详细分析了我国主要的导游管理法规制度、我国的导游管理体系以及目前的导游服务质量的监管和保障制度。

学习与思考

1. 怎样理解导游服务质量的内涵？
2. 从宏观层面上如何提高导游服务质量？
3. 基于游客感知的导游服务质量包括哪些方面？
4. 导游等级评定制度和导游星级评价标准有何不同？
5. 对于初级导游人员、中级导游人员、高级导游人员和特级导游人员分别有哪些要求？
6. 导游服务星级评价标准主要从哪些方面进行评价？

实务篇

第四章　团队导游服务程序与规范
第五章　散客导游服务程序与规范
第六章　旅游故障的预防和处理
第七章　游客个别要求的处理

第四章　团队导游服务程序与规范

学习目标

通过本章的学习，要求学生熟练掌握地方导游服务程序各工作环节的要领和技巧，熟悉全陪导游服务的程序，了解海外领队和景区景点导游的服务程序和要领；在导游服务中，地陪、全陪、海外领队和景区景点导游要相互配合，互帮互助，尽职尽责，以确保旅游团队的各项活动顺利进行，争取达到良好的工作效果，做到工作职责、服务程序与标准统一。

团队导游服务程序是指导游人员从接到旅行社下达的接待旅游团的接待任务起，到完成对旅游团的接待并做完善后工作为止的整个工作程序。地陪、全陪、领队和景区景点导游的服务程序各不相同。

第一节　地方陪同导游服务程序与规范

旅游团队地陪导游服务是由地方陪同导游人员（简称地陪）来完成的，地陪导游人员是受接待社委派，代表地方接待社实施旅游行程接待计划，为旅游团（者）提供当地服务的导游人员。接待旅游团时，地陪要与全陪及领队（入境旅游团）密切配合。在服务中地陪的主要工作职责是根据合同要求安排落实好旅游团在本地的行程及旅游活动，在相关部门及人员的配合下做好接待服务工作，负责旅游团在当地参观游览中的导游讲解，维护游客的人身和财产安全，并且处理游客在旅游过程中发生的各类问题。

地陪服务规程即是地陪在接待旅游团，完成以上主要职责的过程中应遵循的服务程序和规范。根据中华人民共和国国家标准——《导游服务规范》（GB/T15971—2010）要求，地陪导游服务程序主要包括准备工作、途中服务和后续服务三个阶段，包括八个步骤，如图 4-1 所示。

一、服务准备

准备工作对于导游服务十分重要，"不打无准备之仗"。有了充分的服务准备，将为导游服务工作和提高导游服务质量打下良好的基础，做到事半功倍，即"磨刀不误砍柴工"。

接团前地陪导游人员要做好各项服务准备工作，归纳起来包括业务、知识、物质、精神、形象、心理准备等方面。根据中华人民共和国国家标准——《导游服务规范》（GB/T15971—2010）具体服务规范及工作程序如下：

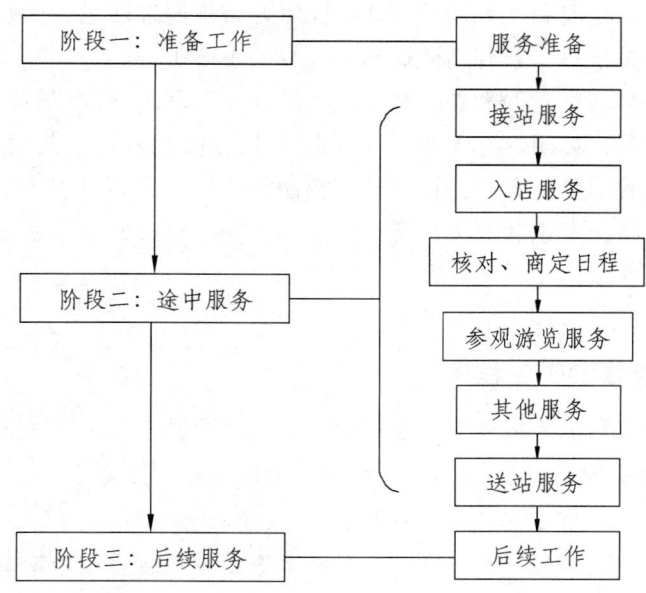

图 4-1　地陪导游服务流程图

（一）业务准备

业务准备是指地陪对其所接待的旅游团情况的掌握和所做的预先计划安排，它包括熟悉接待计划和落实接待事宜。

1. 熟悉接待计划

上团前，地陪导游人员要认真查阅旅游团队接待计划及相关资料。接待计划是组团社与地接社之间落实旅游团行程、安排旅游团旅游活动的契约性文件，同时也是导游人员了解团队基本情况、安排游览行程和活动日程的主要依据。

地陪在接到旅游团接待计划后，在旅游团抵达目的地前，要认真细致地阅读接待计划及相关资料，详细、准确地了解该团的基本情况、行程安排、服务项目和具体要求，重要的事宜要记录在陪同日志本上，阅读时要熟知以下内容：

（1）计划签发的组团社名称、联络人姓名及联系电话。

（2）旅游团基本情况：旅游团名称、团号、电脑序号，领队姓名与电话，全陪姓名与电话，旅游团种类，旅游团等级和费用结算方式等。

（3）旅游团成员情况：人数、性别、姓名、年龄、职业、文化层次、宗教信仰、风俗习惯等。

（4）旅游团抵离本地情况：抵离时间、所乘交通工具类型、班次和使用的交通港名称。

（5）旅游团交通票据情况：赴下一站交通票是否定妥，有无变更和更改后的落实情况，有无返程票（若有，是否落实）。

（6）旅游团的服务项目、接待要求：如住房及标准、用车、游览、餐食及标准等方面的特殊要求，该团的特殊情况和注意事项，如有无需要特殊照顾的老弱病残孕客人，有无办理通行证地区的参观游览项目（若有则要提前办好有关手续）等。

（7）增收费用项目情况：如额外游览项目（游江、游湖）、行李车费等。

（8）特殊游客情况：如团内有无两周岁以下婴儿及12周岁以下儿童，餐饮标准如何等，尤其要搞清楚饭店和餐饮是外方旅行社自订、组团社代订、游客自理还是由地接社代订。

（9）掌握团队的特殊要求和有关注意事项，如会谈、拜会、参观、宴请、住房、用餐、交通。

案例4-1　地陪导游服务程序

小徐是从××外语学院德语专业毕业到旅行社从事导游工作的。这天，他做地陪接了一个德国团。早上7:30，他就跨上自行车去游客下榻的饭店，因为旅游团8:00在饭店大厅集合。小徐想："从家里到饭店骑车20分钟就到了，应该不会迟到。"然而，当经过铁路道口时，开来一列火车，把他挡住了。待列车开过去时，整个道口已挤得密密麻麻，因为大家都急着赶时间去上班，自行车、汽车全然没有了秩序。越是没有秩序，越是混乱，待交通警察赶来把道口疏通，已过8:00。10分钟后，小徐才到饭店。这时，离原定游客出发时间已晚了十多分钟，只见等候在大厅里的那些德国游客个个脸露不悦，领队更是怒气冲冲，走到小徐面前伸出左手，意思是说："现在几点了？"

案例分析：

作为导游人员，熟悉各个国家或地区的风俗习惯是很有必要的。德国游客的时间观念也许是世界上最强的，讲好8:00出发，绝对会一秒不迟地准时在大厅集合。这时，如果导游人员自己迟到了，在他们心目中的形象就会大打折扣，即使前面的工作非常出色，也将事倍功半。本案例中，小徐拿到接待计划，进行业务准备时就应该知道德国人的这种惜时如金的性格特点，应该把赶往饭店的时间提早些，这样，也就不会出现本案例中所述的最后一幕。当然，作为导游员，不仅是带德国游客，带任何一个旅游团，都要守时，绝不能迟到，这是导游从业人员起码的素养。如果因为不可预见的因素而迟到了，则可以：

第一，诚恳地向游客道歉，如实说明前因后果，以求得游客的谅解。

第二，工作上要一如既往，不能因为迟到，游客有意见，就降低自己的服务标准，而是要更加努力，将功补过。

2．落实接待事宜

（1）核对日程安排表。

地陪应根据接待计划安排的日程（电子行程单），结合游客的特点以及全陪的建议认真核对接待社编制的旅游团在当地活动日程表中所列日期、出发时间、游览项目、就餐地点、风味餐品尝、购物、晚间活动、自由活动和会见等项目（见表4-1）。如发现有出入应立即与本社有关人员联系核实，以免带团过程中出现麻烦。

表 4-1　旅游团活动日程表

旅行社名称		（盖章）			电话：	
团号		旅游团类别：国内　　国际			游客人数：	其中儿童：
组团社名称		全陪及手机			领队及手机：	
导游姓名		专职　兼职　　手机：			导游证号：	
任务时间		年　　月　　日至　　年　　月　　日			天夜：	
交通情况	抵达	交通工具：航（车）次　　　　月　　　日　　　时				
	离开	交通工具：航（车）次　　　　月　　　日　　　时				
	旅游车	车型　　　　座数　　　　司机　　　　电话				
住宿饭店					住宿天数：	
用餐地点					用餐标准：	
游览景点						
其他安排						
计调部负责人		（签名）			计调部电话：	
注意事项及有关说明						

附：
1）旅行社需按要求填写，并加盖公章。
2）详细游览活动可见附件。
3）导游人员在接待游客时携带此计划表，并不得擅自改变计划表确定的行程。
4）此计划表一式两份，一份由旅行社存档，一份由导游人员携带供旅游管理部门检查。

（2）落实接待车辆。

地陪导游人员应提前与司机或车辆单位联系，确认接待车辆的车型、车牌号及车内设备的完好程度，并对以上情况作书面记录。与司机约定见面地点、出发时间（准确估计时间，提前半小时到达接站地点），告知司机具体的日程安排。接待大型旅游团时，须在车上贴编号或醒目标记。

（3）落实住房及用餐。

地陪导游人员要熟悉旅游团所住饭店位置、概况、服务等级即星级标准、服务设施和服务项目。核实旅游团所需房间的房型、房间数（注意出现自然单间的情况，要尽快与旅行社联系）、是否含早餐等。如有必要，特别是接待重点团的，地陪应亲自前往饭店向有关人员了解团队排房情况，主动介绍团队的特点，与饭店接待人员配合做好接待工作。

地陪应提前与各有关餐厅联系，确认旅游团日程所安排的每一次用餐情况。联系时须讲明旅行社名称、团号、人数、客源地、餐饮标准、用餐日期、具体时间、游客的特殊要求等，记录接待人员的姓名和通知时间。

（4）了解落实运送行李的安排情况。

与行李员联系（如果配备行李车），落实行李车的安排情况；与行李员联系，问清行李员的姓名和会面地点或告之旅游团抵达的时间、地点以及下榻的饭店。

（5）了解不熟悉的参观游览点。

对新景点或不熟悉的景区（点），地陪应事先查阅资料，必要时与景区联系，了解其概况，如开放时间、相关知识、最佳游览线路、厕所位置等，以便顺利完成游览任务。地陪应事先了解行车路线，景点设施、位置及开放时间等情况，同时准备好讲解资料，以保证旅游活动的顺利进行。

（6）核实旅游团离开当地的出票情况。

地陪要提前与计调人员落实票务，根据行程检查团队票据是否齐全、准确，有无变更，是否按计划订妥。保持与内勤人员的联系，随时掌握旅游团的变化情况。

（7）落实其他计划内项目的安排情况。

如果组团社发来的接待计划中包括该旅游团的会见、宴请、品尝风味餐、赠送礼品等活动，地方导游人员应在接团前与计调部门联系，请其落实相关的会见、宴请、风味餐的单位、人员、礼品等事宜。

（8）与全陪联系。

地陪要提前与全陪取得联系，了解该团有何变化情况，对在当地的安排有何要求。如所接待的旅游团是入境团（首站抵达），地陪要主动询问全陪情况，并与全陪取得联系，约定碰面地点和时间，一同按规定的时间提前到机场（车站、码头）迎接旅游团。

（9）掌握有关联系电话号码。

地陪应随身携带相关部门（例如旅行社相关部门、酒店、旅游定点餐厅、旅游定点商店、机场车站码头的问询处等）和相关人员（如司机、部门经理、销售经理、计调人员、票务人员、其他导游人员等）的联系方式、相关号码。

（二）语言和知识准备

在接团前，地陪应根据所接旅游团的特点（如专业旅游团、特种旅游团）和计划的参观游览项目，做好有关专业知识和语言上的准备工作。

（1）根据接待计划上确定的参观游览项目，做好有关知识和资料的准备，对重点内容，特别是自己不太熟悉以及重要的游览点，提前做好外语和导游知识的准备。

（2）导游人员接团前，要做好相关专业知识准备。如所接待的旅游团成员系外国人，还应做好外语词汇的翻译准备。对翻译导游的重点内容，做好外语和介绍资料的准备。接待特殊的或有专业要求的团队，应做好相关专业知识、术语、词汇等的准备。

（3）了解当前的热门话题、国内外重大新闻及游客感兴趣的话题。

（4）掌握旅行常识。

（5）注意对景点知识的升华及新知识的补充和运用。

（6）熟悉旅游地各类资源、风土人情。

（7）掌握相关法律法规。

（三）物质准备

地陪上团前，一定要做好接团的有关物质准备。

1. 领取必要的票证、表格和费用

地陪在出发前，应到旅行社相关部门领取旅游团接待计划表（电子行程单）、旅游服务质量反馈表、旅游团名单、餐饮结算单（见表4-2）、旅游景区门票结算单（见表4-3）、住宿结算单和旅游团费用结算单等。在填写这些单据时，应注意填写的数据一定要与旅游团人数相符，数字和金额要大写。

表4-2 ××旅行社餐饮结算单

编号：

年　　月　　日

团号	项目	数量	单价	金额
	游客餐费			
	陪同餐费			
	酒水费			
合计				
导游姓名		导游证号码		旅行社签发人
接待单位		经手人		会计

表4-3 ××旅游景区门票结算单

编号：

年　　月　　日

旅行社名称		时间	
团号		客源地	
旅游团人数		购票金额（大写）	
旅行社签发人		售票员	
导游人员姓名		导游证号码	

2. 准备工作物品

必备的工作物品包括：电子导游证、胸卡、导游旗、扩音器、接站牌、旅行社标志、宣传资料、行李牌（或行李标签）、通讯录以及按旅游团人数发放的物品（如旅游帽、导游图或其他旅游纪念品）等。

3. 准备个人物品

必备的个人物品包括：名片、手机及充电器、防护用品（雨伞、遮阳帽、润喉片）、常备药物、记事本与工作包等。

（四）形象准备

导游人员的自身美不仅关系到个人形象，更重要的是关系到目的地和旅游企业的形象，为了给游客留下良好的印象，导游人员在上团前要做好与所从事的职业相应的仪容、仪表方面的准备。

（1）导游人员的着装要符合导游人员的身份，要方便旅游服务工作。

（2）导游人员的衣着要简洁、整齐、大方、自然，佩戴首饰要适度，不浓妆艳抹。如果接待计划中安排有会见、宴会、舞会等，导游人员要准备好适合这些场合的正装（男性如西装、中山装，女性如套装、晚礼服、旗袍等）或民族服装。

（3）导游人员的头发要保持清洁、整齐。女性导游人员留有长发要束起，男性导游人员前发要不覆额，鬓角不近耳，后发不及领。

（五）心理准备

导游人员需要具备良好的心理素质，在接团前做好如下几个方面的心理准备：

（1）准备面临艰苦复杂的工作。

（2）准备承受抱怨和投诉。

（3）准备面对形形色色的"精神污染"和"物质诱惑"。

二、接站服务

接站服务是地陪迎接旅游团前后所提供的各项服务工作。接站和首次导游服务是地陪显示才能，树立良好形象的重要机会，也是圆满完成带团任务的重要环节，因此，导游人员要做好充分的准备，提前半小时到达机场、车站、码头迎接旅游团，应提供准时、热情、友好的接待服务，给游客留下美好的第一印象。

（一）旅游团抵达前的服务安排

1. 确认旅游团所乘交通工具及抵达的准确时间

接团前一天，地陪要再次到地接社核对接待计划，全面检查准备工作的落实情况，特别是要了解有无变更通知。

接团当天，应向有关部门（机场、车站、码头）问清团队所乘交通工具到达的准确时间。

2. 与旅游车司机联络

通知旅游车司机出发的时间，商定见面地点，确保提前半小时抵达接站地点，并告知司机旅游团活动日程和具体时间。到达接站地点后，与司机商定旅游车具体的停车位置。

3. 与行李员联系

若旅行社为旅游团派了专门的行李车，地陪要联系行李车或行李员，告知旅游团的名称、人数和行李运送地点。

4. 再次核实航班（车次）抵达的准确时间

地陪按规定时间到达接站地后，应再次与机场、车站或码头联系，核实旅游团交通工具准确的抵达时间。如被告知所接航班（车次）晚点，但推迟时间不长，地陪可留在接站地点继续等候旅游团；如推迟时间较长，应立即将情况报告给接待社有关部门，听从安排。

5. 持接站牌迎接旅游团

把接站牌设置于醒目位置，接站牌上应写清团名、团号、领队（全陪）或客人姓名，接小型团队或团队无领队、全陪旅游团时则要写上客人的姓名，热情迎候。准备好导游旗。

（二）旅游团抵达后的服务

1. 及时、准确认找旅游团

团队游客抵达时，地陪要尽快找到自己的旅游团。具体做法是，地陪站在明显的位置举起接站牌和团旗以便领队、全陪和客人联系认找；主动地通过团队特征（如面貌、服饰、行李或组团社标志等）分析判断，通过委婉询问来人，寻找自己的团队。

2. 认真核实人数

接到旅游团后，地陪要向全陪和领队自我介绍，并核实相关信息，如团名、团号、人数、国别（或客源地名称）、全陪、领队或客人姓名，组团社名称（境内、境外）等。确认所接旅游团后，地陪应再次向全陪或领队核实旅游团实到人数，在无领队（或全陪）时应认真对照名单清点人数。如与计划不符应及时通知旅行社，并进行预定变更。

3. 集中清点行李

地陪要协助游客将行李集中放于指定位置，清点行李，提醒游客检查自己的行李物品是否完整无损。如有行李破损或丢失，地陪应协助游客到有关部门办理行李丢失或赔偿申报手续。

4. 集合登车

地陪在清点人数、行李无误后，应提醒游客带齐手提行李和随身物品，引导游客前往乘车处，同时恭候在车门旁，协助客人上车。上车后，协助游客入座，再次礼貌地清点人数，游客到齐坐稳后通知司机出发。

旅游团抵达后服务的注意事项：

（1）在从出口到停车位置的转移过程中，地陪、全陪和领队要分工协作，保障游客的安全。若是入境旅游团，地陪带队，领队居中照顾，全陪走在最后，保障游客的安全。

（2）导游人员在协助游客上车时，应敬候在旅游车车门口，并站在靠近车头的车门一侧。

（3）清点人数时，导游人员切忌用手指去清点人数。

（三）赴饭店途中服务

从机场（车站、码头）到下榻饭店的行车途中，地陪除了要表现出热情友好的态度外，还应在气质、学识和语言方面展现其职业素养，以赢得游客的信赖，给他们留下可信、可靠的第一印象。为此，导游人员要做好如下几项工作。

1. 首次途中服务

首次途中导游服务要求如下：

（1）导游人员要站在车的前部、司机的右后侧，如旅行车辆系小型车辆，地陪应坐在前排，以能见到每一位游客为宜。

（2）面带微笑、表情自然。

（3）使用话筒时，切忌向话筒吹气或以手拍打话筒来试音，而应以问好的方式来询问客人音响效果和音量是否适度。

（4）应注意音量适中、节奏快慢得当，使车内每一个游客都能听清楚。对重要的内容要重复讲解或加以解释。

（5）根据旅行社规定，向游客分发旅游图和社徽等资料。

2. 致欢迎词

欢迎词好比一场戏的"序幕"，一个乐章的"序曲"，文章的"序言""开场白"。中外游人都讲究"第一印象"，而致欢迎词是给人树立第一好印象的好机会。导游人员应当努力展示自己的艺术风采，使"良好开端"成为"成功的一半"。

一般情况下，在客人上了旅游车赴饭店或前往景点途中致欢迎词，但如果遇到有领导前往迎接或在机场逗留时间较长，或旅游团人数较多不能保证每辆车上都有陪同时，则可在机场（车站、码头）致欢迎辞。欢迎词的内容应视旅游团的性质、国籍，游客的年龄、文化水平、职业、居住地区及旅游季节等不同而有所变化，不可千篇一律；说话要符合导游身份，做到诚恳、亲切，切忌做作；要做到简明扼要、精彩纷呈。欢迎词应包括以下内容。

（1）介绍自己的姓名及所属单位。

（2）介绍司机。

（3）代表所在接待社、本人及司机欢迎游客来本地参观游览。

（4）表明自己提供服务的工作态度和希望得到合作的愿望。

（5）预祝旅游愉快、顺利。

欢迎词切忌死板、沉闷，如能风趣、自然，会缩短与游客的距离。另外，欢迎词中若注意修饰文采，适当采用一些谚语、名言，会收到很好效果。

3. 调整时间

接待入境旅游团时，地陪要向客人介绍两国的时差，请游客调整好时间。

4. 首次沿途讲解

需说明的是，地陪在沿途导游服务时，必须见机行事，讲解内容应丰富多彩，避免机械、生硬和杂乱无章。

（1）风光导游。地陪应向游客介绍沿途所见到的有代表性的景物，注意做到讲解内容与旅行车经由景观的对应；注意触景生情、点面结合、简明扼要；选择讲解内容时要注意旅游车的行进速度；准确地对景物进行指向；适当采用类比的方法，使游客听后更有亲切感。

（2）本地概况介绍。除了风光导游外，地陪应适时穿插介绍当地的政治、经济、历史、文化、风土民情、风物、特产及旅游注意事项。介绍当地居民的风俗习惯、礼节礼貌、生活起居等常识。

（3）介绍下榻的饭店。在旅游车到达饭店之前，地陪导游人员应向游客介绍所下榻饭店的基本情况：饭店名称、位置、行车距离、星级、规模、主要设施及设备的使用方法、入住手续等（根据路途距离和时间长短酌情增减，也可在入店时进行介绍）。

（4）宣布集合时间、地点及停车位置。旅游车驶至下榻饭店，地陪应在游客下车前向全体成员讲清并请其记住车牌号码、停车位置、集合地点和时间；提醒游客将手提行李和随身物品带下车；向司机交代清楚第二天出发的时间。

三、入店服务

（一）协助办理入住手续

游客抵达饭店后，地陪可让游客在饭店大堂内指定位置稍做等候，并尽快向饭店总服务台提供团队名称、订房单位、房间数量等订房信息；协助领队和全陪办理入住手续，并向总服务台提供旅游团队名单，拿到房卡（房号）后，再请领队分配房间；如旅游团无领队，可请团长分房；如是散客拼团既无领队又无团长，则请全陪分房。地陪应掌握领队、全陪和全体团员的房号，并将自己的房号（如果地陪也入住该饭店）告知全陪和领队，便于联系。若地陪不留宿饭店，在离开饭店前应将自己的电话号码告知全陪和领队，以便联系。

（二）介绍饭店设施

地陪在协助办理完旅游团入住手续后，应向全团介绍饭店内设施。如果已在首次沿途讲解中介绍过，此时做简单指示即可。一般需要介绍以下内容：

（1）介绍外币兑换处、商场、娱乐场所、公共洗手间、中西餐厅等设施的位置。
（2）说明游客所住房间的楼层和房间门锁的开启方法。
（3）提醒游客住店期间的注意事项及各项服务的收费标准。
（4）向游客指明电梯和楼梯的准确位置。

（三）带领旅游团用好第一餐

旅游团第一餐安排在游客进房前还是进房后，要根据游客入店时间和游客的要求来定。地陪在带领团队用餐时应该注意以下几点：

（1）地陪应与旅游团全体成员约定集中用餐的时间和地点。
（2）等全体成员到齐后，亲自带领游客进入餐厅，向餐厅领座服务员询问本团的桌次，然后引领旅游团成员入座。
（3）等大家坐好后，应向游客介绍就餐的有关规定，如哪些饮料包括在费用之内，哪些不包括在内，若有超出规定的服务要求，费用由游客自理等，以免产生误会。
（4）地陪还应提前向餐厅说明团内有无食素游客，有无特殊要求或饮食忌讳；对于有特殊饮食要求的游客，导游应根据餐厅的具体安排，为其提供餐饮服务。
（5）地陪可以将领队、全陪介绍给餐厅经理或主管服务员，以便直接联系。等客人开始用餐，地陪方可离开并祝大家用餐愉快。
（6）如果所带旅游团的第一餐未安排在入住饭店的餐厅，地陪必须提前通知餐厅用餐的大概时间、团名、国籍、人数、标准和要求等。

（四）宣布当天或第二天的活动安排

地陪应向全团游客宣布当天或第二天的日程安排，包括叫早时间、用餐时间、地点、用餐形式、集合地点、出发时间等；提醒游客做必要的游览准备（如带好雨具、穿运动鞋等）。一般在第一餐将要结束、游客还未离开之前重申，如果出现旅游团抵达时间较晚，不需用餐而直接入住酒店的情况，则应在客人进入房间前通知大家。

（五）照顾游客和行李进房

游客进房时，地陪必须到旅游团所在楼层，协助楼层服务员做好接待工作，并负责核对行李，督促行李员将行李送至游客的房间。因为游客进房并不意味着万事大吉，有可能会发生以下问题：门锁打不开，客房不符合标准，房间不够整洁或卫生漏做，重复排房，室内设施不全或有损坏现象，卫生设施无法使用，电话线不通等问题；有时还会出现游客调换房间等要求，这时，地陪要协助饭店有关部门及时处理。同时，还会发生行李没有及时送到，或个别游客没有拿到行李、错拿行李、行李有破损等情况，这时，地陪应尽快查明原因，采取相应的措施。

（六）确定叫早时间

待一切安排妥当后，地陪应与领队、全陪一起商定第二天的叫早时间，并通知全团成员，地陪还应将叫早时间通知饭店总服务台，办理叫早手续。

四、核对、商定日程

（一）核实、商定日程的时间、地点和对象

商定日程的时间宜在旅游团抵达的当天，最好是在游览开始前进行。对一般观光旅游团，甚至可在首次沿途导游过程中，在宣布本地游览节目时用最短的时间确定日程安排；也可在旅游团进入饭店，待一切安排完毕后再进行；对重点团、学术团、专业团、考察团，则应较慎重地在旅游团到达饭店后进行。

商谈日程的地点可因地制宜，一般在饭店的大堂，有时也可在旅游车上，对重点团、记者团、专业团、考察团，必要时可租用饭店会议室。

商谈日程的对象，可视旅游团性质而定，一般旅游团可与领队、全陪商谈，也可由领队、全陪请旅游团内的重要团员一起参加，如旅游团没有领队或全陪，可与游客代表一起商谈；对重点团、专业团、记者团，除领队、全陪外，还应请团内有关负责人参加。

（二）核对、商定日程的原则

一般情况下，在核对、商定旅游团的旅游行程时，必须遵循的原则有：宾客至上、服务至上的原则，合理而可能的原则，平等协商的原则。日程安排既要符合大多数游客的意愿，又不宜对已定的日程安排做大的变动，因为变动过大，可能会涉及其他部门的工作安排。

（三）在核对、商定日程时出现不同情况的处理措施

1. 领队或游客提出小的修改意见或要求增加新的游览项目时

（1）地陪应及时向旅行社有关部门反映，对合理而可能满足的项目应尽量安排。

（2）需要加收费用的项目，地陪要事先向领队或游客讲明，按有关规定收取费用。

（3）对确实有困难无法满足的要求，地陪应向领队或游客说明原因并耐心解释。

2. 领队或游客提出的要求与原日程不符且又涉及接待规格时

（1）一般应予婉言拒绝，并说明我方不便单方面不执行合同。

（2）如确有特殊理由，并且由领队提出时，地陪必须请示旅行社有关部门，视情况而定。

（3）领队（或全陪）手中的旅游计划与地陪的接待计划有部分出入时，地陪应及时报告接待社查明原因，分清责任。若是接待社方面的责任，地陪应实事求是地说明情况，及时改正并赔礼道歉。

案例 4-2　导游人员和领队的游览计划有出入

小张担任一东南亚旅游团的地陪。旅游团到了饭店后，小张就和领队商谈日程安排。在商谈过程中，小张发现领队手中计划表上的游览点与自己接待任务书上所确定的游览景点不一致，领队的计划表上多了两个景点，且坚持要按他手上的景点来安排行程。为了让领队和游客没有意见，小张答应了。在游览结束后，领队和游客较满意。但小张回旅行社报账时却被经理狠狠批评了一顿，并责令他赔偿这两个景点的门票费用。

案例分析：

旅行社所下达的接待计划上游览景点与游客手中计划书上景点不符，这种情况的出现，通常有两种原因：一为双方在洽谈过程中发生误会；二为对方旅行社为掩盖其克扣游客费用而采取"瞒天过海"的一种手段。导游人员碰到这类问题时，必须弄清真相，不然，或者会给旅行社带来损失，或者会导致游客有意见。本案例中，导游人员小张就是因自作主张随意答应了游客的要求，结果导致旅行社利益受损，费力不讨好。

导游人员碰到这类问题，处理的步骤是：首先，应及时与旅行社联系，请旅行社负责人查明原因，并指示应按哪份计划实施接待，如是组团方的责任并确认按我方旅行社计划单上所规定景点游览，则除了重点游览、讲解规定景点外，也可对那些没有安排的景点做简单的指点、讲解；其次，如果游客愿意自费游览没有安排的景点，在收取费用后，应予满足。最后，若是接待社方面的责任，地陪应实事求是地说明情况，及时改正并赔礼道歉。

五、参观游览服务

（一）做好出发前的准备

1. 提前到达出发地点

出发前，地陪应与司机取得联系，保证至少提前 10 分钟到达集合地点，并督促司机做好各项准备工作。提前到达不仅可以在时间上留有余地、以身作则遵守时间，应对紧急突发的事件，同时也可以礼貌地招呼早到的游客，询问游客的意见和建议。有些情况下，一些工作必须在出发前完成（如酒店退房），则需更早到达出发地点进行安排。

2. 核实实到人数

出发前，地陪必须核实全体团员是否到齐。若发现有游客未到，地陪应向领队、全陪或其他游客问明原因，设法及时找到。若有的游客愿意留在饭店或不随团活动，地陪要问清情况并妥善安排，必要时报告饭店有关部门。

3. 提醒注意事项

集合出发前，地陪应提醒游客检查所带物品是否齐全，如果是退房离店后出发则应提醒游客是否有行李及物品遗忘;向游客预报当日天气和游览点的地形、行走路线的长短等情况,必要时提醒游客带好衣服、雨具、换鞋等。如出发后行程较长又不便经常停车安排游客上洗手间,则应提醒游客出发前去洗手间。

4. 准时集合登车

游客登车时,地陪应站在车门一侧,一边招呼大家上车,一边扶助老弱者登车;开车前,要再次清点人数,然后请司机开车出发。

(二)赴景点途中服务

1. 重申当日活动安排

开车后,地陪要向游客重申当日活动安排,包括参观游览的景区名称,沿途所需时间,午、晚餐的时间地点,当日行程中的其他安排。

2. 沿途风情、风光导游

在前往景点的途中,地陪应进行本地风情及沿途风光介绍,包括所经过的城镇、景观的历史沿革、文化积淀、民俗风情、经济和产业动态咨讯、旅游资源等基本情况和相关话题。同时积极回答游客提出的问题。讲解中要注意所见景物与介绍"同步",并留意游客的反应,以便对其中游客感兴趣的景物做更为深入的讲解。

3. 介绍游览景点

抵达景点前,地陪应向游客简要介绍该景点的大体情况,尤其是景点的历史价值和特色。讲解要简明扼要,目的是为了满足游客事先想了解有关知识的心理,激起其游览景点的欲望,为景点导游讲解做好前期铺垫,同时也可节省到达景点后的讲解时间。

4. 活跃气氛

如果到达景点的路途较长,地陪可以与游客讨论一些他们感兴趣的热点问题,或组织适当的娱乐活动,如猜谜语、讲故事、唱歌等,以活跃气氛。

(三)景点导游、讲解

1. 交代游览注意事项

(1)抵达景点时,下车前地陪要讲清楚并提醒游客记住旅游车的标志、车号和停车地点、开车的时间。

(2)在景点示意图前,地陪应讲明游览路线、所需时间、集合时间和地点等。

(3)地陪还应向游客讲明游览参观过程中的有关注意事项,例如,寺庙等景点内不允许吸烟、拍照等。赴边境地区、少数民族地区游览的旅游团,地陪应向游客讲清旅游目的地风俗、习惯、禁忌及注意事项。

2. 游览中的导游讲解

抵达景点后,地陪应对景点进行讲解。讲解内容应做到繁简适度、因人而异,包括该景点的历史背景、特色、地位、价值等方面的内容。讲解的语言应生动,富有表现力。

景点导游的过程中,地陪应保证在计划的时间与费用内,游客能充分地游览、观赏,做到讲解与引导游览相结合，集中与分散相结合，劳逸适度，并应特别关照老弱病残的游客。

3. 留意游客的动向，防止游客走失

在景点导游过程中，地陪应注意游客的安全，要自始至终与游客在一起活动，注意游客的动向并观察周围的环境，和全陪、领队密切配合，并随时清点人数，防止游客走失和意外事件的发生。

（四）景点参观游览活动

旅游团的参观活动一般都需要提前联络，安排落实，并有相关人员接待。一般是接待人员先介绍情况，然后引导参观。如需进行翻译时，地陪的翻译要准确、得体，介绍者的言语若有不妥之处，地陪在翻译前应给予提醒，请其纠正；如来不及可改译或不译，但事后要说明，必要时还要把关，以免泄露有价值的经济情报。并不是所有的旅游团都安排参观活动，对于此类活动地陪导游要尽量做好联络和协助工作。

（五）返程途中的服务

一天的旅游活动结束后，在返回饭店的途中，地陪应做好以下几项服务工作。

1. 回顾当天活动

返程途中，地陪应回顾当天参观、游览的内容，必要时可补充讲解，回答游客的问询，以加深游客对当日活动的印象。

2. 进行风光导游

如旅行车不从原路返回饭店，地陪应做沿途风光导游。如果游客经过一天的参观游览活动显露出疲惫之态，则地陪可在做完一天旅游活动的简要回顾之后让其休息。若个别游客对沿途的景物感兴趣，可单独为其做介绍。

3. 宣布次日活动日程

返回饭店下车前，地陪要预报晚上或次日的活动日程、出发时间、集合地点等，提醒游客带好随身物品。地陪要先下车，照顾游客下车，再与他们告别。

4. 提醒注意事项

如当天回到饭店较早或晚上没有集体活动安排，地陪应考虑游客会外出自由活动，所以在下车前要提醒游客注意安全，如外出尽量结伴而行，带上饭店房卡（上面有饭店的地址、电话等信息），提醒游客尽量不要前往不安全的场所。

5. 安排叫早服务

如该团需要安排叫早服务，地陪应在当日行程结束后，到饭店前台安排叫早。

六、其他服务

（一）餐饮服务

地陪要提前落实本团当天的用餐，对午、晚餐的用餐地点、时间、人数、标准、特殊要求逐一核实并确认。用餐时，地陪应引导游客进餐厅入座，介绍餐厅的有关设施、饭菜特色、向游客说明团餐标准等。告知领队、全陪及司机、司陪人员用餐地点及用餐后全团的出发时间。

用餐过程中，地陪要巡视旅游团用餐情况一至二次，解答游客在用餐中提出的问题，并监督、检查餐厅是否按标准提供服务并解决可能出现的问题。

用餐后，地陪应严格按照实际用餐人数、标准、饮用酒水数量，如实填写《餐饮费结算单》（如表4-4）与餐厅结账，并索要正规发票。

表 4-4　××旅行社餐厅签单

餐厅签单			第　号	
团号：			餐标：	
餐厅：			日期：	
游客人数	成人：		小孩：	
金额				
合计金额（大写）				
导游姓名：			导游证号：	
备注：		餐厅签字：		

第一联　存根

（二）社交活动服务

1. 宴　请

宴请活动包括宴会、冷餐会、酒会和风味餐等。地陪带领旅游团参加宴请要准时，着装要整齐大方，若旅行社另有规定，则必须按要求着装赴宴。入席时，按主人的安排就座。地陪作为翻译赴宴时，不得边翻译边吸烟。

2. 品尝风味

品尝具有地方特色的风味，是游客在旅游过程中经常参加的自由活动项目。风味餐有两种形式，一种是计划内风味（在旅游接待计划中已安排，费用含在团费中），另一种是计划外风味（由游客自费品尝的风味）。不管是地陪陪同游客品尝计划内风味餐，还是被邀请参加计划外风味餐，地陪充当的角色主要是向游客介绍餐馆的历史、特点、名气、菜肴名称、特色、吃法、制作方法及著名菜肴的来历等，切忌喧宾夺主，主动敬酒、夹菜给客人或对菜肴品头论足。

3. 会　见

外国游客（主要是专业旅游团）会见中国方面的同行或负责人，必要时导游人员可充当翻译；若有翻译，导游人员则在一旁静听。地陪事先要了解会见时是否互赠礼品，礼品中是否有应税物品，若有应提醒有关方面办妥必要的手续。外国游客若要会见在华亲友，导游人员应协助安排，但在一般情况下无充当翻译的义务。

4. 舞　会

游客参加有关单位组织的舞会时，地陪应陪同前往。游客自行购票（或由地陪代购）参加的娱乐性舞会，地陪一般不主动参加，若游客邀请，可一同前往，但没有陪舞的义务。无论参加哪一种形式的舞会，地陪都必须向游客交代有关安全注意事项。

（三）娱乐活动服务

1. 计划内文娱活动

安排游客观看计划内的文娱节目时，地陪须陪同前往，并向游客简单介绍节目内容及其特点，引导游客入座，介绍剧场设施、位置，解答游客的问题。在游客观看节目过程中，地陪要自始至终坚守岗位。在大型娱乐场所，地陪应主动和领队、全陪配合，提醒游客不要走散并注意他们的动向和周围的环境，以防不测。

2. 计划外文娱活动

对游客要求观看的计划外的文娱节目，地陪应告知演出时间、地点和票价，可协助他们购票，但一般不陪同前往。对于游客要观看格调低下的不健康的文娱节目，地陪应有礼貌地劝阻。

案例 4-3　游客提出参加计划外的文娱活动

某旅游团 17 日早上到达 K 市，按计划上午参观景点，下午自由活动，晚上 19：00 观看文艺演出，次日乘早班机离开。抵达当天，适逢当地举行民族节庆活动，并有通宵篝火歌舞晚会等丰富多彩的文艺节目。部分团员提出，下午想去观赏民族节庆活动，并放弃观看晚上的文艺演出，同时希望导游人员能派车接送。针对此种情况，导游人员应怎样处理？应做好哪些工作？

案例分析：

1）导游在未请示旅行社领导做好变更安排之前，切勿随便答应游客的要求。

2）可以允许部分游客利用自由活动时间去观赏民族节庆活动。

3）如果节庆活动地点与文艺演出地点在同一路线，且时间上不冲突，可以满足他们派车的要求，与其他游客同车前往。如不同路，则应协助安排用车，车费自理。

4）参观民族节庆活动费用自理，放弃观看文艺演出费用不退。

5）提醒游客注意安全，尽早回宾馆，绝对不能通宵滞留；告诫游客尊重当地民族风俗习惯。

6）提醒游客记好饭店名称、联系方法及交通路线，如果可能，则地陪与全分别陪同前往不同地点活动。

3. 市容游览导游服务

市容游览是当今游客认识和了解一个旅游地的风土民情、城市面貌的常见休闲方式。一般采取徒步和乘车游览的方式。地陪在安排这一类游览活动时应做到如下几点：

（1）要注意选择当地最有特色的内容（如南京夫子庙、上海城隍庙、北京胡同等）。

（2）游览时要时刻注意周围环境和游客动向，确保游客安全。

（3）如果是乘车前往，地陪要事先把乘车路线、目的地告知司机，提醒司机车速适中，地陪导游应做好车上讲解。

（四）购物服务

购物是游客的一项重要活动，也是增加旅游目的地收入的一条重要渠道，地陪应严格按照《中华人民共和国旅游法》的规定来操作，根据接待计划规定的购物次数、购物场所和停留时间带领游客购物，不擅自增加购物次数和延长停留时间，更不能强迫游客购物。对于不愿参加购物活动的游客，要妥善安排，如就近参观其他景点，或安排到环境较好的地点休息等候等。导游人员不得私自收取商家给予的购物"回扣"。

游客购物时，地陪应向全团讲清停留时间和有关购物的注意事项，并介绍本地商品的特色及其相关知识。入境游客购物时，地陪不仅要承担翻译工作，做好商品的促销，而且当他们要求办理托运时向他们介绍托运的手续以及海关对游客携带物品出境的有关规定，并予以相应的协助。对商店不按质论价、以次充好、销售伪劣商品和不提供标准服务的行为，地陪应向商店负责人反映，以维护游客的权益。事后还可向旅行社报告，通过旅行社进行交涉，以避免以后出现此类问题。

对在景点游览中遇到小贩强拉强卖的情况，地陪有责任提醒游客不要上当受骗，不能放任不管。

七、送站服务

（一）送站前的业务

1. 核实交通票据

（1）旅游团离开本地的前一天，地陪应核实旅游团离开的机（车、船）票，要核对团名、代号、人数、去向、航班（车次、船次）、起飞（开车、启航）时间（做到四核实：核实计划时间、时刻表时间、票面时间、问询时间）、在哪个机场（车站、码头）启程等事项。如航班（车次、船次）和时间有变更，应当问清旅行社计调是否已通知下一站接待社，以免造成漏接。

（2）若是乘飞机离境的旅游团，地陪除了要核实机票的上述内容外，还应掌握该团机票的种类，并提醒领队和游客提前准备好海关申请单，以备海关检查。还应提醒或协助领队提前72小时确认机票。

2. 商定出行李时间

（1）如果旅游团为配有行李车的团队，在核实确认了交通票据之后，地陪应先与地接旅行社联系，了解旅行社行李员与饭店行李员交接行李的时间（或按旅行社规定的时间），然后与饭店行李部商定地陪、全陪、领队与饭店行李员四方交接行李的时间。

（2）与饭店行李员商定后，再与领队、全陪商定游客出行李的时间，然后再通知游客，并向其讲清有关行李托运的具体规定和注意事项。提醒游客不要将护照、身份证及贵重物品放在托运的行李内，托运的行李必须包装完善，锁扣完好，捆扎牢固。

（3）普通旅游团不安排行李车，客人行李随车运送，地陪通知客人出发时间时一并提醒客人带上行李即可。

3. 商定出发、叫早和早餐的时间

（1）一般由地陪与司机商定出发时间（因司机比较了解路况），但为了安排得更合理，还应及时与领队、全陪商议，确定后应及时通知游客。

（2）地陪应根据出发时间与领队、全陪商定叫早和用早餐时间，并通知饭店有关部门和游客。如果该团是乘早航班或早班火车则需改变用餐时间、地点和方式（如带饭盒），地陪应及时作有关安排。

4. 协助饭店结清与游客有关的账目

为了在出发前能让游客顺利离开饭店前往机场（车站、码头），地陪应做到：

（1）及时提醒、督促游客尽早与饭店结清与其有关的账目，如洗衣费、长途电话费、饮料费等；若游客损坏了客房设备，地陪应协助饭店妥善处理赔偿事宜。

（2）及时通知饭店有关部门该团的离店时间，提醒其及时与游客结清账目。

5. 及时归还游客证件

一般情况下，地陪不应保管旅游团的旅行证件，用完后应立即归还游客或领队。在离站前一天，地陪要检查自己的物品，看是否保留有游客的证件、票据等，若有应立即归还，当面点清。

知识链接 4-1　乘飞机行李运输须知

（一）随身携带行李须知

1) 国内航班：持头等舱客票的旅客，每人可随身携带两件行李，持公务舱和经济舱客票的旅客，每人可随身携带一件行李。每件行李体积不超过 20 cm×40 cm×55 cm。上述两项总重量均不超过 5 kg。

2) 国际航班：通常情况，每件行李体积不超过 20 cm×40 cm×55 cm，手提行李总重量不超过 7 kg。（但各航空公司有特殊重量限制规定，请旅客留意机票上的提示，或向航空公司咨询）

（二）免费托运行李额

1) 乘坐国内航线：持成人或儿童客票的经济舱旅客为 20 kg，公务舱旅客为 30 kg，头等舱旅客为 40 kg。持婴儿票的旅客，无免费行李额。

2) 乘坐国际航线：经济舱旅客的免费托运行李限额为 20 kg，经济舱持学生护照的旅客，可以免费托运的行李限额为 30 kg；公务舱免费托运行李限额为 30 kg；头等舱免费托运行李限额为 40 kg。但当目的地为美洲时，其托运行李可以为两件，每件不超过 23 kg，单件行李三边长度和不超过 158 cm。当超过时，旅客需要支付逾重行李费。（部分航空公司有特殊重量限制规定，请旅客留意机票上的提示，或向航空公司咨询）

（三）逾重行李费收费标准

旅客对逾重行李应付逾重行李费，国内航班逾重行李费率以每千克按经济舱票价的 1.5% 计算，金额以元为单位。各航空公司对国际航班逾重行李费率和计算方法不相同，旅客须按各航空公司规定办理。

（二）离店服务

1. 集中交运行李

如果该旅游团配有行李车，离开饭店前，地陪要按商定好的时间与饭店行李员办好行李交接手续。游客的行李集中后，地陪应与领队、全陪共同确认托运行李的件数（包括全陪托运的行李），检查行李是否上锁，捆扎是否牢固，有无破损等，然后交付饭店行李员，填写行李运送卡。行李件数一定要当着行李员的面点清，同时告知领队和全陪。

2. 办理退房手续

旅游团离开饭店前，地陪应到饭店前台办理退房手续。收齐所有房间的房卡并交到前台，核对房间账目，确认无误后结账，退房。

3. 集合登车

（1）出发前，地陪应询问游客与饭店的账目是否结清，提醒游客有无遗落物品。

（2）引领游客上车。等游客放好随身行李入座后，地陪要仔细清点实到人数。全体到齐后，提醒游客再检查清点一下随身携带的物品，如无遗漏则请司机开车离开饭店。

（三）送站服务

1. 致欢送词

导游人员向全体游客致欢送词，可以加深与游客之间的感情。致欢送词时语气应真挚、富有感情，地点可选在赴机场（车站、码头）的途中，也可在抵达后的候机（车、船）大厅。欢送词的内容应包括：

（1）回顾旅游活动，感谢大家的合作。

（2）表达友谊和惜别之情。

（3）诚恳征求游客对接待工作的意见和建议。

（4）若旅游活动中有不顺利或旅游服务有不尽如人意之处，导游人员可借此机会再次向游客赔礼道歉。

（5）表达美好的祝愿。

送团途中，地陪可将《旅游服务质量评价意见卡》（表4-5）发给部分游客代表，请其填写，游客填写完毕后如数收回，妥善保留。

表4-5 ××旅行社旅游服务质量评价意见卡

亲爱的女士、先生：

为提高旅游产品质量，我们将非常感谢您对我们提供的服务提出宝贵意见，您的反馈，将是对我们工作的大力支持。谢谢！

填卡说明：

1）请您准备填写旅游团团号和抵达日期。

2）请您在所列项目中您同意的评价等级栏内打"√"标记。

3）请您将填好的卡片交还导游人员。

旅游团号：_____　　　　　　　　　　　　抵达日期：_____

项目	评价	很满意	满意	一般	不满意
餐饮	服务				
	餐饮质量				
	环境卫生				

续表

项目	评价	很满意	满意	一般	不满意
住宿	宾馆服务				
	设施设备				
	环境卫生				
游览参观	环境秩序				
	环境卫生				
行车	司机服务				
	车况				
	卫生				
购物	离店服务				
	商店管理				
	商品质量				
导游	服务				
	讲解				

陪同签名：_____　　　　领队签名：_____

2. 提前到达机场、车站、码头

地陪带团到达机场（车站、码头）必须留出充裕的时间。具体要求是：出境航班，提前3小时；乘国内航班，提前2小时；乘火车，提前1小时。旅游车到达机场（车站、码头），地陪应提醒游客带齐随身的行李物品；照顾全团游客下车后，要再检查一下车内有无游客遗漏的物品。

3. 办理离站手续

（1）国内航班（车、船）的离站手续：

A. 移交交通票据和行李票。到机场（车站、码头）大厅后，地陪应迅速与旅行社行李员联系，将行李员交来的交通票据和行李托运单或行李卡一一清点无误后交给全陪（无全陪的团则交给领队），请其清点核实。

B. 与全陪按规定办理好财务拨款结算手续并妥善保管好单据，需要垫付机场建设费的团，地陪要按照计划办理，回到旅行社后再凭票据报销。

C. 等旅游团通过安检进入隔离区后，地陪方可离开。

（2）国际航班（车、船）的出境手续：

A. 移交行李。送出境的旅游团，地陪应和领队、全陪一起与旅行社行李员交接行李，清点、核查后协助将行李交给每位游客，由游客自己携带行李办理托运手续。

B. 地陪要向领队（或游客）介绍办理出境手续。与全陪办理财务拨款结算手续并妥善保管好单据，将返程交通票据交给全陪。

C. 旅游团进入隔离区后，地陪、全陪才可离开。

4. 与司机结账

送走旅游团后,地陪应与司机结账,在用车单据上签字,并要保留好单据。

案例 4-4　如何做好送站服务?

清晨 8 时,某旅游团全体成员已在汽车上就座,准备离开饭店前往车站。地陪 A 从饭店外匆匆赶来,上车清点人数后开始致欢送词:"女士们,先生们,早上好。我们全团 15 个人都已到齐。现在我们去火车站。今天早上,我们乘 9:38 的 D4327 次火车去桂林市。两天来,大家一定过得很愉快吧。我十分感谢大家对我工作的理解和合作。中国有句古话:相逢何必曾相识。短短两天,我们增进了相互之间的了解,成了朋友。在即将分别的时候,我希望各位女士、先生今后有机会再来我市旅游。人们常说,世界变得越来越小,我们肯定会有重逢的机会。现在,我为大家唱一支歌,祝大家一路顺风,旅途愉快!(唱歌)好,火车站到了,现在请下车。"

请运用地陪导游服务程序相关知识,分析导游人员 A 在这一段工作中的不足之处。

案例分析:

导游人员 A 在这一段工作中的不足之处有:

1)送团当天,地陪本应比平时更早到达饭店大厅,但他迟到了。
2)由于迟到了,他没能在离开饭店前亲自与领队、全陪与行李员清点行李。
3)没有提醒游客结账,交客房钥匙。
4)没有提醒游客带齐各自的物品和旅行证件。
5)没有征求游客的意见和建议。
6)欢送词中没有回顾游览活动内容。
7)下车前没有再次提醒游客不要遗忘随身携带的物品。

八、后续工作

送走旅游团后,地陪还需要做好游客的善后服务以及旅行社要求的陪团结束后的有关工作。前者关系到地陪的接待工作是否有始有终,后者则涉及地陪对旅行社交付的工作是否完满。

(一)处理遗留问题

下团后,地陪应妥善、认真处理好旅游团的遗留问题,按有关规定办理游客行前托办的事宜,如委托办理托运、转递物品、信件等,必要时请示领导后再办理。

(二)上交票据、表单

上交接团过程中发生的发票、结算单、支票存根、签单、门票存根、陪同日志及旅游服务质量评价表等表单,并归还社里所借物品。

(三)结　账

按旅行社的具体要求并在规定的时间内,填写清楚有关接待和财务结算表格,连同保留的各种单据、接待计划、活动日程表等按规定上交有关人员，并到财务部门结清账目。

（四）总结工作

认真做好带团小结，实事求是地汇报接团情况。涉及游客的意见和建议，力求引用原话，并注明游客的身份。旅游中若发生重大事故，要整理成文字材料向接待社和组团社汇报。

知识链接 4-2　导游出团借款单如表 4-6 所示，导游出团报账单如表 4-7 所示。

表 4-6　××旅行社导游出团借款单

团号：			人数：		导游：	
组团社：				行程：		
酒店		名称	房价×间数		现付	签发
餐饮		名称	餐标×人数		现付	签发
门票		景点	现付	签单	景点	现付	签单
当地车						
路桥费						
讲解费						
全陪费用						
儿童费用						
其他						
合计			万　仟　佰　拾　元　角　分			小写：
操作人：		计调：		财务：	经理：	年　月　日

表 4-7　××旅行社导游出团报账单

团号：		人数：		行程：		计调：		导游：	
日期	用餐及住宿	人数×价格	现付	签单	日期	景点	现付	签单	
当地车	车费：				路桥费：				
大交通									
备注									
现付总计					签单总计				
总收入			总支出				利润		

第二节　全程陪同导游服务程序与规范

全程陪同导游人员，简称"全陪"，是受组团社委派，作为其代表，监督接待社和地方陪同导游人员的服务，以使组团社的接待计划得以按约实施，并为旅游团（者）提供全旅程陪同服务的导游人员。在导游带团实务中，全陪要监督、协助地接社和地陪完成经游客、组团社和地接社共同认可的全程旅游接待计划；团队起止站和中转过程中的服务、联络和衔接工作；协调旅游过程涉及的相关机构与游客之间的关系；在地陪缺位或失职的情形下承担地陪的部分直至全部职责。

根据中华人民共和国国家标准——《导游服务规范》(GB/T15971—2010)要求,全陪导游服务流程如图4-2所示,具体如下:

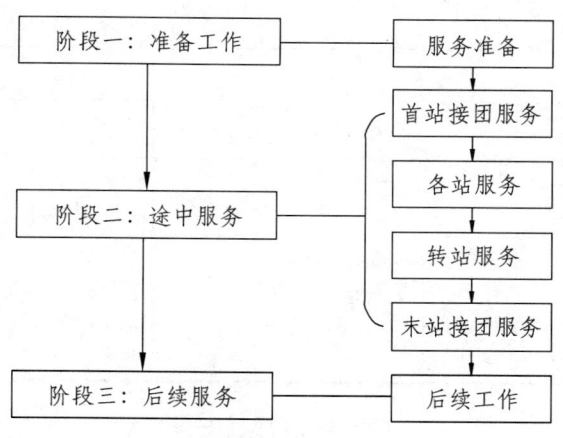

图4-2 全陪导游服务流程

一、服务准备

(一)业务准备

全陪上团前,应认真查阅团队接待计划及相关资料,掌握团队行程安排,熟悉旅游团的全面情况,对行程项目和接待标准中的特殊要求与注意事项等细节内容加以重视与落实。在业务准备时,全陪应特别注意以下方面。见表4-8。

1. 熟悉旅游团的基本情况

(1)熟悉旅游团的名称或团号、国别、人数和领队姓名。
(2)了解旅游团成员的姓名、性别、年龄、民族、宗教信仰、职业、生活习惯等。
(3)了解旅游团内较有影响的成员、需特殊照顾对象和知名人士的情况。
(4)掌握旅游团的等级、餐饮标准,有无特殊的饮食要求和特殊的活动安排等情况。

2. 熟悉旅游团的行程计划

(1)记下旅游团所到各地接待社名称、联系人、联系电话和地陪的联系方式等。
(2)熟悉旅游团所乘交通工具抵离各站的时间,核实交通票据,是否需要确认,有无变更等情况。
(3)了解旅游团在各地下榻饭店的名称、位置、星级和特色等。
(4)了解行程中各站的主要参观游览项目,根据旅游团的特点和要求,准备好讲解和咨询时要解答的问题。
(5)了解旅游路线上全程各站安排的文娱节目、风味餐厅、额外游览项目、收费情况及付费方式等。
(6)了解重点旅游团是否有特殊安排,如会见、座谈、宴请等。

表 4-8　××旅行社出团计划及中国境内行程安排表

编号：　　　　　　　　　　　　　　　　　　　　　　　　年　　月　　日

国别：	在中国旅游时间：		团队等级：	团队类型：
境外组团社：	团号： 联系人： 电话/传真：		领队姓名： 电话：	团队人数： 成人：　儿童： 男：　　女：
国内组团社：	团号：		联系人： 电话/传真：	全陪： 电话：
国内接待社：	桂林××接待社　联系人：　电话： 贵阳××接待社　联系人：　电话： 昆明××接待社　联系人：　电话： 成都××接待社　联系人：　电话：		地陪：　电话： 地陪：　电话： 地陪：　电话： 地陪：　电话：	

中国境内行程安排

线路名称					
城市	抵离时间/地点/交通	饭店	用餐	活动内容	
桂林					
贵阳					
昆明					
成都					
国内组团计调：（签名）			电话/传真		
注意事项和特殊要求：					
任务完成情况及说明：					

（二）知识准备

虽然在实际带团过程中，全陪较少有正式讲解的机会，但是，由于全陪与游客相处时间较长，交谈机会较多，导游词讲解、调整团队气氛的游戏与活动、生活常识与热门话题的交流，都可以提升游客对旅行行程的价值感，并让游客感受到专业导游的风采。因此，全陪做好有关知识准备也是十分必要的。

（1）对象国（或地区）的知识。了解游客所在国家（地区）的历史、地理、政治、经济、文化、礼俗、禁忌等方面的知识。

（2）旅游线路所经各地的历史、地理、经济、民族、风土人情及景点知识。了解和熟知旅游线路上各地的主要景点情况，尤其是自己不熟悉和未曾去过的景点情况。

（3）专题知识。根据旅游线路的不同，准备专题知识内容也不同，如华东旅游线，应重点收集园林艺术方面的资料，而西北旅游线则要侧重于石窟艺术方面的知识，西南旅游线则要熟悉各个少数民族的风俗习惯等。根据游客特点的不同，准备的专题知识也不同。

(三)物质准备

全陪上团前需要准备的物质应包括团队工作和个人生活两个方面。

第一,团队工作涉及的物质有:身份证件和导游证件,交通票据、结算单据、信用卡及现金,接待计划、全陪日志、导游旗、行李牌及团队行程中需要全陪提供的其他物资。

第二,个人生活涉及的物质因人因时因地而异,全陪应该认识到只有料理好自己的生活,才有可能照顾好全团的行程。在准备个人生活物品的时候,全陪应根据行程涉及地区的气候特点、风俗习惯以及行程中除观光游览外的特别项目(比如会议、宴请、演出等)要求,以适用、够用为原则进行准备,以期在旅游过程中既不因为自身原因影响团队行程,又能给游客展现专业导游的风貌。

(四)身心准备

全陪在整个旅游行程中工作时间较长,工作环境较陌生,工作对象较复杂,经常面对不可预见的情况,应在上团前调整好自身的身体和心理状况,以健康的体魄、饱满的精神和乐观的心态,积极主动地投入带团工作中。

(五)联络与沟通

全陪导游人员要与各地接旅行社及地陪导游人员保持有效沟通,互通情况,以确保团队接待的相关事宜得到妥善安排。

二、首站接团服务

(一)内宾团首站接团服务

(1)接团当天,全陪应提前半小时到达出发集合指定地点接团。

(2)组织游客上车,核对人数后进行车上讲解,讲解主要包含以下内容:

A. 致简短欢迎词。欢迎词内容包括:代表旅行社欢迎旅游团,简单介绍自己,表示真诚为游客服务的愿望以及良好祝愿等。

B. 收取身份证件。旅游团队需要乘坐飞机时,上车后提醒游客检查自己的身份证件,并将身份证件收齐,核对姓名及身份证有效期。

C. 告诉游客作为全陪导游的职责与任务。

D. 行程内每天游程的分解介绍。景点尽可能介绍简单,可以设置一些疑问,使游客提起游兴。

E. 旅游目的地食、住、行、游、购、娱等方面情况。结合自己的知识与了解为游客展现当地的风貌,比如餐饮特色、酒店状况、入住注意事项、行车安全等。

F. 行程中其他常见的、必须引起注意的事项,如景区安全、出入安全、卫生等。

G. 机场登机手续及相关的注意事项。如禁带物品、托运行李、安全检查、登机口、登机牌、机上注意事项等。

(3)到机场后办理相关手续,带领游客办理托运。

(4)将机票、身份证、登机牌交给游客,集合后一起过安检,至登机口休息,将机票收回，登机时集合或招呼游客登机，等所有游客登机后自己再登机。

（5）到达目的地机场后，集合游客，查点人数，取回托运行李，尽快与地陪导游联系认找旅游团。

（二）入境团首站接团服务

（1）提前半小时到达接站地点与地陪一起迎候旅游团。

（2）协助地陪尽快找到旅游团，致欢迎词。

（3）欢迎词内容包括：代表旅行社欢迎旅游团，介绍自己和地陪，表示真诚为游客服务的愿望以及良好祝愿等。

（4）协助地陪核对实到人数，若有出入，应及时报告组团社。

（5）协助地陪集中、清点、移交行李并一起带领游客上车。

（三）入店服务

为使游客进入饭店后尽快办妥入住手续，顺利进入客房，全陪应该做到以下几点。

（1）协助领队办理旅游团的住店手续，请领队分配住房，记住领队及重要人员的住房号，最好掌握全团住房分配名单；全陪拿到自己的住房钥匙后告知全团。如该旅游团无领队，则由全陪负责办理入住手续、分房。

（导游经验：全陪的工作要做细，在酒店分房就是最好的体现，如夫妻分一间夫妻房；老人或腿脚不好的游客给分一间离电梯、楼梯较近的房间；神经衰弱的分一间离楼梯、电梯较远比较安静的房间。）

（2）协助地陪处理游客入住过程中可能出现的问题。

（3）若地陪在饭店无房，待其走后，全陪要负起全责照顾好全团游客。

（4）掌握与地陪联系的办法，记住饭店总服务台的电话号码。

（四）核对、商定日程

（1）全陪应主动与领队和地陪核对、商定日程，如与地陪手中的接待计划不符，则应立即与组团社联系，查明原因，及时调整。

（2）如遇难以解决的问题，例如领队提出与原日程不符或涉及接待规格的要求时，全陪要及时报告组团社，使领队获得及时答复。

（3）一般情况下以组团社的接待计划为依据，应坚持调整日程可以、变动计划慎重的原则，尽量避免大的改动，如出现必须改动的情况，应及时报告组团社。若是入境旅游团，日程商定后，让领队向全团正式宣布。

三、各站服务

旅游团在各站的行、游、住、食、购、娱主要以各地的地陪安排为主，全陪的主要工作首先是承担各站之间的联络通报和有机衔接，以及按照接待计划的安排对各站服务进行协助、检查和督促，使旅游团的接待计划得以全面、顺利实施；其次是做好游客的人身和财产的安全工作，使可能发生的突发事件得到及时、有效处理。因此，全陪需要做好以下工作。

（一）监督、协助地接社和地陪导游执行旅游计划

（1）全陪核实、检查各地在交通、住宿、餐饮等方面的服务质量，若发现有降低质量标准的问题，要及时交涉，争取改善和补偿，维护游客的合法权益；必要时报告组团社并可以提出更换地陪导游的要求。

（2）协助地陪做好接待服务工作，提高导游服务质量。

（3）若活动安排有明显重复，应建议地接社和地陪做必要的调整；若对当地的接待工作有意见和建议，要诚恳提出，以求改进。

（二）做好联络、协调工作

（1）全陪应做好各方面的协调工作，例如领队与地陪，游客与地陪，以及游客与餐厅、饭店、旅游景区、购物场所服务人员之间的关系等。

（2）全陪还应做好行程中的联络工作。抵达下一旅游地后，应及时向地陪通报旅游团的具体情况。同时做好旅游线路上各站间，特别是上下站之间的联络工作；通报领队的意见，游客的要求、建议等情况。

（三）保护游客安全

（1）在游览过程中，全陪要注意观察周围环境和游客的动向，以免游客走失或发生意外。

（2）每次上车以及在景点每次移动、集合时都要清点人数，发现少人，应及时寻找。

（3）随时提醒游客注意安全，保管好随身携带物品。

（四）当好购物顾问

（1）正确宣传各地的风物特产，提出合理建议，帮助游客买到称心的旅游纪念品。

（2）游客购买古玩、字画、中药时要明确告知相关规定。

四、转站服务

（一）离站服务

（1）了解交通票证的落实情况和离站的准确时间，若有变化，应及时通知下一站。

（2）与地陪一起协助游客跟饭店结清账目。离店前参与清点、移交行李事宜，提醒游客带好携带的行李和旅行证件。

（3）协助领队办理离站手续、托运行李；妥善保管行李卡或行李托运单，如无领队，全陪负责。

（4）请领队分发登机卡或分配列车包房、卧铺位，如无领队由全陪负责。

（5）如遇特殊情况，航班延误或取消，全陪要协助机场人员和地陪安排游客的食宿。

（二）旅行途中的服务

1. 注意安全

在旅行途中，全陪要与有关人士一起保护游客的人身、财物安全，也要提醒游客自己注意安全。

2. 熟悉旅游团的行程计划

（1）途中需要用餐时，全陪应与餐车负责人联系，商讨饮食方面的问题，告知游客的饮食习惯、特殊要求或禁忌。

（2）可根据旅行途中的具体情况，组织适当的文娱活动，以活跃旅途生活。

（3）视具体情况做些专题讲解或讨论一些大家感兴趣的问题。

（4）若有游客身体不适或突患重病，全陪要给予特殊关照或采取紧急措施。

（三）抵站服务

（1）抵达下一站，提醒游客携带随身行李下机（车），协助乘飞机的游客凭行李卡提取行李。

（2）出港后及时与当地的地陪联系。若出现漏接现象，应尽快与地接社联系，告知情况。

（3）联系上地陪后，将保管的行李卡或行李托运单交给地陪，向地陪介绍领队并协助地陪做好离开机场（车站）前往下榻饭店的有关工作。

五、末站送团服务

（一）出境前的准备工作

（1）与领队落实离境票证，协助确认回程机票。

（2）提醒游客备齐旅行证件、海关申报单、文物字画及贵重药材的购物证明并告知一定要随身携带，不要放在托运的行李中。

（二）征求意见

（1）主动征求游客对旅游全程的意见和建议，对游客在旅游行程中的配合表示感谢，对接待中的失误或不足之处表示歉意，争取游客的谅解。

（2）请领队和游客如实填写《游客意见表》。全陪需妥善保管，并交给组团社备案。

（三）致欢送词

（1）入境旅游团队致欢送词可安排在末站离境赴机场、码头或车站的途中进行。

（2）国内旅游团队致欢送词应安排在返回当地后、团队散团以前。

（3）欢送词的主要内容：

A. 表示惜别。欢送词应对分别表示惋惜之情、留恋之意。讲此内容时，面部表情应深沉，不可嬉皮笑脸，要给客人留下"人走茶更热"之感。

B. 感谢合作。感谢在旅游中游客给予的支持、合作、帮助、谅解，没有这一切，就难以保证旅游的成功。

C. 小结旅游。与游客一起回忆一下这段时间所游览的项目、参加的活动，给游客一种归纳、总结之感，将许多感官的认识上升到理性的认识。

D. 征求意见。告诉游客：我们知有不足，经大家帮助，下一次接待会更好。

E. 期盼重逢。表达对游客的情谊和自己的热情，希望游客成为回头客。

欢送词除呈现文采之外，更要讲"情深""意切"，让游客终生难忘。

知识链接 4-3　全陪导游欢送词

各位团友：

　　时间过得太快，短短×天已经过去了。在此，我不得不为大家送行，心中真的有许多眷恋。无奈，天下没有不散的宴席，也没有永远在一起的朋友，但愿我们还有再见的机会。

　　各位朋友在中国西南各省期间游览了市容和各个名胜，参观了多个民族村寨，到了……并且体验了苗侗等各民族的风情，有的朋友还购买了不少土特产，真可谓收获多多。相信在各位朋友的生命中，从此将增添一段新的记忆，那就是边远的西南，但愿它留给大家的印象是美好的。

　　承蒙各位朋友支持，我感到此次接待工作非常顺利，心情也非常高兴，在此，我代表××旅行社向大家表示衷心的感谢！但不知大家的心情是否愉快？对我们的工作是否满意？好，如果是这样，我们就更高兴了！如果我们的服务有不周之处，一方面请大家多多包涵，另一方面还望大家提出来，现在也好，回去写信也好，以便我们不断改进，提高服务质量。

　　有道是"千里有缘来相会"，既然我们是千里相会，就是缘分！所以，在即将分手之际，我们再次希望大家不要忘记我们。今后如果再来或有亲友、同事到这里，请提前打声招呼，我们一定热情接待。

　　最后，预祝各位朋友在今后的人生旅途中万事顺意，前程无量！

（四）站点送行

（1）协助领队办理离境手续。

（2）在隔离区前握手告别，旅游团进入隔离区后，导游人员方可离开。

六、后续工作

（一）处理遗留问题

（1）处理好旅游团的遗留问题，若有较大问题，要向领导做专题书面汇报。

（2）提供可能的延伸服务，例如有游客因病或其他原因仍留在中国、游客的委托事务等。

（二）认真填写《全陪日志》

（1）全陪送团后应认真、按时填写《全陪日志》或提供有关部门（包括旅游行政管理部门、组团社）要求填写的资料。

（2）《全陪日志》的内容应包括：旅游团的基本情况，旅游日程安排，交通状况，各地的接待服务质量，发生的问题及处理，游客的评价、意见及建议。可参见表4-9所示。

表 4-9　全陪日志

单位/部门		团号	
全陪姓名		组团社	
领队姓名		国籍	
接待时间	年　月　日至　年　月　日	人数	（含　岁儿童　名）

续表

途径城市				
团内重要客人，特别情况与要求				
领队或游客的意见、建议和对旅游接待工作的评价				
该团发生的问题和处理情况（意外事件、旅游投诉、追加费用等）				
全陪意见与建议				
全陪对全程服务的评价	合格		不合格	
行程状况	顺利	较顺利	一般	不顺利
领队评价	满意	较满意	一般	不满意
服务质量	优秀	良好	一般	比较差
全陪签字		部门经理签字		质管部门签字
填写日期				

注：总评价为合格的条件：各站评价均为合格。
　　总评价为不合格的条件：总评价中领队评价和服务质量两项出现"不满意"或"比较差"。

（三）处理与旅行社相关事宜

（1）及时归还在旅行社所借物品。

（2）按照财务规定，尽快结清该团所有账目。

知识链接 4-4　旅行社导游费用拨款结算单如表 4-10 所示

表 4-10　××旅行社导游费用拨款结算单

日期：　　　　　　　　　　　　　　　　　　　　　编号：

总社计划号		国籍		组团社		成人： 人
旅行团（者）						6~11 岁儿童 人
旅行等级		全陪		地陪		2~5 岁儿童 人
团队抵离时间		年　月　日至		年　月　日		
拨款项目		费用结果（RMB）		导游挂资		
门票						
房费						
餐费						
车费						
导服						
晚会						
总收入：		总支出：		毛利润：		
会计审核：			导游签字：			

第三节 出境旅游领队服务程序与规范

出境旅游领队，简称领队，是依法取得领队证，受组团社委派，全权代表组团社带领旅游团出境旅游，监督境外接待旅行社和导游人员等执行旅游计划，并为游客提供出入境等相关服务的工作人员。

《中华人民共和国旅游法》第三十六条规定：旅行社组织团队出境旅游或者组织、接待团队入境旅游，应当按照规定安排领队或者导游全程陪同。第三十九条规定：取得导游证，具有相应的学历、语言能力和旅游从业经历，并与旅行社订立劳动合同的人员，可以申请取得领队证。

根据《旅行社出境旅游服务规范（LB/T005-2011）》的相关描述，"出境旅游团队应配备符合法定资质的领队"，领队的服务要求包括：维护游客的合法权益；与接待社共同实施旅游行程计划，协助处理旅游行程中的突发事件、纠纷及其他问题；为游客提供旅游行程的相关服务；代表组团社监督接待社和当地导游的服务质量；自觉维护国家利益和民族尊严，并提醒游客抵制任何有损国家利益和民族尊严的言行；向游客说明旅游目的地的法律法规、风土人情及风俗习惯等。

根据国家相关法律、法规的规定与要求，出境旅游领队的服务流程如图 4-3 所示，具体如下：

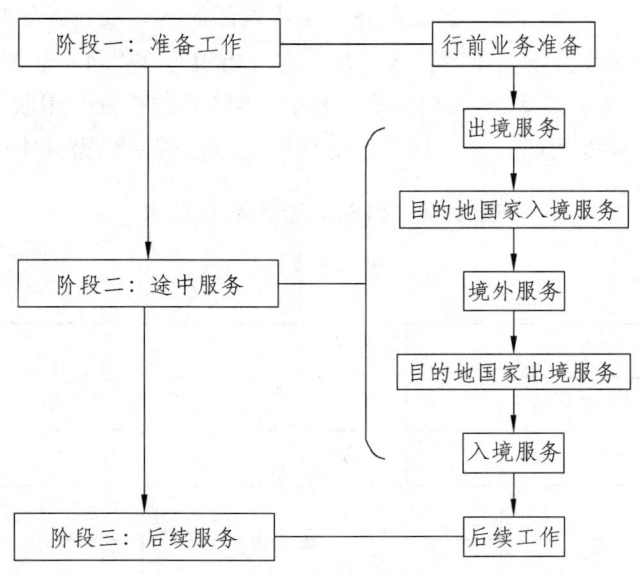

图 4-3 出境旅游领队的服务流程

一、行前业务准备

（一）听取旅行社计调介绍团队情况并接收移交出团资料

1. 旅行社计调对领队的工作介绍应当包括的内容
（1）团队构成的大致情况。

（2）团内重要团员的情况。

（3）团队的特殊安排和特别要求。

（4）行前说明会的安排。

2. 接收《出境旅游行程表》

《出境旅游行程表》应列明如下内容：

（1）旅游线路、时间、景点。

（2）交通工具的安排。

（3）食宿标准/档次。

（4）购物、娱乐安排及自费项目。

（5）组团社和接团社的联系人和联络方式。

（6）遇到紧急情况的应急联络方式。

3. 接收《中国公民出国旅游团队名单表》

《中国公民出国旅游管理办法》第七条、第八条规定，国务院旅游行政部门统一印制《中国公民出国旅游团队名单表》（以下简称《名单表》），如表4-11所示。在下达本年度出国旅游人数安排时编号发放给省、自治区、直辖市旅游行政部门，由省、自治区、直辖市旅游行政部门核发给组团社。组团社应当按照核定的出国旅游人数安排组织出国旅游团队，填写《名单表》。游客及领队首次出境或者再次出境，均应当填写在《名单表》中，经审核后的《名单表》不得增添人员。《名单表》一式四联，分为：出境边防检查专用联、入境边防检查专用联、旅游行政部门审验专用联、旅行社自留专用联。领队带团只需其中的第一、第二两联。

表4-11 出国旅游团队名单表

组团社序号：　　　　　　团队编号：　　　　　　年份：

领队姓名：　　　　　　　领队证号：　　　　　　编号：

序号	姓名		性别	出生日期	出生地	护照号码	发证机关及时间
	中文	汉语拼音					
1							
2							
3							
4							
5							
6							
7							
8							

续表

序号	姓名		性别	出生日期	出生地	护照号码	发证机关及时间
	中文	汉语拼音					
9							
10							
	年 月 日			口岸出境		总人数：（男　　人	
	年 月 日			口岸入境		女　　人）	
授权人签字　　　　　　组团社盖章			省级旅游行政管理部门　　　　审验章			边防检查站 加注（实际入境） 加注（实际出境） 入境验讫章	

（二）熟悉旅游行程接待计划

领队对旅游行程接待计划应掌握的要点是：

（1）掌握旅游团的详细行程计划，包括旅游团抵离各地的时间及所乘用的交通工具。

（2）熟悉并记住旅游团行程计划当中所列的全部参观游览项目。

（3）熟悉并记住旅游团行程中应下榻的各地酒店的名称。

（4）了解旅游团全部行程当中的文娱节日安排、用餐安排等事项。

（三）核对各种票据、表格和旅行证件

1. 核对游客护照、签证

（1）检查护照重点是检查姓名、护照号码、签发地、签发日期、有效期、是否有本人签名几项内容。

（2）签证的检查重点是签发日期、截止日期、签证号码几项内容。

2. 核对机票及行程

（1）护照/通行证与机票核对，包括中英文姓名、前往国家或地区等。

（2）机票与行程核对，包括国际段和国内段行程、日期、航班、转机间隔时间等。

3. 核对团队名单

证件与名单表核对，各项须一一对应；核对好实际出境旅游人数与《团队名单表》是否一致。

4. 检查全团的疫苗预防注射情况

5. 准备多份境外住宿分房表

（四）做好有关准备工作

1. 物质准备

（1）准备好个人证件、领队证、已核对好的各类票据、表单（如团队名单表、客人房间分配表等）。

（2）准备好团队计划书、发团通知书、各国入出境卡。
（3）准备好旅行社社旗、胸牌、名片、行李标签、旅行包（核对该团是否提供）等。
（4）准备好《领队日记》《旅行社服务质量跟踪表》《导游领队带团情况反馈表》。
（5）国内外重要联系单位、联系人的联系电话。
（6）准备好团队费用、备用金及个人随身日用品。

2. 知识准备

了解和熟悉旅游目的地国家或地区的基本情况，如当地的历史、地理、气候、国情、政情、有关法规、主要景点景观、风俗习惯和宗教禁忌以及接待设施、交通状况、通关手续和机场税等。

（五）做好团队行前说明会

根据出团通知书约定的时间召集本团队参游人员举行一次"出境旅游行前说明会"。在会上一方面要把有关事项告知每一位客人，另一方面与客人认识并且让不认识的客人相互认识和接触，这样便于以后的团队组织工作。

1. 说明会的内容

（1）欢迎词：代表旅行社感谢大家对本旅行社的信任，选择参加我们的团队。
（2）领队自我介绍：表明为大家服务的工作态度，并请大家对领队的工作予以配合和监督。同时介绍领队的职责和服务范围：协助游客出入境，配合并监督境外导游服务，协调游客与境外导游的关系，处理紧急事件等。
（3）行程说明：按行程表统一介绍，但必须强调行程表上的游览顺序有可能因交通等原因发生变化。
（4）提出要求，讲清注意事项：所有团员注意统一行动，强化时间观念及相互之间团结友爱。注意人身安全、财物保管。告诫客人不要把财物、证件放在旅游车上，并向客人讲解在酒店客房如何保管贵重物品、如何使用酒店提供的保险箱，以及在旅途中托运行李时，如何保管贵重物品和易损物品等基本旅游知识。告知有关国家的法律和海关规定，说明过关程序及有关手续。讲清货币的携带与兑换规定。告知客人如有开通国际漫游，出境后如何使用等问题。
（5）对旅游目的地国家（地区）的气候地理、生活习惯、风土人情做必要介绍：对境外接待标准略做说明（含酒店、用餐、用车等）；提醒客人准备衣物、常用药品等；自备洗漱用品和拖鞋（在境外最好不要用酒店提供的）等。
（6）通知集合时间及地点：通常要比航班离港时刻提前2小时，在机场或港口指定位置集合；如乘火车或汽车，也要在发车时间1小时前到达指定位置集合。

2. 说明会上应落实的事项

（1）分房。
（2）客人所缴纳费用的构成。
（3）是否有单项服务等特殊要求。
（4）是否有回民素食。

二、出境服务

旅游团出境时，领队应提前告知通关的手续，并向游客发放通关时应向口岸的边检/移民机关出示或提交的旅游证件和通关资料（如出入境登记卡、海关申报单等），引导团队游客依次通关。

（一）出境服务

1. 提前抵达，集合游客

领队应比约定的集合时间提前 30 分钟抵达集合地点迎接游客，待游客都抵达后准时集合、清点旅游团人数，并向游客简单介绍过关程序。

2. 核对证件与宣讲注意事项

出境前领队需再次仔细核对游客的证件和签证，宣讲出境注意事项，提醒游客要严格遵守我国和旅游目的地国家或地区的法律法规。

3. 告知我国海关有关规定

（1）旅行自用物品。限照相机、便携式收录机、小型摄像机、手提式摄录机、手提式文字处理机每种一件，超出范围的，需向海关如实申报，并办理有关手续。此外，携带外汇现钞出境限 1 000 美元，超过 1 000 美元需向海关申报，海关允许放行数额为 5 000 美元，5 000～10 000 美元应有《携带外汇出境许可证》；人民币限 2 万元，超过 2 万元不准携带出境；携带中药材、中成药材前往国外总值限 300 元，前往港澳地区的总限值 150 元，超过限值则不准出境。

（2）我国海关禁止出境的物品。包括内容涉及国家秘密的手稿、印刷品、照片、胶卷、影片、录音带、CD、VCD、计算机存储介质及其他物品；珍贵文物；所有禁止入境的物品；濒危、珍贵动物、植物及其标本、种子、繁殖材料等。

向出境口岸的边检/移民机关提交必要的团队资料，如团队名单、团队签证、出入境登记卡等（见图 4-4），告知并指导游客填写《中华人民共和国海关进出境旅客行李物品申报单》，携带有应向海关申报物品的游客，应当填写申报单并选择“申报通道”（又称红色通道）通关，其他游客可选择“无申报通道”（又称绿色通道）通关。

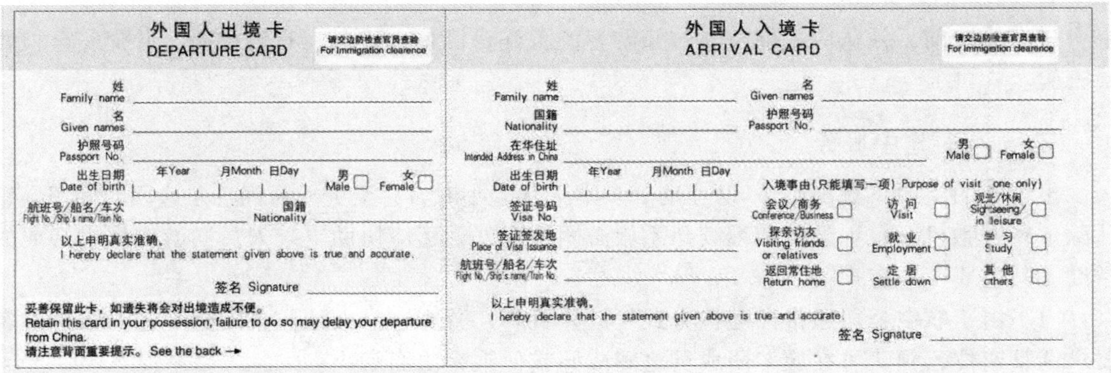
外国人出境卡
DEPARTURE CARD
请交边防检查官员查验
For Immigration clearence
姓 Family name
名 Given names
护照号码 Passport No.
出生日期 Date of birth 年Year 月Month 日Day
男 Male 女 Female
航班号/船名/车次 Flight No./Ship's name/Train No.
国籍 Nationality
以上申明真实准确。
I hereby declare that the statement given above is true and accurate.
签名 Signature
妥善保留此卡，如遗失将会对出境造成不便。
Retain this card in your possession, failure to do so may delay your departure from China.
请注意背面重要提示。See the back →

外国人入境卡
ARRIVAL CARD
请交边防检查官员查验
For Immigration clearence
姓 Family name
名 Given names
国籍 Nationality
护照号码 Passport No.
在华住址 Intended Address in China
男 Male 女 Female
出生日期 Date of birth 年Year 月Month 日Day
入境事由（只能填写一项）Purpose of visit (one only)
签证号码 Visa No.
会议/商务 Conference/Business
访问 Visit
观光/休闲 Sightseeing/in leisure
签证签发地 Place of Visa Issuance
探亲访友 Visiting friends or relatives
就业 Employment
学习 Study
航班号/船名/车次 Flight No./Ship's name/Train No.
返回常住地 Return home
定居 Settle down
其他 Others
以上申明真实准确。
I hereby declare that the statement given above is true and accurate.
签名 Signature

图 4-4　外国人出入境卡

4. 带领游客办理海关申报

（1）请无需向海关申报物品的游客从绿色通道通过海关柜台后等候。

（2）带领需向海关申报物品的游客从红色通道走到海关柜台前办理手续，交验本人护照，由海关人员对申报物品查验后盖章，并告知游客保存好"申报单"，以便回国入境时海关查验。

5. 协助游客办理乘机手续和行李托运手续

（1）告知游客航空公司关于游客行李的规定，如水果刀、小剪刀等不能放在手提行李中，贵重品、充电宝、锂电池等则应随身携带。

（2）将旅游团全部游客护照、机票交到所乘航空公司值机柜台办理乘机手续。

（3）办理托运手续。

办理行李托运前，领队应对全团托运行李件数进行清点，在航空公司柜台人员对托运行李系上行李牌后要再次清点。如旅游团中途需乘坐转机航班，应将行李直接托运到最终目的地。办完乘机手续后，领队要认真清点航空公司值机人员交回的所有物品，包括护照、机票、登机牌以及全部托运行李票据等。将通过边检、登记所需护照、机票、登记卡分别发给每一位游客，领队则保管好行李托运票据。

6. 通过卫生检疫

带领游客到卫生检疫柜台前，接受卫生检疫人员对黄皮书的查验。如有游客未办理黄皮书，应在现场补办手续。

7. 通过边防检查

（1）指导游客填写《边防检查出境登记卡》。

（2）告知游客出示本人护照（含有效签证）、国际机票、登机牌和《边防检查出境登记卡》排队按顺序接受检查。检查完毕后，边防人员将《边防检查出境登记卡》留下，并在游客护照上盖上出入境验讫章，连同机票、登机牌交还游客。注意游客有无物品遗忘在边防检查处。

（3）如旅游团办理的是团体签证，或到免签国家旅游，领队应出示《中国公民出国旅游团队名单表》及领队证和团体签证，让游客按该名单表上的顺序排队，领队站在最前面，逐一通过边防检查。告知游客应该到几号候机厅候机。

8. 通过登机前的检查

过安检之前，领队应提前及时告知游客准备好登机牌、机票、有效护照、并交安全检查员查验。

（二）飞行途中服务

出境游的空中飞行少则1~2小时，多则十几个小时，甚至更长时间。在这段时间里，领队除了要熟悉机上救生设备和继续熟悉旅游团情况外，还应协助空乘人员向游客提供必要的帮助。其主要工作有：

（1）由于航空公司通常按随机方式发放登机牌，游客一家人往往坐不到一起。如果游客要求调整座位，领队可在旅游团成员之间或同其他乘客协商解决。

（2）根据在出发前所掌握的游客特殊要求或特殊禁忌，领队应在空乘人员送上餐食之前，将游客的特殊用餐要求转告他们。对于不懂外语的游客，领队可提供必要的翻译服务。

（3）回答游客的问询，如本次航班飞行时间、目的地气候等。

（4）在飞机上帮助游客填写目的地国家或地区的入境卡和海关申报单。

三、目的地国家入境服务

旅游团抵达目的地国家或地区机场后，必须办理一系列的入境手续，其顺序大致与我国出境时的检查顺序相反。在带领全团办理入境手续之前，领队要清点一下旅游团人数，叮嘱他们集中等待，不要走散。

（一）通过卫生检疫

请游客拿出黄皮书，接受检查。有的国家还要求入境者填写一份健康申报单，此时领队要给予游客必要的帮助。

（二）办理入境手续

带领游客到移民局入境检查柜台前排队等候。接受检查时，向入境检查人员上交护照、签证、机票和入境卡，入境官经审验无误后，在护照上盖上入境章，并将护照、机票退回。

如果旅游团持的是团体签证，则需到指定的柜台办理入境手续。此时，领队应走在旅游团的最前面，以便将团体签证上交，并准备回答入境官的提问，领队回答问题时应该如实回答。

（三）认领托运行李

入境手续办完后，领队应带头并引领游客到航空公司托运行李领取处（传送带上）认领各自的行李，并协助解决行李托运过程中出现的各种问题，如行李丢失或破损等。行李领出并处理好相关事件后，领队应清点行李件数无误后，再带领游客前往海关处通关。

（四）办理入境海关手续

由于世界各国的海关对入境游客所携物品、货币、烟酒等物品及其限量有不同的规定，领队在带团出境前需从有关国家驻华使馆网页上查询清楚，并告知游客，以免入境时出现麻烦。

在通关前，领队要协助游客填写好海关申报单，然后持申报单接受海关检查，并告知游客配合检查，并在通关后在海关那边等候，不可走散，因为国外机场很复杂，走散后难以寻找。

当所有游客通关后，领队应立即收取他们的护照，由自己统一保管。

（五）与接待方旅行社的导游人员接洽

办完上述手续后，领队应举起社旗，带领游客到候机楼出口与前来迎接的境外接待社导游人员接洽。

（1）向对方作自我介绍，互换名片，对对方的手机号码进行确认，并立即将其输入到自己的手机中备用。

（2）向对方通报旅游团实到人数和旅游团概况，转达游客的要求、意见和建议，并与对方约定商谈旅游团整个行程的时间。

（3）带领旅游团离开机场，上车之前，领队要清点旅游团人数和行李件数，并请游客带好托运行李和随身行李，然后率全团成员跟随目的地接待社导游上车。

四、境外服务

游客初次踏上异国他乡的土地，对一切都感到非常新鲜，具有强烈的好奇心和求知欲，期望旅游活动丰富多彩，出游的目标能够圆满实现。领队作为客源国组团社的代表和旅游团的代言人，要切实维护游客的合法权益，协助和监督目的地国家接待社履行旅游计划。与此同时，领队还应积极协助当地导游，为游客提供必要的帮助和服务。

（一）商定旅游日程

协助当地导游人员办理好入店手续、安排好游客的住宿后，领队要尽快与当地导游人员商量计划的行程。商讨时，首先要把组团社的意图、特别提及的问题等告知当地导游人员，以便提前做好安排。在商讨活动日程时，领队要仔细核对双方手中计划行程的内容。除了活动项目安排上的前后顺序有出入属正常情况外，如果发现有较大出入，尤其是减少某些旅游项目，领队应请其立即与接待社联系，及时查明原因，做出调整。如有争议得不到解决，应及时与国内组团社联系。当目的地旅游日程安排商定后，领队应通知全团成员，并提醒他们记住相关事项。

（二）督促接待社履行合同

在目的地国家旅游期间，领队应督促当地接待社和导游人员按照组团社与游客签订的旅游合同的内容和标准提供服务。在注意保持与他们良好关系的同时，负有责任和义务协助和督促接待社及其导游人员履行旅游合同，并转达游客的意见、要求和建议。

（三）维护团内团结，协调关系，妥善处理各种矛盾

在目的地国家旅游期间，领队要维护好旅游团内部的团结，维护好所有游客的合法权益；要协调好游客与当地接待部门和接待人员之间的关系，妥善处理好旅游活动过程中出现的各种矛盾。

（四）维护游客人身和财产安全

在目的地旅游期间，领队要经常提醒全团成员注意自身及财物安全，做好有关防备工作，预防事故的发生。

（五）对严重突发事件的处理

第一，对于发生游客在境外滞留不归的事件，领队应当及时向组团社和我国驻所在国的使领馆报告，寻求帮助。

第二，对于发生游客在境外伤亡、病故事件，领队必须及时报告我国驻所在国使领馆和组团社，并通知死者家属前来处理。在处理（抢救经过报告、死亡诊断证明书、死亡公证、遗物与遗嘱处理、遗体火化等）时，必须由死者亲属、我国驻所在国使领馆人员、领队、接待社人员、当地导游人员、当地有关部门代表在场。

（六）做好以下具体事项

（1）协助接待方导游人员清点旅游团行李，分配住房、火车铺位、登机牌等。

（2）在境外旅游期间，对游客入住饭店、用餐、观看演出、购物等提供的服务应遵照《导游服务规范》的要求。

（3）保管好旅游团集体签证、团员护照、机票、行李卡、各国入境卡、海关申报单等。

（4）尊重旅游团成员的人格尊严、宗教信仰、民族风俗和生活习惯。

（5）在带领游客在境外旅行、游览过程中，领队应当就可能危及游客人身安全的情况，向游客做出真实说明和明确警告，并按照组团社的要求采取有效措施，防止危害发生。

（6）领队不得与境外接待社、导游及为游客提供商品或者服务的其他经营者串通欺骗、胁迫游客消费，不得向境外接待社、导游人员及其他为游客提供商品或服务的经营者索要回扣、提成或者收受其财物。

（7）领队应当要求境外接待社不得组织游客参与涉及色情、赌博、毒品内容的活动或者危险性活动。

（8）领队要将每天接触和经历的接待社、导游人员、入住饭店、用餐餐厅、游览景点等进行简要记录并做出扼要评价。

（9）在一地旅游结束时，领队要以组团社代表和旅游团发言人双重的身份向当地导游、司机等表示感谢，并当着全体游客的面将小费分别递给导游和司机。

五、目的地国家离境服务

领队的服务要有始有终，在旅游团结束境外旅游活动后离开目的地国家时应做好以下工作。

（一）离境前的工作

（1）在离境前一天，甚至前两天，要与当地导游人员逐项核对离境机票的内容，如旅游团名称、团号、前往目的地、航班等。

（2）如旅游团乘早班飞机离境，领队要同当地导游人员商定叫早时间、出行李时间以及早餐安排等，商量时时间上要留有余地，并将商定结果及时告之游客提醒他们做好准备。

（3）离店上车后，领队要提示游客检查自己的随身物品是否都带上了，房间钥匙有没有交到前台。离开目的地国家前，领队应代表组团社和旅游团向接待社的导游人员表示感谢。如对方有需要配合填写的表格（如服务质量反馈表），领队应积极协助填写。

（二）办理离境手续

（1）领队要向全团游客介绍离境手续的办理程序，并带领游客进行行李托运、领取登机牌等，引导他们办理好离境乘机手续。

（2）办理好乘机手续后，领队要带领游客办理移民局离境手续。如补填出境卡、与目的地国家导游人员告别、办理离境手续、办理海关手续、办理购物退税手续等。

（3）办理好所有相关手续后，领队要引领游客登机。登机前，领队要赶到登记闸口，清点人数，对未到的游客要及早联系，使之赶上登机时间。

六、入境服务

（一）接受检验检疫

领队带领游客至"中国检验检疫"柜台前，上交填好的《入境健康检疫申明卡》，如无意外，即可通过检验检疫。

（二）接受入境边防检查

领队带领游客排队在边检柜台前，逐一将护照和登机牌交给边检人员，经其核准后在护照上盖上入境验讫章并退还游客，即可入境。

（三）领取托运行李

领队在带领游客至行李转盘处之前，应将行李牌分发给每位游客，由其各自认领自己的行李，以便走出行李厅时交服务人员查验。若游客行李遗失或破损，领队还应协助其在机场行李值班室联系寻找或办理赔偿事宜。

（四）接受海关检查

（1）领队应事先向游客说明我国海关禁止携带入境的物品和允许入境但需要申报检疫的物品，以便游客心中有数。

（2）由游客自行将行李推至海关柜台前，上交填好的海关申报单和出示出境时填有带出旅行自用物品名称和数量的申报单，接受 X 光检测机检查。

（3）领队要待旅游团全体客人出海关后，向他们分手告别。但是，如果旅行社安排有旅行车接送客人到某一地点，领队则需陪同游客到指定地点后再与他们分手告别，并对游客的合作表示感谢。

七、后续工作

根据《旅行社出境旅游服务质量》要求，游客回到国内后，领队还需做好如下工作。

（一）答谢游客

第一，旅游团回到出发地后，领队应代表组团社举行告别宴会，向游客致欢送词，感谢其在整个旅游行程中对自己工作的支持和配合，并诚恳征求游客的意见和建议，按行程安排做好散团工作。

第二，处理好送别旅游团后的遗留问题，如游客委托事项，可能的投诉等。

（二）做好出境陪同记录和详细填写"领队日志"，整理反映材料

1. 整理陪团记录

陪团记录是领队陪同旅游团的原始记录。回国后领队要按要求整理好，以备有关部门查询了解。

2. 填写"领队日志"

"领队日志"是领队率团出境旅游的总结报告。它对组团社了解游客需求、发现接待问题、

了解接待国旅游发展水平和境外接待社合作情况，从而总结经验、改进服务水平具有重要意义。"领队日志"包括的主要内容如下：

（1）旅游过程概况：旅游团名称、出入境时间、游客人数、目的地国家（地区）和途径国家（地区）各站点、接待社名称及全陪和地陪导游人员姓名，以及领队所做的主要工作。

（2）游客概况：游客性别、年龄、职业、来自何地等，旅游中的表现，对旅游活动（包括组团社、接待社和其导游人员）的意见和建议。

（3）接待方情况：全陪、地陪导游人员的素质和服务水平，落实旅游合同情况，接待设施情况，接待中存在的主要问题。

（4）我方与接待方的合作情况。

（5）旅游过程中发生的主要事故与问题：产生原因、处理经过、处理结果、游客反映、应吸取的教训等。

（6）总结与建议。

（三）归还所借物品

（1）归还出境前在组团社所借的物品，并在物品管理部门的物品归还单上签字。

（2）与组团社财务部门结清所借钱款。

第四节　景区景点导游服务程序与规范

旅游景区景点的参观游览是游客旅游活动的主要目的，是旅游消费的重要环节，因此景区景点导游服务的好坏直接关系到游客的满意程度。为此，2011年国家旅游局制定了《旅游景区讲解服务规范》行业标准，对景区景点导游服务人员的从业素质和导游讲解服务质量做出规定。

旅游景区景点导游服务人员即讲解员是受旅游景区委派或安排，为游客提供旅游景区导游讲解的专职人员或兼职人员。要做好旅游景区的导游服务和讲解，旅游景区讲解员需要对其服务的景区或景点乃至该景区景点所在地区有较为全面、深入的了解及具有相应的知识储备。总之，旅游景区景点导游服务主要包括服务准备、导游讲解、旅游景区其他相关服务和送别服务四个环节，如图4-5所示。

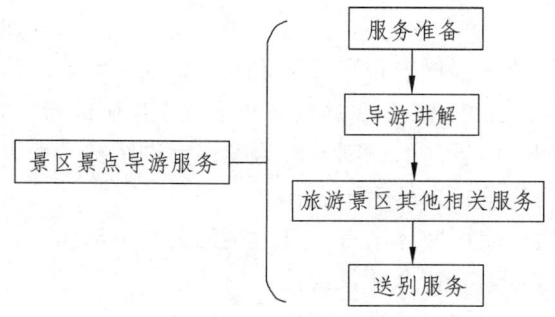

图4-5　景区景点导游服务流程图

一、服务准备

（一）接待前的准备

接待前的准备包括：

（1）接待游客前，讲解员要认真查阅核实所接待团队或贵宾的接待计划及相关资料，熟悉该群体或个体的总体情况，如停留时间、游程安排、有无特殊要求等诸多细节，以使自己的讲解更有针对性。

（2）对于临时接待的团队或散客，讲解员同样也应注意了解客人的有关情况，一般应包括客人主体的来源、职业、文化程度以及停留时间、游程安排、有无特殊要求等，以便使自己的讲解更能符合游客的需要。

（二）知识准备

景区讲解员知识准备要求：

（1）熟悉并掌握本景区讲解内容所需的情况和知识。基于景区的差异，可分别包括自然科学知识，历史和文化遗产知识，建筑与园林艺术知识，宗教知识，文学、美术、音乐、戏曲、舞蹈知识等，以及必要时与国内外同类景区内容对比的文化知识。

（2）基于游客对讲解的时间长度、认知深度的不同要求，讲解员应对讲解内容做好两种或两种以上讲解方案的准备，以适应旅游团队或个体的不同需要。

（3）预先了解游客所在地区或国家的宗教信仰、风俗习惯，了解客人的禁忌，以便能够实现礼貌待客。

（4）熟悉本景区的有关管理规定。

（三）物质准备

讲解员上岗前应做好的物质准备工作主要包括：

（1）佩戴好本景区讲解员的上岗标志。

（2）如有需要，准备好无线传输讲解用品。

（3）需要发放的相关资料，如景区导游图、景区景点介绍等。

（4）接待团队时所需的票证。

（5）对特殊需要的讲解内容或第一次讲解线路，事先踩点和准备。

（四）形象准备

形象主要体现在人们的仪容仪表和言行举止上，景区讲解员的形象应符合以下几点：

（1）着装整洁、得体；也可以根据景区的要求穿着工作服或指定服装。

（2）饰物佩戴及发型，以景区的原则要求为准；女讲解员一般以淡妆为宜。

（3）言谈举止应文明稳重，自然而不做作。

（4）讲解活动中可适度使用肢体语言，且力避无关的小动作。

（5）接待游客热情诚恳，并符合礼仪规范。

（6）工作过程中始终做到情绪饱满，不抽烟或进食。

（7）注意个人卫生。

二、导游讲解

导游讲解是景区导游服务的核心工作,讲解员应按照景区导游讲解服务规范,为旅游团提供高质量的导游讲解服务。

当旅游团抵达景区后,讲解员应主动迎接,向他们表示欢迎。讲解员带领旅游团参观游览过程服务主要包括致欢迎词、旅游景区情况介绍和参观游览中的导游讲解三项内容。

(一)致欢迎词

讲解员在接待开始时应向游客致欢迎词,欢迎词的内容主要包括:
(1)代表本景区对游客表示欢迎。
(2)介绍本人姓名及所属单位。
(3)表达景区对提供服务的诚挚意愿。
(4)了解游客的旅游需求。
(5)表达希望游客对讲解工作给予支持配合的意愿。
(6)预祝游客旅游愉快。

(二)旅游景区情况介绍

(1)向游客介绍本景区的简要情况,尤其是景点的背景、价值和特色。
(2)向游客适度介绍本景区的所在旅游地的自然、人文景观和风土人情等相关内容。
(3)提醒团队游客注意自己团队原定的游览计划安排,包括在景区停留的时间,主要游览路线,以及参观游览结束后集合的时间和地点。
(4)向游客说明游览过程中的注意事项,并提醒游客保管好自己的贵重物品。
(5)游程中如需讲解人员陪同游客乘车或乘船游览,讲解人员宜协助游客联系有关车辆或船只。

(三)参观游览中的导游讲解

1. 讲解内容的选取

(1)有关景区内容的讲解,应有与景区一致的总体要求,讲解员应根据景区的规模和布局,带领游客按照游览线路分段讲解。
(2)内容的取舍应以科学性和真实性为原则。
(3)民间传说应有故事来源或历史传承,任何景区和个人均不得为了景区经营目的而随意编造民间传说。
(4)有关景区内容的讲解应力避同音异义词语造成的歧义。
(5)使用文言文时需注意游客对象,需要使用时,宜以大众化语言给以补充解释。
(6)对历史人物或事件,应充分尊重历史的原貌,如遇尚存争议的科学原理或人物、事件,则宜选用中性词语给以表达。
(7)讲解内容如系引据他人此前研究成果,应在解说中给以适度的说明,以利于游客今后的使用和知识产权的保护。

（8）景区管理部门应积极创造条件，邀请有关专家进行对讲解词框架和主体内容的科学审定。

2．讲解导游的方法与技巧

（1）对景区的讲解要繁简适度，讲解语言应准确易懂，吐字应清晰，并富有感染力。

（2）努力做到讲解活跃生动，做好讲解与引导游览的有机结合。要针对不同游客的需要，因人施讲，并对游客中的老幼病孕和其他弱势群体给予合理关照。

（3）在讲解过程中，应自始至终与游客在一起活动，随时注意清点人数，以防游客走失；注意游客的安全，随时做好安全提示，以防意外事故发生。

（4）要安排并控制好讲解时间，以免影响游客的原有行程。

（5）讲解活动要自始至终使用文明语言；回答问题要耐心、和气、诚恳；不冷落、顶撞或轰赶游客；不与游客发生争执或矛盾。

（6）如在讲解进程中发生意外情况，则应及时联络景区有关部门，以期尽快得到妥善处理或解决。

3．与游客沟通的技巧

（1）讲解员在讲解中应注意平等沟通的原则，注意客人与自己在对事物认知上的平等地位；在时间允许和个人能力所及的情况下，宜与游客有适度的问答互动。

（2）要意识到自己知识的盲点，虚心听取游客的不同意见和表达。

（3）对游客的批评和建议，应该礼貌地感谢，并视其必要性及时或在事后如实向景区有关部门反映。

4．讲解活动中的安全要求

（1）在景区的讲解活动中，应充分注意安全。

（2）提前了解讲解当天的天气和景区道路情况，以期防患于未然。

（3）讲解活动应避开景区中存在安全隐患的地区。

（4）讲解中随时提醒游客注意安全（尤其是在游客有可能发生失足、碰头等的地带）。

（5）发生安全事故时冷静妥善对待，在积极帮助其他游人疏散的同时，及时通知景区有关部门前来救助。

三、旅游景区其他相关服务

旅游景区类型不同，规模不一，除了供游客参观游览的内容之外，有些景区景点还提供一些娱乐和购物服务，这对景区景点讲解员会提出不同的要求。

（一）乘车（乘船）游览的讲解服务要求

景区讲解如果是在乘车（乘船）游览时进行，讲解员应做到：

（1）协助司机（或船员）安排游客入座。

（2）在上车（船）、乘车（船）、下车（船）时提醒游客有关安全事项，提醒游客清点自己的行李物品；并对老幼病孕和其他弱势群体给予特别关照。

（3）注意保持讲解内容与行车（行船）节奏的一致，讲解声音应设法让更多的游客都能听见。

（4）努力做好与行车安全（或行船安全）的配合。

（二）游客购物时的服务

游客如需购物时，讲解员应注意：

（1）如实向游客介绍本地区、本景区的商品内容与特色。

（2）如实向游客介绍本景区合法经营的购物场所。

（3）不得强迫或变相强迫游客购物。

（三）游客观看景区演出时的服务要求

如游客游程中原已包含有在景区内观看节目演出，则讲解员的服务应包括：

（1）如实向游客介绍本景区演出的节目内容与特色。

（2）按时组织游客入场，倡导游客文明观看节目。

（3）在游客观看节目过程中，讲解员应自始至终坚守岗位。

（4）如个别客人因特殊原因需要中途退场，讲解员应设法给以妥善安排。

（5）不得强迫或变相强迫游客增加需要另行付费的演出项目。

四、送别服务

参观游览结束后，讲解员要向游客致简短的欢送词，内容包括对游客参观游览中给予的合作表示感谢，征询游客对导游讲解以及景区景点建设与保护的意见和建议，欢迎游客再次光临。若备有景区景点有关资料或小纪念品，可赠予他们，以作留念，并热情地向游客道别。一般情况下，在游客离开之后方可离开。

在游客离开景区后，或当天工作结束前，讲解员应按照景区的规定，及时认真地填写工作日志或本单位规定的有关工作记录；如有特殊情况，及时向景区有关方面如实反映。

本章小结

本章介绍了地陪、全陪、出境旅游领队和景区景点导游的服务程序与规范。地方导游服务程序是本章的重点，其程序包括服务准备、接站服务、入店服务、核对商定日程、参观游览服务、其他服务、送站服务和后续工作八个具体的步骤。

全陪导游服务程序包括了服务准备、首站接团服务、各站服务、转站服务、末站送团服务和后续工作六个步骤；出境旅游领队服务程序由行前业务准备、出境服务、目的地国家入境服务、境外服务、目的地国家离境服务、入境服务和后续工作七个步骤组成；景区景点导游服务程序则包括了服务准备、导游讲解、旅游景区其他相关服务和送别服务四项内容。

学习与思考

1. 地陪导游服务程序有哪些？
2. 全陪导游服务程序有哪些？
3. 在全陪导游工作中，如何做好火车上的服务？
4. 旅游团（者）代表要求变更计划行程怎么办？
5. 地陪在接到接待旅游团的任务后要做好哪些准备工作？
6. 地陪应落实哪些接待事宜？
7. 地陪要致的欢迎词主要有哪些内容？
8. 导游人员首次沿途导游主要有哪些内容？
9. 地陪做好饭店内服务工作应包括哪些内容？
10. 参观游览时，地陪应向游客交代的景区游览事项有哪些？
11. 游客观看计划内的文娱节目时，地陪应怎样做好工作？
12. 地陪在购物服务中应注意什么？
13. 欢送词应包括哪些内容？

第五章　散客导游服务程序与规范

> **学习目标**
>
> 通过本章的学习，要求学生掌握散客旅游与团队旅游的区别、散客旅游的特点；掌握散客旅游服务的类型，单项委托服务、旅游咨询服务和选择性旅游服务的定义等；熟悉散客导游服务的程序和规范；了解散客旅游发展的现状、趋势及其快速发展的原因。

第一节　散客旅游服务

散客旅游已经成为当今国内外旅游市场上的主要旅游形式，其规模之大、人数之多远远超过团体包价旅游。散客旅游的接待能力已成为衡量一个国家或地区旅游业成熟度的重要标志之一。这一旅游形式使得旅游饭店、旅游交通、旅行社等旅游接待企业在众多方面发生着重大的变化，尤其是旅行社的接待业务方面和发展方向发生了重大调整，导游服务也随之发生了重大的变化，散客旅游服务能力亦成为旅行社企业的重要竞争力之一。

一、散客旅游与散客旅游服务

（一）散客旅游

散客旅游又称为自助旅游或半自助旅游，国外称为自主旅游，它是指由游客自主安排旅游行程，零星现付各项旅游费用的一种旅游形式。"散客"并非只是单个的游客，"散客"可以是一个家庭、几个朋友，或者是临时组织起来的散客团队。

散客旅游与团队旅游的主要区别主要有以下几点：

第一，旅游行程安排的主导者不同。团队旅游的行程一般都是由旅行社或其他旅游服务中介机构来提前计划和具体安排实施。而散客旅游则不同，其外出旅游的计划和旅游行程都是由游客自行计划和安排，旅行社处于从属地位，更多的是提供建议或协助。

第二，两者付费的方式不同。选择团队旅游的游客的付费方式，多为出行前由旅行社以包价形式向其一次性收取全部费用，特殊情况先收取部分费用，旅游活动结束后余额费用一次性收取的形式。而选择散客旅游的游客往往根据自己选择的旅游服务项目采用零星现付、多次支付或一次付费的程序或方式。

第三，两者的消费价格不同。相同级别的旅游项目散客旅游发生的费用相对团队旅游贵一些，这主要是因为团队旅游在很多旅游项目上可以享受折扣优惠，而散客旅游则是以零售价支付。

第四，两者自由度不同。旅游团队是有组织地按预定的行程、计划进行的旅游，团队旅游的游客受团队约束。而散客旅游的随意性较强，变化多，服务项目不固定，而且自由度大。

第五，两者旅游人数不同。旅游团队一般是由10人以上的游客组成。而散客旅游以人数少为特点，一般不超过9人，可以是单个游客，也可以是一个家庭或是三两个好友组成。

（二）散客旅游服务

"散客旅游"作为一种旅游形式不意味着游客不与旅行社打交道，散客旅游在一定意义上也是一种旅游产品。购买散客旅游产品的游客可以委托旅行社代订全部或部分旅游服务，实际上，不少散客旅游活动都会借助旅行社的帮助，如出游前的旅游咨询、交通票据、酒店预订等。散客旅游体现了新时代游客个性化消费的倾向。

散客旅游服务，就是旅行社根据散客的要求提供各项旅游服务，主要有旅游咨询服务、单向委托服务和选择性导游服务。

1. 旅游咨询服务

散客出游前往往会向旅行社咨询有关旅游的食、住、行、游、购、娱方面的情况，旅行社的产品种类，旅游项目价格等。旅行社则要及时开展咨询服务，向前来咨询的散客提供相关的建议、旅游方案和信息等。

旅游咨询服务即是旅行社散客部或门市柜台工作人员向前来问询的潜在游客提供各种与旅游有关的信息和建议的服务。根据咨询人员采用的不同形式，旅游咨询服务可分为电话咨询服务、网络咨询服务和人员咨询服务三种。

（1）电话咨询服务。

是指旅行社散客部门人员通过电话回答客人关于旅行社散客旅游及其他旅游服务信息的问题，并向其推荐旅行社有关旅游产品。电话咨询服务是最主要的咨询方式，在进行电话咨询服务时，散客部咨询人员要做到三点：一是尊重客人，认真倾听其提出的问题并给予耐心而准确的回答；二是主动推荐，旅行社的工作人员要在圆满回答客人提出的各种问题时，积极主动地向客人提出各种合理的建议，不失时机地向客人推荐本旅行社的各种旅游产品；三是做好咨询记录，通过客人咨询的内容往往可以洞悉潜在游客的旅游需求和偏好，可以为旅行社开拓市场、扩大业务提供重要信息。

（2）网络咨询服务。

是指旅行社散客部人员通过电子邮件或一些网络信息平台回答客人提出的有关散客旅游和旅行社旅游产品的各种问题，并提供各种旅游建议的服务方式。网络通信时代，社会生活节奏加快，客人往往也要求快速得到旅行社的回应，这就要求旅行社散客部工作人员要及时快速地回复，回答问题时要做到语言明确、简练规范、条理清晰。

（3）人员咨询服务。

是指旅行社散客部或门市柜台工作人员接待前来进行旅游咨询的潜在游客，回答咨询者提出的有关散客旅游方面的问题。在向客人面对面地提供旅游咨询服务时，旅行社工作人员要做到三点：一是接待要热情、得体；二是宣传要主动、有针对性；要针对客人提出的问题向其提供各种可行的建议，以便客人做出选择。同时可以向客人提供旅行社散客旅游产品的宣传资料，加深客人对旅行社及旅游产品的印象，努力为旅行社争取客源；三是积极促成交易。客人亲自到旅行社散客部或门市柜台进行咨询，表现其出游动机相当明显，所以接待人员在回答问题和提出建议时，要尽力促成交易。如果客人提出特殊要求，也要立即与有关业务人员联系，尽可能即时落实。

2. 单项委托服务

单项委托服务是指旅行社为散客提供的各种按单项计价的可供选择的服务。这类服务主要有：抵离接送，行李提取、保管和托运，代订机、车票和饭店，代租汽车，代办出入境、过境临时居住和旅游签证，代向海关办理申报检验手续，代办国内旅游委托，导游服务等。

根据委托者的所属地不同，单项委托服务分为受理散客来本地旅游的委托、办理散客赴外地旅游的委托和受理散客在本地的各种单项服务委托。

（1）受理散客来本地旅游的委托服务程序。

第一，记录有关内容。受理散客到本地旅游委托时应记录散客的姓名、国籍（地区）、人数、性别、抵达日期、所乘交通工具抵达时间、需提供的服务项目、付款方式等。如要代办在本地出境的交通票据，则要记录下客人护照上准确的姓名拼写、护照或身份证号码、出生年月、交通工具档次，以及外地委托社名称、通话人姓名、通话时间等。

第二，认真填写任务通知书，并及时送达有关部门及个人，如导游、司机、票务人员等。

第三，如果旅行社无法提供散客委托的服务项目时，应在24小时内通知外地委托旅行社。

（2）代办散客赴外地旅游的委托。

旅行社为散客代办赴外地旅游的委托应在其离开本地前三天受理，若代办当天或次日赴外地旅游的委托时，需加收加急长途通信费。如委托人在国外，旅行社可告知该国与其有业务关系的外国旅行社，通过该旅行社办理；如委托人在我国境内，可让其直接到旅行社相关部门办理。接受此项委托业务时，必须耐心询问客人要求，认真检验其身份证件。根据客人各项服务要求，逐项计价，现场收取委托服务费用，出具发票或收据。如果客人委托他人代办委托手续，受委托人在办理委托时，必须出示委托人的委托书和委托人身份证件，然后再按上述程序进行。

（3）受理散客在本地旅游的委托。

受理散客在本地旅游的委托的操作与代办散客赴外地旅游的委托相同。

3. 选择性旅游服务

选择性旅游服务是旅行社散客部或门市柜台通过招徕，将赴相同旅游线路或旅游景区（点）的不同地方的游客组织起来，分别按单项价格计算的旅游形式。选择性旅游是我国目前较为普遍的一种散客旅游形式。

选择性旅游的形式众多，主要有小包价旅游中的可选择部分、散客市内观光游览、晚间文娱活动、风味品尝、到近郊或邻近城市景区（点）的短期游览参观活动，如现在较为热门的一日游等。

选择性旅游服务品种多、范围广、订购时间短，较团队旅游更复杂琐碎，难度较大，因此必须做好旅游产品的宣传销售、旅游服务采购和旅游接待服务工作。

二、散客旅游的现状与发展趋势

（一）散客旅游的现状

随着经济和交通的快速发展，人们出游的机会增多，出游的频率也大大增强。游客的出游动机呈多元化，自主意识和能力也进一步增强。这使得散客旅游迅速发展，成为国际旅游业的主要形式。

在散客旅游快速发展的国际大背景以及我国全域旅游推动的背景之下，我国的旅游市场也发生着重大的变化。根据《2016年中国旅游业统计公报》的数据显示，2016年，全域旅游推动旅游经济实现较快增长。国内旅游市场持续高速增长，入境旅游市场平稳增长，出境旅游市场增速进一步放缓。2016年我国公民出境旅游人数达到12 200万人次，经旅行社组织出境旅游的总人数为5 727.1万人次，占出境旅游总数的46.9%。我国入境旅游人数13 800万人次，全国旅行社共招徕入境游客1 445.7万人次，仅占入境旅游总数的10.5%。全国国内旅游人数444 000万人次，经旅行社接待的国内过夜游客为17 100万人次，仅占国内旅游总人数的3.9%。由此可见，我国无论是出境旅游还是国内旅游，与世界的发展步伐都是一致的，即散客旅游已经成为我国各种旅游活动的主要形式，而且增长趋势明显。

散客旅游迅速发展的主要原因可以归纳为以下几个方面：

1. 中青年游客迅速增长

随着消费意识的改变及生活水平的提高，游客类型中，中青年人数在不断增加。他们中相当多的人性格外向，富有冒险精神，带有明显的个人爱好，不愿意受团队旅游的束缚和限制，同时可自由支配的收入又十分有限。散客旅游的自由、消费弹性大等特点无疑对中青年游客产生巨大的吸引力，使中青年游客成为散客旅游的重要组成部分。

2. 游客自主意识增强

旅游业的发展使游客的旅游经验不断积累，旅游成为人们日常生活中的一个组成部分，游客对于单独进行远距离旅行的自信增强，逐渐加入到散客旅游的队伍中。

3. 游客的心理需求层次增高

传统的观光、度假型旅游已经越来越不能满足游客日益增长的精神文化的需要，越来越多的游客追求个性化、深度化、体验化的旅游产品。

4. 传统规范化的旅游模式难以满足个性化的要求

旅行社包价组团旅游方式虽然具有许多优势，但也存在着包价过多，游览项目、路线受限制，游客缺乏自由活动等问题；游客选择参加旅游团只能走马观花、浅尝辄止，到处赶时间，无法尽兴，使游客对传统的包价方式越来越失去兴趣。在当下个性化明显的时代，游客在旅游中个性化的要求也变多，散客旅游越来越受人们青睐。

5. 现代化科技的进步

现代交通和通信的发展为散客旅游提供了便利条件，增强了游客出行的便捷感。现代电信的发展，也使人们无须通过旅行社便可在互联网上获取很多旅游信息，加上一些航空公司实行电脑订票和无票旅行，更方便了散客旅游的开展。

6. 旅游接待能力整体不断提高

随着旅游业的不断发展，很多旅游接待地的配套设施、服务、包括管理都不断地完善和提高，为散客旅游发展提供了有力的物质和精神保障，使游客不依赖于旅行社而借助众多的旅游支持手段便可开展旅游，为游客的出行提供了便利和保障。

散客旅游的发展是旅游业进入更高层次、更新阶段的产物，也是旅游业发展的必然趋势，但是随着旅游市场的不断发展和完善,其规模将会缩小,团体模式也将有所改变。在团体旅游与散客旅游的并行发展中,散客旅游会不断结合散客特点,发展潜力和空间很大,更能适应个性化游客的需求。

(二)散客旅游的发展趋势

散客旅游的发展较团队旅游而言,受到外部环境约束的因素较多,对旅游保障机制要求更为严格,但这些并不能阻碍散客旅游的快速发展。在全球各国追求和平的前提下,散客旅游将继续向前发展,其发展趋势表现在以下方面。

1. 散客旅游仍将迅速发展

随着信息、资源的全球化,游客获得信息的途径、信息量较以往更为丰富,游客追求个性化、自由化等因素都将促进散客旅游迅速发展。

2. 互动性将成为散客旅游所追求的目标

散客旅游与团队旅游相比,一个重要的区别就是散客旅游给游客提供了更为自由的活动空间,这就为散客进行互动性提供了较大的可能。游客的参与、社区的参与、与自然界人文的交流互动的程度,成为今后旅游产品的重要品质,这一品质将最先体现于散客旅游。散客旅游也将在今后的发展中对旅游产品的互动性提出更高的要求,这就要求旅游目的地对所提供的旅游产品进行革新,使旅游产品从纯观赏性向互动性转变。当然,这也将是团队旅游发展的目标和方向。

3. 中远程长线旅游将进一步增强

新的交通工具的出现将极大地缩短游客与旅游目的地间的旅游距离,缩短游客的旅游时间。随着安全、快捷、舒适、经济的新型客机与高铁的研制与运营,全球性的大规模中远程旅游将成为可能。散客旅游在中远程长线旅游发展方面将进一步增强。

4. 散客旅游对旅游安全将更为重视

在具备金钱、时间和旅游欲望的游客中,唯一使得游客能够放弃旅游计划的原因就是安全因素。就旅游安全来说,游客考虑的因素主要有:局部战争与冲突,恐怖主义活动,旅游目的地政局的稳定性,传染性疾病流行等。因此,不管是旅游客源地还是旅游目的地,加强旅游安全的保障工作,才能对散客旅游起到良好的保护和促进作用。

5. 中国将是重要的散客旅游目的地

随着中国国际影响力的提升,境外游客对于中国有了全新的认识。国内旅游业快速发展,旅游接待设施日益完善,旅游从业人员在数量与质量上有提升,旅游产品日益丰富,这些都促使我国散客入境旅游和国内散客旅游快速发展。因此,对于今后的散客旅游,中国将占据重要的市场份额。

三、散客旅游的特点

(一)从旅游产品个性角度分析

散客旅游产品与团队旅游产品相比呈现的特点是:形式灵活、明码标价、选择性强、自由尺度大。

（二）从旅行社接待角度分析

散客旅游接待与团队旅游接待相比，呈现如下特点。

1. 游客批量少

由于散客出游多为游客本人或与家人、朋友、同事结伴而行，人数通常都较少（3~5人），甚至有的是单身一人，在批量上比团队旅游的人数要少很多。

2. 游客批次多

散客旅游出行方式自由、灵活，办理委托方便，自由度大，不受参加团队旅游的时间、天数、旅游目的地等因素的限制，现代旅行社散客服务业务也越来越灵活，随着网络时代的到来，许多旅行社开通网上服务业务，游客可以随意选择服务项目，足不出户就可以完成各项预定，这些大大刺激了散客旅游市场的发展。散客旅游批次远远高于团队，而且经常会出现一人多批次，一地多批次的现象。

3. 旅游产品预订期短

散客旅游行程由游客自行计划和安排，游客的自由度较大，散客在参加旅游时要求旅行社提供的往往只是单项服务或几项服务，但是在旅游过程中却会根据情况而临时改变或增加服务项目，同时要求旅行社在较短时间内为其安排或办妥有关手续。所有这些原因导致散客旅游的旅游产品预定期往往都较短，这就要求旅行社要提高办公效率，建立一个快速、便捷的预定系统。

4. 游客要求多

散客的个性化比较强，对各方面的要求也就相对高，不仅消费水平较高，而且对服务的要求也比较多，质量要求较高。

5. 旅游行程变化多

散客旅游计划缺乏周密的安排，随机性很大，出游天数、旅游日程、旅游目的地随着游客的兴趣而行，几乎是无拘无束的，因此朝令夕改，一日多变，一个活动安排多次变化也是常有的事情，这就要求接待人员在服务中有足够的耐心和良好的态度和技能。

第二节　散客导游服务

散客导游服务主要是针对选择性旅游服务而提供的导游服务，由于散客的选择性旅游服务较为复杂和自由，因此所提供的导游服务存在较大差异，对导游人员也提出了更高的要求。

一、散客导游服务与团队导游服务的差异

（一）服务对象组合形式不同

团队旅游是游客到达目的地前或出发时已组合成团队形式，通常一个旅游团队的游客来自同一旅游客源国或客源地。入境旅游团人数一般来说都在9人以上，国内旅游团通常是16人以上。

（二）服务"集体"组合不同

团队导游服务通常由导游服务集体共同完成，入境旅游团一般由领队、全陪、地陪组成，国内旅游团的导游服务集体一般由全陪、地陪组成。而散客的导游服务工作只有地陪负责。

（三）服务程序有差异

在接待团队过程中，没有特殊原因，旅游团队的全陪和地陪是不能中途更换的，从迎接到最后的送行都是按计划由同一导游人员完成。

接待散客的情况则不同，散客小包价旅游团通常就由同一地陪完成。而其他形式，则按照游客的购买选择来完成。如果游客只选择迎接或送行，则导游人员的服务工作仅为迎接或送行。有的游客没有选择迎接，而只是购买了旅行社的选择性旅游产品，如一日游、半日游等，则导游人员所提供的就只是游览为主的服务，迎接和送行则免除。

（四）导游讲解方法和讲解内容有区别

团队导游服务要照顾大多数游客，因此在导游讲解的方法和内容上都选择大众化的方法和内容；而散客导游服务除人数较多的选择性旅游组合团队外，在导游方法和讲解内容上都要求有极强的针对性。一般情况下，散客的个性化都较强，因此在导游服务和讲解内容上需要满足游客的个性化要求。

（五）行程的主导者不同

团队旅游活动有事先预定和安排好的行程，导游和游客都不得随意更改，导游往往是整个行程的主导者；而散客游览的行程主要是由游客自己确定和安排的，游客作为主导者，有权利提出行程变更的要求，在旅游活动的安排时导游要听从游客的意见，导游人员可以提建议，但最终决定权在游客。

二、散客导游服务的特点

虽然散客导游服务在内容和程序上与团队报价旅游有相同之处，但自身的特点亦很明显。

（一）服务项目少

由于散客导游服务的服务项目是由客人自主选择而定的，所以除散客包价旅游外，其他形式的导游服务在服务项目上相对比团队较少，有的只提供单项服务，如接站服务、景点游览讲解、送站服务等。

（二）服务周期短

散客旅游导游服务项目少，服务对象周转较快，导游服务的时间也相对较短。同一导游人员在同一时间接待的游客数量也较多。

（三）服务相对复杂

散客导游服务的对象较为复杂：有零散游客，有小包价团队，还有临时组合的选择性旅游团队，因此人数也经常不定，但是相对还是较少的。小包价旅游团的客源情况与团队近似，而选择性团队的游客组成就较为复杂，他们可能来自不同的国家或地区，旅游目的各不相同，只是在去往同一个游览地时为了方便旅行或节约开支而临时组合成一个团队。

因此，散客导游服务的时间短、周转快，导游人员每天、每时都将面对不同面孔、不同类型、不同性格的服务对象（游客），与游客的沟通、对游客的适应时间都非常短，从而使得导游人员的服务相对复杂。

（四）游客自由度高

选择散客旅游方式出行的游客自主意识相对较强，兴趣爱好差异较大，在接受导游服务时，一方面不愿导游人员过多地干预其自由，另一方面又经常向导游人员提出一些要求。选择散客旅游方式出行的游客往往根据各自的喜好，向导游人员提出一些变动的要求。

三、散客导游服务的要求

由于散客旅游的特殊性，在接待散客的过程中，对导游人员的要求相比接待团队要求在某些方面更高，主要表现在以下几方面。

（一）高效率导游服务

选择散客旅游方式出行的游客自主意识相对较强，往往要求导游人员有较强的时间观念，能够在较短的时间内为其提供快速有效的服务。

（二）高质量导游服务

散客的兴趣、爱好相似，往往是由于共同兴趣而组合出游，而且文化基础较高。游客往往旅游经验较为丰富，希望导游人员的讲解更能突出文化内涵和地方特色，能圆满回答他们提出的问题，以满足其个性化、多样化的需求。游客对导游人员的服务技能和讲解解说要求很高，有一定的专业要求。

（三）极强的独立工作能力和责任感

在接待散客的过程中，只有地陪导游人员一人提供服务，遇事不可能与全陪、领队商议，导游人员必须有极强的独立工作能力，才能接待好散客游客。

散客旅游的主导者是游客自己，但游客对当地情况不可能如导游人员一样熟悉，因此，在游览过程中，导游人员应该多为游客着想，但不能主导游客，这就要求导游人员有较强的责任感。在为散客提供导游服务的过程中，导游人员不能因为行程由游客自己做主，就在服务中敷衍了事。

（四）较强的公关能力

散客的自主意识强，人数不多，能很快形成统一意见，但是导游人员在接待散客的时候必须和每一位游客保持良好的关系、建立良好的人际关系才能保障旅游的顺利进行。

（五）语言能力强

对于普通散客和小包价旅游团的游客，由于人数少，游客之间的交流多用方言，为了能听懂游客的话，让游客有亲近感，导游人员最好能用游客最熟悉的语言，例如用当地方言与游客进行交流。对于参加选择性旅游的散客，在同一个临时团队中，可能会出现多种语言要求，这就要求导游人员有较强的语言能力，才能适应选择性旅游活动的导游服务工作。

第三节 散客导游服务程序与规范

旅行社一般有专门的散客部操作散客业务。通常散客门市工作人员在接到散客委托后，先通知散客部计调人员，请其按要求配备地陪导游人员和服务车辆，并填写"旅游委托书"，导游人员按照"旅游委托书"的内容准备相关事宜。

一、接站服务

接站服务是散客到达旅游目的地之前向旅行社办理的单项委托服务以及各项工作的准备和对接联系，导游人员的主要任务是按散客委托要求将其从接站地接送到客人预订的饭店。

（一）服务准备

导游人员接受旅行社派发的迎接散客的任务后，应认真做好迎接的准备工作，它是接待好游客的前提。

1. 认真阅读接待计划

导游人员接到任务后，要认真阅读接待计划，明确相关信息。具体内容包括：

（1）接站地（机场、车站、码头）的情况及从接站点到游客下榻饭店的线路情况。

（2）散客的类型如小包价、单项委托还是选择性服务。

（3）明确到达的日期、航班或车次的抵达时间。

（4）散客姓名及人数、所下榻的饭店情况、有无与其他游客合乘一辆旅游车至下榻的饭店等。

（5）游客选择的服务项目内容及标准等。

2. 做好出发前的准备

导游人员要准备好写有散客姓名或散客旅游团的欢迎标志的接站牌；随身携带导游证、导游旗；旅游行程单；交通票据及现金等。

3. 联系交通工具

导游人员要与散客部计调人员确认司机姓名、电话并与司机联系了解相关交通工具信息。如果没有专门车辆，需要乘坐出租车的话，导游人员应该提前熟悉周围地形，设计合理的行车路线，防止出现差错。

（二）接站服务

1. 提前到接站点等候

导游迎接乘飞机而来的散客或散客旅游团，应提前20分钟到达机场；迎接乘火车而来的散客或散客旅游团，应提前30分钟进车站站台等候。

2. 迎接服务

在航班或火车抵达时刻，导游人员应该站在醒目的位置举接站牌等候，以便散客前来联系。导游人员也可根据散客的特征上前询问。确认接到应接的游客后，导游人员应主动问候，对其表示欢迎。询问散客在机场或车站还需办理的事情，并给予必要的协助。询问散客的行李数并进行清点，帮助散客上车。如是散客旅游团，且配备了行李车和行李员，则要将行李清点后交行李员运送。

如未接到应接的游客，导游人员应该做到如下几点。

首先，联系机场（车站）的工作人员，确认本次航班（列车）抵达情况，确认本次航班是否准时抵达，且游客确已全部进港和在隔离区内已没有出港的游客。导游要与司机配合，尽可能地寻找（至少20分钟）。

其次，若确实找不到应接的游客，导游人员应跟计调部或散客部联系，报告迎接情况，核实该散客或旅游团抵达的日期或航班（车次、船次）有无变化。当确认迎接无望时，经旅行社计调部门同意方可离开机场（车站）。

最后，导游人员回到市区后，应至游客下榻的饭店前台，询问该游客是否已自行到达入住饭店。如果已入住，必须主动与其联系，并表示歉意。要按接待计划安排好散客停留期间的有关委托服务，然后向散客计调部门报告全过程。

（三）沿途导游服务

在从机场（车站、码头）至下榻饭店的途中，导游人员对散客或散客旅游团应像包价旅游团一样致欢迎辞，进行沿途导游，介绍所在城市的概况，下榻饭店的地理位置和设施，以及沿途景物和有关注意事项等。对散客，沿途导游服务可采取对话的形式进行。

（四）入住饭店服务

1. 协助办理住店手续

到达饭店后，导游人员应帮助游客办理入住手续，向其介绍饭店的主要服务项目及住店注意事项。按接待计划向其明确饭店将为其提供的服务项目，并告知其离店时需要现付的费用和项目等。还要记下客人的房间号码。如果是散客旅游团，当行李运抵饭店后，导游人员还应负责核对行李，并把客人的房间号告诉行李员，督促行李进房。

2. 确认日程安排

与客人确认日程安排和相关事宜。当客人确认后，将填好的安排表、游览券及赴下一站的飞机（火车）票交与客人，并让其签字确认。如散客参加的是选择性旅游，导游人员应根据日程安排和游客的兴趣，向游客推荐旅游项目，在推荐旅游项目时，一定要耐心讲清项目的内容、时间安排、地点和价格等内容。如散客乘坐大型旅游车游览，应详细说明各种票据的使用、集合时间及离店的时间与送站安排。

3. 协助散客确认机票

如散客将乘飞机赴下一站，而又不需要旅行社为其代买机票时，导游人员应叮嘱散客提前预订和确认机座。如果散客持的是 Open 票，导游人员要叮嘱其抓紧时间确认并告知办理机票确认单位的电话号码。如果用打电话的方式不能确认机票，散客愿意将机票交与导游人员帮助确认，而接待计划上又未注明需协助确认机票时，导游人员可向散客收取确认机票票务费，并开具收据。

导游人员帮助散客确认机票后，应向散客计调部门报告核实确认的航班时间，以便及时派人派车，提供送机服务，并将收取的费用上交旅行社。

4．推销旅游服务项目

导游人员在迎接散客的过程中，应相机询问该散客在本地停留期间还需要旅行社为其代办何种事项，并表示愿竭诚为其提供服务。

（五）后续工作

迎接服务完毕后，导游人员应及时将同接待计划有出入的信息上报散客部。如果发生了费用方面的问题，查明责任后，按有关规定处理。

二、导游服务

（一）出发前的准备

（1）准备好工作必需品，准备个人日常生活用品。提前与旅游车司机联系好，督促司机做好有关准备工作，请司机提前打开空调，使旅游车内保持较舒适温度。

（2）导游人员应提前 15 分钟抵达集合地点，等候游客的到达。客人到达后引导客人上车，清点人数。如是选择性旅游团，客人分住不同的饭店，导游人员应同司机驱车按时到各饭店接运客人。

（二）沿途导游服务

散客的沿途导游服务与团队服务基本相同。如果接待的是参加选择性旅游形式的游客，初次与客人见面时，导游应代表旅行社、司机向客人致以热烈的欢迎，表示愿竭诚为客人服务，希望客人予以合作，多提宝贵意见和建议，并祝客人游览愉快、顺利。

导游人员除做好沿途导游之外，应特别向客人强调在游览中的注意事项，提醒游客注意安全。

（三）现场导游讲解

（1）抵达游览景点前，导游人员应告知客人游览完景点后的上车时间、地点和车号。

（2）进入景点游览前，导游人员应向客人简要介绍景点的大概游览情况；在景点游览中，导游人员应对景点的历史背景、特色等进行讲解，语言要生动，有声有色，引导客人观赏。如是个体散客，导游人员可采用对话形式或问答形式进行讲解，更显亲切自然。如是散客组合旅游团，导游人员应陪同旅游团边游览边讲解，随时回答客人的提问，由于客人彼此之间不认识，团队缺乏凝聚力，导游人员在带领客人参观游览过程中要密切注意客人动向和周围的情况，提醒客人彼此照应，紧跟队伍，以防客人走失或发生意外事故。

（3）接待计划规定的景点游览结束后，导游人员要驱车将他们一一送回各自下榻的饭店。

（四）其他服务

由于散客的自由活动时间较多，散客回到饭店后，导游人员应当好他们的参谋和顾问，可协助其安排晚间娱乐活动，把可观赏的文艺演出、体育比赛等各类健康项目告知游客，由游客自由选择。

（五）后续工作

接待任务结束后，导游人员应及时将有关情况反馈给散客部，或填写"散客游客登记表"。如在接待过程中有突发事件，应该写出书面报告，上交旅行社。

三、送站服务

送站服务是指散客在结束当地活动之后，委托旅行社派遣导游人员专门将其送至离站地点。这是散客导游服务过程中的最后一个接待环节。为了使整个接待工作善始善终，顺利安全，送站的导游人员要做好每一个环节的工作。

（一）服务准备

1. 详细阅读送站计划

明确所送散客的姓名、人数、离开本地的日期、所乘航班（车次）以及散客下榻的饭店；了解计划中有无航班（车次）与人数的变更；了解是否需要与其他游客合乘一辆车去机场或车站。

根据旅行社提供的司机电话，提前与司机联系，确定送站车辆的车型、车号。与司机商定送站当天的集合时间、地点。

2. 做好送站准备

提前一天与散客约定离开饭店赴机场或车站、码头的时间，如是散客拼团，应告知托运行李的时间，并通知饭店安排行李员按时到房间取行李，送上行李车托运。根据我国民航及铁路部门的有关规定，根据各地具体情况，导游人员一定要提前把游客送到离站点。送散客抵达离站点的时间：若游客乘坐国际航班离境，应在飞机起飞前3小时抵达机场；游客乘国内航班应在飞机起飞前2小时把游客送到机场；乘火车则应在列车出发前1小时抵达。导游人员要认真准备，分析交通情况，按时把游客送到机场或车站。

（二）到饭店接运游客

按照与客人约定的时间，导游人员必须提前20分钟到达客人下榻的饭店。协助客人办理离店手续，付清账款，清点行李。提醒客人随身携带好自己的相关证件、贵重物品等。然后照顾客人上车离店。

如散客团内客人分住不同的酒店，则应按预先约定的时间准时抵达各饭店接运客人。导游人员到达客人下榻的饭店后未找到需送站的客人，应到饭店前台了解客人是否已离店，并与司机共同寻找。若超过约定时间20分钟仍未找到客人，应向旅行社散客部计调人员报告，请计调人员协助查询，并随时与其保持联系。

（三）到站送客

1. 致欢送词

在送客人赴机场（车站或码头）途中，导游人员应致欢送词，征求游客的意见和建议，代表旅行社向客人表示感谢，欢迎下次再来。

2. 征求意见

根据旅行社的要求，向客人分发《旅游服务质量评价表》，请客人填写并收回。

3. 办理登机手续

客人到达机场或车站后，导游人员应提醒和帮助客人带好行李物品，协助客人办理登机牌及行李托运手续，并当面核对登机牌及行李牌，交给客人，送火车的原则上要把客人送上火车，帮忙摆放好行李，提醒注意事项。

4. 与游客告别

导游人员在同散客告别前，应向机场人员确认航班是否准时起飞，若航班延时起飞，应主动为客人提供力所能及的帮助。若确认航班准时起飞，对于乘坐航班离站的游客，导游人员应将其送至隔离区入口处同其告别。若游客乘坐列车或汽车离站，导游人员要待交通工具启动后方可离开。若有游客还需要再次返回本地，导游人员要同游客约好返回等候地点。

5. 后续工作

送别散客后，导游人员应及时将有关情况反馈给散客计调部门记录在册。

（四）结束工作

散客顺利送走后，导游人员还要完成接待收尾工作。导游应将客人填写的《游客服务质量评价表》如数交回散客部门，向部门报告游客游览情况及对各项服务的意见、建议，汇报对各协作单位工作质量的看法，必要时应写出书面报告，以利于改进工作；总结带团经验，不断增强带团技能，提高服务质量。若旅游过程中发生重大事故，导游人员应写出详细的书面报告，交回接待社。填写有关散客接待表格及结账单，如果出团前向散客部门预领过现金，凭发票报销，退回余款，归还所借物品等等。

本章小结

本章主要介绍了散客旅游、散客旅游与团队旅游的区别，散客旅游的特点、兴起的主要原因及其将来的发展趋势；介绍散客旅游服务的三种类型：旅游咨询服务、单向委托服务和选择性旅游服务。

散客导游服务与团队导游服务也是有所差异的，它们的服务对象、服务集体组合、服务程序、讲解方式和行程的主导者均不相同，散客导游服务相对团队导游服务有自己的特点和要求。散客导游服务的程序与规范与团队导游服务程序也存在较大差异。散客导游服务程序主要包括接站服务、导游服务和送站服务三个步骤。

学习与思考

1. 散客旅游与团队旅游的区别是什么?
2. 散客旅游有何特点?
3. 散客导游服务与团队导游服务有何区别?
4. 散客导游服务有何特点?
5. 散客导游服务有何要求?
6. 散客旅游主要有哪些类型,各有什么特点?
7. 导游人员如何做好散客的导游接待服务?

第六章　旅游故障的预防和处理

学习目标

通过本章的学习，要求学生了解旅游故障的概念、特点、分类以及预防和处理的原则；熟悉旅游过程中旅游团可能发生的各种旅游故障，分析这些故障发生的原因，积极做好预防工作，尽量避免或减少事故的发生；掌握各种故障的处理原则和方法，尽可能地降低其带来的损失和不良影响。

第一节　旅游故障概述

游客出门在外，都希望旅途是平安、顺利、愉快的。在旅游过程中，出现任何问题、发生任何事故都是不愉快的，甚至是不幸的。出现问题、发生事故会给游客带来烦恼和痛苦，甚至灾难，也会给导游服务工作增添麻烦和困难，严重的还会影响到地区和国家旅游业的声誉。

一、旅游故障概念

绝大多数旅游活动均发生在露天野外，而且环境相对陌生，不确定因素较多，比如天气、地理环境、交通情况、游客状态和导游人员工作态度等。因此，尽管旅行社和导游人员对旅游活动事先做了周密的安排并对可能出现的问题采取了各种预防措施，但是，仍不能完全避免一些突发性问题和事故的发生。在旅游过程中发生的各种影响、阻碍旅游活动正常进行并有可能造成损害的倾向、问题和事故统称为旅游故障。

处理旅游活动中出现的旅游故障是对导游人员服务能力和独立处理问题能力的考验，处理得好，游客满意，导游人员的威信会因此而提高；反之，不仅游客不满，还可能留下隐患，使旅游活动无法顺利进行。因此，出现问题、发生事故时，导游人员要沉着镇定、处变不惊，要全力以赴，及时、果断、合情合理地进行处理。导游人员在带团过程中，要努力做好服务工作，与各方密切合作，时刻警惕，采取各种必要措施，预防问题和事故的发生。杜绝责任事故，处理好非责任事故是保证并提高导游服务质量的基本条件。

二、旅游故障的特点

（一）渐长性

随着现代旅游业的不断发展，旅游规模不断扩大，由于从事旅游服务的人员素质参差不齐，或是旅游设施未能跟上旅游业发展的步伐，导致旅游事故时有发生。尤其在旅游旺季，旅游事故发生的频率更高。

（二）突发性

大多数旅游事故都是在导游人员意料之外发生的，特别是那些自然因素引起的旅游事故，难以控制，有着很强的突发性，往往令人措手不及。

（三）复杂性

旅游事故发生的原因很多，有的以自然因素为主，有的以社会因素为主，还有的是以主观人为因素为主，处理起来比较复杂。另外，旅游事故发生后，由于不同的游客有不同的态度和要求，处理起来会让导游人员感到棘手。

（四）危害性

旅游事故一旦发生，将会给旅游活动带来很多不利，有可能影响旅游活动按旅游合同及协议、旅游计划执行，甚至中止旅游活动。另外，旅游事故发展会损害游客的合法权益，并给发生旅游事故的单位带来不良信誉损失。

（五）可逆转性

尽管大多数旅游事故都会给游客和相关的旅游企业带来一定的损失和影响，但是，通过导游人员的沟通和解决，可以把损失减少到最低，甚至可以逆转事故的影响，重新获得游客的好感，继续愉快地旅游。

三、旅游故障的类型

导游人员应该注意总结导游工作中容易发生的各类事故和问题，并对事故的原因和性质有一个全面的认识。有一个清醒的头脑是导游人员做好事故预防和处理工作的前提。

根据不同的标准，可以将事故分为不同的类型。

（一）按照事故的性质划分

1. 技术性事故

技术性事故是指由于旅游接待部门运行机制发生故障而影响旅游活动安排或旅游行程的事故，主要指旅行社或导游人员设计旅游计划或执行旅游计划不当造成的事故，如漏接、空接、错接、误机（车、船）、旅游日程变更等。

2. 安全性事故

安全性事故是指涉及游客人身和财产安全的事故，前者如游客患病、突发急症、受伤、死亡；后者如游客的证件、行李、财物丢失等。

（二）按照事故的责任划分

1. 责任事故

责任事故是指由于接待方原因造成的事故，包括导游人员的直接责任和接待方其他环节的责任。如由于接待方的疏忽、计划不周等原因造成的漏接、误机事故，由于导游照顾不周造成游客走失等。责任事故往往带来严重的后果，不仅给游客带来损失，给导游人员带来巨大的压力，而且会直接损害接待国和地区旅游业的形象。

2. 非责任事故

非责任事故是指非接待部门的原因或由游客自身的原因造成的事故。如天气原因造成飞机不能起飞；意外事故导致游客人身伤亡；游客不听从指挥造成走失等。虽然这类事故的责任不在旅游接待方，但是接待方有义务做好各项补救工作。处理得好会赢得声誉，处理不当也会给各方带来不利的影响。

（三）按照事故的严重程度划分

1. 严重事故

严重事故是指给游客或旅游接待方带来较大经济损失，给游客带来较大的身体、精神伤害，对社会产生恶劣影响，游客反应强烈甚至提出解除旅游合同，进行投诉、索赔的事故。在旅游服务中出现的严重违约或服务差错是严重的质量事故。这类事故的处理难度最大。

2. 一般事故

一般事故是指经常发生又能及时补救的事故，如游客证件和物品的丢失、游客的一般走失等。一般事故虽然不会带来严重的经济损失或人身伤害，但会给旅游活动带来诸多的不便，影响游客的情绪，降低导游服务质量，不可不防。

（四）按照事故发生的实际状况划分

1. 将成事故

将成事故是指导游人员已知某种原因可能导致某种事故，但尚未成为既定事实的状态。在导游过程中，这种情况并不鲜见。如游客难以准时在飞机起飞前抵达机场；旅游团因延迟抵达可能被迫取消重要的游览项目；导游人员在送旅游团出境途中不小心将客人的机票或证件等丢失。这类事故必须及时采取应急措施，以便在事故成为事实前将损失减少到最低程度，如通知机场协助解决，及时调整游览项目，办理临时签证等。

2. 已成事故

已成事故是指已经成为事实的事故，导游人员只能按照有关规定进行事后处理。

（五）按事故处理的难易程度划分

1. 单一性事故

单一性事故指涉及人数少，事件单一，处理过程比较简单，导游人员可以当即解决的一些旅游事故。

2. 复合性事故

复合性事故指影响比较严重、处理起来比较复杂、导游人员往往只能根据有关规定进行事后处理的旅游事故。

四、旅游故障的预防措施

不出事故或少出事故是提高旅游服务质量的基本条件。为了把事故发生的可能性减少到最低限度,导游人员必须做好预防工作。日常导游服务工作中须做好如下几项事故预防措施。

(一)牢记服务宗旨,加强责任意识

导游人员必须在思想上充分认识到事故预防的必要性,加强责任心。导游人员的责任心来自法律和行业规定的约束力量,导游人员的责任心取决于导游人员的自觉、自律。旅游事故中,技术型事故或责任事故的发生多是由于导游人员的大意和失职造成的。导游人员要牢记宾客至上、服务至上的宗旨,时刻想着客人,时刻关心客人,导游服务中加强责任心,就能把责任事故的发生降低到最低限度。

(二)制订周密计划,安排留有余地

导游人员应认真充分了解游客的年龄、身体、旅游动机及游客居住地情况等信息,结合当地的环境、天气、交通、景区现状等因素,制订科学完善的旅游活动计划,妥善安排各项活动。

在安排活动日程时,要留有余地,劳逸结合,合理安排活动内容。如体力消耗较大的活动项目尽量不要集中在同一天,活动不宜太晚等,要保证游客的体力和精力。要为送行服务留足时间。

(三)出门多做预报,处处多做提醒

1. 做好出行前的预报

(1)行程预报。导游人员要在前一天预报第二天的行程及注意事项,提醒游客做好相应准备。当天出发前,根据导游服务规范的要求,导游人员要提前到饭店等候,在出发前或旅游车离开饭店后,地陪导游人员要向游客报告一天的行程,上、下午游览点和中、晚餐餐厅的名称和地址,晚间活动的安排。如果已分发活动日程表,那么要注意核实是否有新的变动。

(2)天气、交通条件及景区地形、地貌情况预报。出发前,地陪导游人员要预报当天的天气情况,提醒游客添减衣服、雨具准备、防晒准备等。如果有登山或登高项目,或需要较长时间的步行,导游人员应在前一天通知游客,并提醒客人做好着装特别是运动鞋等准备工作。

2. 景点游览开始前的预报

抵达游览景点,导游人员要向游客介绍游览线路及游览时间安排。下车前,提醒游客记住车牌号和车的特征、旅游车的停车地点,强调集合时间和地点。到游览点后,导游人员应在开始游览前,带游客在景点示意导游图前,向游客介绍游览线路。

3. 各个环节的提醒要点

(1)提醒游客量力而行。在登山、登高或做比较剧烈的运动时,提醒游客量力而行,速度不要太快,注意安全,避免太累,谨防摔伤。

(2)提醒游客不要走失。在大型游览点和人多的地方游览时,要特别提醒游客紧随导游

人员，不要走散；自由活动时，提醒游客不要走得太远；晚间自由活动时间客人外出，要提醒客人注意安全，不要回饭店太晚。

（3）提醒游客保管好财物。随时提醒客人保管好自己的财物，特别是证件和贵重物品。在离开饭店前往下一个目的地时，特别在旅游团（者）离境或结束全程旅游的一站时，提醒客人清点自己的证件、物品和行李。要在开车前做最后的提醒。

（4）提醒游客注意饮食卫生。提醒客人注意饮食卫生，不喝自来水和河水，不吃不卫生食品和过期食品。

（5）提醒司机注意交通安全。在乘车前往目的地的途中，提醒司机注意交通安全。

（四）留心观察游客，注意环境变化

导游人员要注意察言观色，一旦发现游客的身体状况和神情有异常变化，不能掉以轻心，要主动询问，针对不同的情况采取必要的措施。

在游览时要随时注意游客的行踪。游览过程中，特别是在环境复杂的景区，导游人员要保持高度责任心，时时刻刻提高警惕，注意周围是否有异常动向，注意周围是否有安全隐患，一旦发现，马上采取应变措施。

（五）同行密切合作，不得擅离职守

导游集体要密切合作，特别是带大团游览大景点时，地陪、全陪、领队之间要相互配合，若有景点讲解员，还要与讲解员合作好。参观游览期间，导游人员应随时与游客在一起，不得擅离职守，不得为私事而置旅游团于不顾。

（六）按照规程办事，及时联络汇报

导游人员要养成严谨的工作作风，严格按照导游工作程序和规章制度办事，认真做好票证、时间、人数、行李等各个环节的核实工作；主动与各方联络，遇事多请示汇报，不得我行我素。

五、旅游故障处理的原则

（一）损失最小原则

事故发生后，导游人员要把握好第一时间，积极想办法寻求补救，采取应变措施，迅速与相关部门联络，将损失降至最低。

（二）游客至上原则

导游人员在处理事故时，应尊重游客意愿，设身处地为游客着想，尽可能保障游客权利，除查明事故原因和协助对遭受事故的游客进行必要的赔偿外，还要尽可能使未受事故影响的游客按原计划继续旅游。

（三）按章处理原则

一旦发生旅游事故，导游人员要以相关法律、法规，以及旅游合同、协议的规定为依据，严格按照导游服务工作程序和规章制度办事，认真做好各个环节的核实工作。主动与各方联络，遇事多请示汇报，不得擅自做主，我行我素。

（四）合情合理原则

合情合理原则是指在处理事故时要尊重当事人的意愿，体谅当事人的心情，采取必要的措施安慰游客、稳定游客情绪，要注重保护游客的基本权利和利益。

（五）实事求是原则

处理事故要尊重事实，分清责任，以有关法律规定和旅游协议书为依据，保护当事人各方的合法权益。

第二节　接团故障的预防和处理

一、漏接的预防和处理

漏接是指旅游团（者）抵达后，没有导游人员迎接的现象。

（一）漏接的原因分析

1. 主观原因造成漏接

因导游人员的工作疏忽和不负责任所造成的漏接，属责任事故。主观原因有如下情况：

（1）粗心。没有认真阅读接待计划，搞错旅游团（者）抵达的日期、时间、地点。

（2）迟到。导游人员未按服务程序要求提前抵达接站地点。

（3）没看变更记录。由于某种原因，原定车次、班次变更使团队提前抵达，但导游人员接团前未认真查阅变更通知，仍按原计划去接团。

（4）新旧时刻表交替，导游人员未认真查对新时刻表，仍按旧时刻表去接旅游团。

（5）导游人员举牌接站的地点选择不当。

2. 客观原因造成漏接

（1）由于种种原因，上一站接待社将旅游团原定的班次或车次变更而提前抵达，但漏发变更通知，造成漏接。

（2）接待社已接到变更通知，但有关人员没有及时通知该团地陪，造成漏接。

（3）司机迟到，未能按时到达接站地点，造成漏接。

（4）由于交通堵塞或其他预料不到的情况发生，未能及时抵达机场（车站），造成漏接。

（5）由于国际航班提前抵达或游客在境外中转站乘其他航班而造成漏接。

（二）漏接的预防

（1）认真阅读计划。地陪导游人员接到任务后，应了解和亲自核对旅游团抵达的日期、时间和接站地点。

（2）认真按照导游服务规范要求服务，仔细核对一切相关事宜，特别是核实交通工具到达的准确时间。旅游团抵达当天，导游应与旅行社联系，了解班次或车次是否有变更，并与机场（或车站、码头）联系，核实、确认抵达的准确时间。

(3）提前抵达接站地点。导游人员应与司机商定好出发时间，保证按规定提前半小时到达接站地点准备迎接游客的到来。

（三）漏接的处理

（1）导游人员应实事求是地向游客说明情况，诚恳地赔礼道歉，求得游客谅解。如果不是自身的原因要立即与旅行社联系，告知现状，立即查明原因，并耐心地向游客做解释工作，消除误解。

（2）采取弥补措施，把游客的损失减到最低程度。如果有费用问题（如游客乘出租车到饭店的费用），应主动将费用赔付给游客。

（3）用更加热情的服务、更精彩的讲解来消除游客不愉快的心情，完成计划内的全部活动内容。

（4）必要时请领导出面赔礼道歉或酌情给予一定的物质补偿。

案例 6-1　漏接的处理

2017年8月21日上午8:00，贵州某旅行社门市接待人员接到北京组团社电话，原定于8月22日下午16:00到达的旅游团，因出发地订票的原因改为8月22日上午11:40提前到达，需提前接站。门市接待人员因有急事，在未能和旅行社计调联系上的情况下，在计调的办公桌上留下便条告知此事后离去。计调回社后，没有注意到办公桌上的便条，直到第二日上午12:00，接到组团社全陪从火车站打来电话才知道此事。

请问：
1）此次事故属于什么类型的事故？并说明造成此次事故的原因。
2）如果你是地陪，该如何处理此次的事故？
3）如何预防此类事故？

案例分析：

1）此次事故属于典型的漏接。造成此次事故的原因是：

A. 门市接待人员接到了变更通知，但是没有和计调对接变更情况，只是留下便条告知。

B. 计调没有发现门市接待人员留下的便条，没有在接待计划上做变更记录，进而没有通知导游人员，导致漏接。

2）地陪处理此次事故的方法是：

A. 应以最快的速度，带车到达火车站。

B. 实事求是地向游客说明情况，诚恳地赔礼道歉，力求游客的谅解。

C. 必要时请领导出面赔礼道歉或酌情给予一定的物质补偿，如小礼品，或午餐时加特色小菜。

D. 用更加热情的服务、精彩的讲解，高质量地完成计划内的全部活动内容，以消除因漏接给游客带来的不愉快心情。

3）预防漏接事故的措施主要有：

A. 认真阅读计划。

B. 核实交通工具到达的准确时间。

C. 提前到达接站地点。

二、空接的预防与处理

空接是指由于某种原因旅游团推迟抵达某站,导游人员仍按原计划预定的班次或车次接站而没有接到旅游团的现象。

(一)空接的原因分析

1. 主观原因

(1)没看变更记录。由于某种原因,原定车次、班次变更使团队推迟抵达,但导游人员接团前未认真查阅变更通知,仍按原计划去接团。

(2)没有认真阅读接待计划,对旅游团(者)抵达的日期、时间、地点搞错。

2. 客观原因

(1)某些原因造成旅游团滞留在上一站或途中,上一站旅行社以及导游人员无法通知地接社,旅游团推迟抵达,地接社没有接到通知,仍按原计划执行。

(2)旅游团由于某些原因滞留在上一站,上一站接待社通知了本地接待社,但是接待社没有及时将情况通知地陪,导致地陪按原计划执行,造成空接。

(3)游客由于自己的原因变更了旅游计划,推迟抵达,但是没有通知相关旅行社及工作人员,导致地陪不知情况,仍按原计划执行,造成空接。

(二)空接的处理

(1)导游人员要迅速与本社有关部门联系,查明原因,听候处理意见。若旅游团推迟时间较长,经旅行社明确指示后,可离开机场,通知旅行社变更房、餐、车事宜。同时根据新的时间变化,做好变更后的旅游团接待计划,报告旅行社,通知旅行社有关部门人员重新落实接团事宜。

(2)若旅游团推迟抵达的时间不长,应继续等候,迎接团队到来。若涉及用餐、用车等内容,导游人员要及时与车队、餐厅等部门联系,向他们通报情况,避免不必要的损失。

案例6-2 空接的处理

某旅游团计划于2017年8月25日乘坐某航班由南京市飞抵贵阳市,抵达时间是16:10,导游人员小王按接待计划上的时间提前到达机场等候,但是未能接到该旅游团。

请问:

1)此次事故属于什么类型的事故?并说明造成此次事故的原因。

2)如果该旅游团推迟到8月26日上午9:50抵达,小王该怎么办?

案例分析:

1)此次事故可能是漏接或空接事故。如果由于天气等方面的原因,原航班的飞机提前起飞,旅游团抵达后自行前往饭店,这属于漏接事故。如果由于天气原因或是因机械故障等,旅游团误了原定的航班飞机,致使旅游团没能按时到达,这属于空接事故。

此次事故发生的原因可能有以下三点:

第一，旅游团提前或推迟抵达，南京市的旅行社没有将这一更改及时通知贵阳市的接待旅行社。

第二，贵阳市接待旅行社已经接到变更通知，但值班人员忘记通知导游人员，或联系不上导游人员。

第三，地陪小王接到了变更通知，但是他粗心大意，没有将其记住；并且他前往机场前也没有去旅行社了解是否有传真、电话记录、变更通知等。

2）如果该旅游团因为某些原因推迟到 8 月 26 日上午 9：50 抵达，则属于空接事故。小王接到此变更通知后，应该做到：

第一，小王或接待社计调应通知膳宿接待单位退掉 8 月 25 日的餐宿，预订 8 月 26 日的餐宿。

第二，旅游团推迟抵达缩短了在贵阳市的停留时间，小王应重新安排旅游团在贵阳市的活动日程。

第三，与司机商定 8 月 26 日接团的时间。

三、错接的预防与处理

错接是指导游人员在接站时，未认真核实，接了不应由他接的旅游团（者）的现象。

（一）错接的原因

错接旅游团一般是责任事故，往往是由于导游人员责任心不强导致的。错接事故容易发生在旅游热点地区和旅游旺季。有的旅行社同时派出一个以上团队前往同一地；或者旅游旺季时，多个团队的游客乘同一航班抵达同一目的地。

（二）错接的预防

（1）导游人员应提前抵达接站地点（至少比旅游团预计抵达时间提前 30 分钟抵达接站地点）迎接旅游团（者）。

（2）接到旅游团（者）后，应按照服务规范要求，认真核实相关信息，如核对派出方旅行社名称、国内组团社名称、团号、人数、领队或全陪姓名（若无领队或全陪应核对游客的姓名），下榻饭店等。

（3）提高警惕严防其他人员非法接走旅游团（者）。

（三）错接的处理

错接一般是一种责任事故。错接情况一旦发生，导游人员不要因慌乱而不知所措，要按照原有规范进行操作。

（1）及时报告旅行社。发现错接后马上向接待社领导及有关人员报告，查明两个错接团的情况，再做具体处理。

（2）将错就错。如果错接发生在同一家旅行社接待的两个旅游团时，两个导游人员又同是地陪，经领导同意可将错就错，不交换旅游团，两名地陪交换接待计划之后就可继续接团。

（3）必须交换。如果错接另一家旅行社的旅游团时，地陪应立即向旅行社领导汇报，尽快换回旅游团。如果错接的两个团属同一旅行社接待，但两个导游人员中有一名是地陪兼全陪，也必须交换旅游团。

（4）地陪要向游客实事求是地说明情况，诚恳地道歉，以求得游客的谅解。

（5）如果发生其他人员（非法导游人员）将游客带走，应马上与饭店联系，看游客是否已入住应下榻的饭店。

案例 6-3　错接的处理

近年来，我国的一些旅游热点城市，由于客流量较大，旅游团队较多，不止一次发生接错旅游团的情况，即甲社的导游人员把乙社的旅游团误认为是自己的团而接走，或者甲社的导游人员将自己旅行社其他导游人员的旅游团误认为是自己的团而接走，往往是汽车开到半路甚至是抵达饭店才发现差错。

请问，如果你是地陪，应从哪些方面着手，防止此类事故发生？

案例分析：

地陪应从以下几个方面预防此类事故发生：

1）认真阅读接待计划，了解并记住自己团队的特点。
2）至少比旅游团预计抵达时间提前 30 分钟抵达接站地点。
3）站在出站口醒目的位置上举起接站牌，以便领队、全陪或游客前来联系。
4）主动从游客的民族特征、衣着、组团社的徽记等分析判断并主动上前委婉询问。
5）及时找到领队和全陪，问清姓名、国别、团号和人数等。
6）如果该团无领队和全陪，应与该团成员核对团名、国别及团员姓名等。

四、入境旅游团人数及情况变更的处理

团队游客抵达时，地陪应尽快找到自己的团队，及时向领队或全陪核实实到人数，在无领队（全陪）时，应认真对照团队名单清点人数，如与计划不符，旅游团人数有变更，例如增加或减少，应及时通知旅行社查明原因并做相应的变更。

（一）旅游团人数减少的处理

如果是入境旅游团人数减少，一般应由领队在边检站当场办理注销未到中国的游客姓名的手续。

人数减少，导游人员应立即通报旅行社，告知旅游团实到人数，由旅行社及时与旅游团计划下榻饭店的销售部联系，告知减少房间数；与餐饮预订点联系，重新通报就餐人数；处理好去下一站的交通票证。

（二）旅游团人数增加的处理

人数增加，导游人员也应立即通报旅行社，告知旅游团实到人数，由旅行社及时与旅游团计划下榻饭店的销售部联系，告知增加房间数；与餐饮预订点联系，重新通报就餐人数；处理好去下一站的交通票证。

第三节　误机（车、船）故障的预防和处理

误机（车、船）事故是指由于某些原因或旅行社有关人员工作的失误，旅游团（者）没有按原定航班（车次、船次）离开本站而导致暂时滞留。误机（车、船）事故，不仅给旅行社带来巨大的经济损失，还会使游客蒙受经济或其他方面的损失，严重影响旅行社的声誉。导游人员要高度认识此类事故的严重后果，杜绝此类事故的发生。

一、误机（车、船）事故的原因

（一）客观原因（非责任事故）

由于游客方面原因、航空公司原因或由于途中遇到交通事故、严重堵车、汽车发生故障等突发情况造成迟误。

（二）主观原因（责任事故）

由于导游人员或旅行社其他人员工作上的差错造成的迟误，主要情况有：
（1）导游人员安排日程不当或过紧，使旅游团（者）没有按规定时间提前到达机场（车站、码头）。
（2）地陪没有认真核实交通票据，将离站时间或地点搞错。
（3）班次（车次）变更，但地接社有关人员没有及时通知导游人员。

二、误机（车、船）事故的预防

（1）导游人员要按照导游服务规范的要求服务，提前做好旅游团离站交通票据的落实工作，并认真核对日期、航班号、时间、目的地等。在旅游过程中，还应经常了解班次有无变化。
（2）离开当天不安排旅游团到范围广、地域复杂的景点参观游览，不安排旅游团到热闹的地方购物或自由活动。
（3）留有充足的时间去机场、车站、码头，要考虑到交通堵塞或突发事件等因素。
（4）保证按照规定时间抵达送站地点。如果旅游团乘国际航班出境，应提前3小时到达机场；乘国内航班，应提前2小时到达机场；乘火车或轮船，应提前1小时到达火车站或码头。

三、误机（车、船）事故的处理

（1）导游人员应立即向旅行社领导及有关部门报告，请求协助。
（2）地陪或旅行社应尽快与机场（车站、码头）联系，争取让游客乘最近班次的交通工具离开本站，或采取包机（车、船）方式，或改乘其他交通工具前往下一站。
（3）向旅游团赔礼道歉，稳定旅游团（者）的情绪。
（4）安排好在当地滞留期间的食宿、游览等事宜。

（5）按照旅行社决定，通过领队（全陪）向全团告知最终离境交通工具及时间。

（6）必要时由旅行社负责人通过适当的方式再次表示歉意并送行。

（7）及时通知下一站接待社，对日程做相应的调整。

（8）写出事故报告，查清事故的原因和责任，责任者应承担经济损失并受相应处分。

案例 6-4 误机（车、船）事故的处理

地陪小张接待接待一个来自上海市的 30 人旅游团，按照旅游接待计划该团游览完贵阳市的景点后，将乘坐 15：54 的 G1421 趟高铁赴昆明市。一些游客认为午饭后离高铁开车还有较长时间，计划景点都已经游览完了，希望小张能安排一个购物中心，给大家一点自由活动的时间，顺便买一些旅游纪念品。于是小张在 13：00 将旅游团带到市中心购物，要求游客 14：00 集合上车。14：00 全团上车后发现少了两名客人。于是小张让领队照顾全团在车上等候，自己和全陪分头去找这两名客人。等找到客人，回到车上时，已经 15：20。驾驶员立即开车，可是汽车抵达高铁站时，高铁已经驶离站台。

1）分析此次事故的性质及其造成的损失。

2）分析造成这次误车事故的原因。

3）事故发生后，地陪小张应该采取什么补救措施？

案例分析：

1）此次事故属于责任事故，属于严重的旅游服务缺陷。造成如下损失：

第一，使游客被迫减少或取消在昆明市的活动。

第二，给旅行社和导游人员造成经济损失。

第三，影响旅游服务质量，损害旅行社信誉。

2）造成此次误车事故的原因是：

第一，日程安排不当。旅游团快离开时，不应该安排旅游团到范围广、地域复杂的景点参观游览，不安排旅游团到热闹的地方购物或自由活动。

第二，地陪、全陪不应该分头去找人，而是地陪应将车票交给全陪，请他带团先前往高铁站；地陪去寻找未归者，找到后坐出租车等赶往高铁站。

3）地陪小张应该采取的补救措施为：

第一，立即与车站调度室联系，商量怎样尽早让旅行团离开本地前往昆明。

第二，立即报告旅行社领导，请示处理意见。

第三，如果该团当天走不了，请旅行社有关部门安排好该团的食宿。

第四，请旅行社有关部门通知昆明的接待旅行社，该团不能按原计划抵达昆明市，以免造成空接。

第五，安排好该团离开贵阳市前的游览活动，妥善处理好游客的行李。

第六，离开贵阳市的车次确定后，提醒内勤及时通知昆明市接待旅行社。

第四节　旅游活动计划和日程变更的处理

一、游客要求改变计划或活动日程

游客到达旅游目的地后，由于种种原因要求变更旅游接待计划或活动日程，导游人员一般应婉言拒绝，说明地接社不能单方面不执行旅游合同。如果遇到特殊情况或者是领队提出此类要求，导游人员不能当场拒绝，而应报告组团社或接待社有关人员，必须经有关部门同意，并按照其知识和具体要求做好变更工作。

二、客观原因造成计划和日程的变更

（一）延长活动日程的处理

旅游团提前抵达或者推迟离开，就会造成游览时间延长。旅行社和导游人员应立即行动，正确处理。

（1）与旅行社有关部门联系，重新落实该团用餐、用房、用车的安排及票据的核实。

（2）调整活动日程，经组团社同意后，酌情增加游览景点，适当延长在景点的游览时间，努力使活动内容更加充实。

（3）如系推迟离开本站，要及时通知下一站（也可提醒旅行社有关部门与下一站联系）。

（4）在变更活动日程时，地陪导游应征求领队和全陪的意见与要求，必要时还应请旅游团中有权威的游客代表共同商议，取得他们的支持与帮助。接待计划变更后应及时通知旅游团全体团员并争取大家的理解与配合。

（二）缩短活动日程的处理

旅游团提前离开或推迟抵达，都会缩短在一地的游览时间，面对这种情况，导游人员应积极应对。

（1）尽量抓紧时间，将计划内的参观游览安排完成；若确有困难，要有应变计划；突出本地最有代表性、最具特色的旅游景点，力求游客对本地旅游景观有基本了解。

（2）如系提前离开，要及时通知下一站（也可提醒旅行社有关部门与下一站联系）。

（3）向旅行社领导及有关部门报告，与饭店、车队联系，及时办理退餐、退房、退车等事宜。如系提前离开的情况，做好交通票据的变更与核实。

（4）如果是由于接待社方面的原因导致旅游团被迫提前离开，地陪一般应这样处理：

A. 旅游团一到，立即与全陪、领队商量，实事求是地说明情况，提出应变计划。

B. 向旅游团中有影响的团员代表说明情况，诚恳地赔礼道歉，详细介绍应变计划，争取他们的谅解和支持，然后分头做游客的工作，立即带领旅游团进行游览活动。

C. 由地接社办理退房、退餐、退车等相关事宜，通知组团社和下一站接待旅行社。

D. 适当补偿。必要时经旅行社领导同意可加酒、加菜，赠送小纪念品；若游客反应强烈，可由旅行社领导出面表示歉意并提出补偿办法。

（三）逗留时间不变，但被迫改变部分旅游计划

被迫改变部分旅游计划大多数情况下都是由于外界客观原因导致。如地震、泥石流、大雪封山、洪水等，或某一景点正在大修，无法参观。面对此类情况，导游人员应积极采取措施。

（1）导游人员应及早报告组团社，由其决定变更旅游团行程，导游人员遵照执行。

（2）实事求是向团员说明情况，求得谅解与支持。

（3）被迫取消当地的某一活动或由另一活动代替时，地陪导游要以精彩的介绍、新奇的内容和最佳的安排激起团员的兴趣，使新的安排得到团员认可。

（4）在可能的范围内对团员做出适当补偿。

案例 6-5　旅游计划和日程变更的处理

德国 YT-011 团按照计划应于 10 月 17 日 11：20 乘机飞往 H 市。由于票务人员的疏忽，为该团订错了航班，起飞时间为 17 日 17：15。16 日早餐后，地陪在送团前核实航班时发现了该问题并将此情况告诉了游客。该团游客获悉航班改变的消息，反应强烈，稍后通过领队向地陪提出了口头投诉。在饭店大堂，该旅游团中一位游客告诉地陪，他刚向航空公司询问过，原航班还有票，请他尽快和旅行社联系改票。

针对上述情况，地陪应按哪些方式和步骤处理此事？

案例分析：

此案例中既有导游人员知道情况后的处理方式问题，还有处理游客口头投诉的问题及延长在一地游览时间的问题，地陪的正确处理过程如下。

1）知道订错航班后的处理方式应该是：

（1）应先与领队与全陪协调，以求得领队和全陪的配合，没有最终结果前，不要向全团宣布。

（2）立即向接待社报告。

2）对待口头投诉要：

（1）认真倾听。

（2）向航空公司核实原航班是否有票。

（3）将核实情况如实向旅行社汇报。

3）对所有游客说明订票有误的正确处理方式是：

如原航班有票：

（1）督促票务人员换票。

（2）向游客赔礼道歉。

（3）采取措施消除游客的不满情绪。

如原航班无票：

（1）向游客实事求是说明情况，耐心解释、道歉。

（2）及时将变动情况报告组团社。

（3）必要时请旅行社领导出面道歉。

（4）安排好17日午餐，并适当加菜或赠送小纪念品。
（5）增加游览景点，充实活动内容。
（6）及时通知下一站（H市）接待旅行社，避免空接。

第五节 物品遗失问题的预防和处理

一、游客证件、钱物、行李遗失的预防

旅行期间，游客丢失证件、钱物、行李的现象时有发生，这不仅会给游客造成诸多不便和一定的经济损失，而且也会给导游人员的工作带来不少麻烦和困难。因此，导游人员应经常关注游客这方面的安全，采取各种措施预防这类事故的发生。

（一）多做提醒工作

（1）参观游览时，提醒游客带好随身物品和提包。
（2）在热闹、拥挤的场所或购物时，提醒游客保管好自己的钱包、提包和贵重物品。
（3）离开饭店时，应提醒游客带好自己随身携带的行李物品，检查是否带齐了旅行证件，检查是否有贵重物品忘在客房未拿。
（4）下车时提醒游客不要将贵重物品留在车上。

（二）及时归还证件

在工作中需要游客的证件时，要由领队收取，用完后立即如数归还，不要代为保管；还要提醒游客保管好自己的证件。

（三）其他注意事项

切实做好每次行李的清点、交接工作。每次游客下车后，要提醒司机清车、关窗并锁好车门。

二、游客证件遗失的处理

游客证件遗失，导游人员要安慰游客，引导游客冷静地回忆，详细了解丢失情况，找出线索，尽量协助寻找。如确认丢失，马上报告公安部门、组团社和地接社，根据旅行社的安排，协助游客向有关部门报失，并办理相关手续，补办必要的证件。所需费用由责任人承担，若是游客自己丢失则由游客自理。具体证件补办程序如下。

（一）遗失外国护照及签证

首先，由旅游行社出具证明。
其次，请失主准备照片。
再次，失主本人持证明去当地公安局（外国人出入境管理处）报失，由公安局出具证明。
最后，游客持公安局的证明去所在国驻华使领馆申请补办新护照。领到新护照后，游客需要再去公安局办理签证手续。

注意，各国在办理相关证件及签证时会有一些临时调整的规定，导游人员要提前了解情况，指导游客办理相关手续。

（二）遗失团体签证

第一，由接待社开具遗失公函。

第二，准备原团体签证复印件（副本）。

第三，重新准备与原团体签证格式、内容相同的该团人员名单。

第四，收齐该团全体游客护照。

第五，持以上证明材料到公安局出入境管理处报失，并填写有关申请表（由一人填写，其他成员附名单），到公安局（外国人出入境管理处）进行补办。

（三）遗失中国护照和签证

1. 华侨遗失护照和签证

补办的具体程序为：

首先，地接社开具遗失证明。

其次，失主准备照片。

再次，失主持遗失证明、照片到公安局出入境管理处报失并申请办理新护照。

最后，拿到新护照后，失主持新护照去其侨居国驻华使领馆办理入境签证手续。

2. 中国公民出境旅游时遗失护照、签证

首先，请领队协助，请当地地接社导游人员协助由接待社开具遗失证明。

其次，持遗失证明到当地公安机构报案，取得公安机关的报案证明。

再次，失主持报案证明和失主照片及有关护照资料到我国驻该国使、领馆领取中华人民共和国旅行证。

最后，回国后，可凭中华人民共和国旅行证和境外警方的报失证明，申请补发新护照。

（四）遗失"港澳居民来往内地通行证"

首先，失主立即持当地接待社开具的遗失证明向遗失地公安局派出所报失，并取得报失证明。

其次，凭报失证明到当地公安机关出入境管理处申请领取赴港澳证件。

再次，公安局出入境管理处核实身份后，将给遗失人签发一次性"中华人民共和国入出境通行证"。

最后，失主持该入出境通行证回港澳地区后，填写港澳居民来往内地通行证件遗失登记表和申请表，凭本人的港澳居民身份证，向通行证受理机关申请补发新的通行证。

（五）丢失台胞旅行证明

根据2015年《中国公民往来台湾地区管理办法》第二十七条规定：台湾居民在大陆遗失旅行证件，应当向当地的市、县公安机关报失；经调查属实的，可以允许重新申请领取相应的旅行证件，或者发给一次性有效的出境通行证件。

（六）丢失中华人民共和国居民身份证

由当地接待社核实后开具证明，失主持证明到当地公安局报失，经核实后开具身份证明，机场安检人员核准放行。遗失身份证的游客，回到居住地后，向居住地派出所申请办理新身份证。

案例 6-6 游客证件遗失的处理

某旅游团从 A 地飞往 B 地，在 A 地机场办理登机手续时，被要求检查护照。全陪匆匆地向游客收取护照，办理完登机手续后，他随手将护照递给了领队，自己给游客分发登机卡。到 B 地后，游客彼得告诉全陪他的护照不见了，还说在 A 地机场收护照后好像没有还给他，但领队说他肯定将护照还给了彼得。请问：

1）在 A 地机场，全陪的行为有哪些不妥？
2）导游人员怎样处理游客丢失护照的问题？
3）什么是导游人员对待游客的护照等证件的正确态度？

案例分析：

1）在 A 地机场，全陪的做法确有不妥之处：
（1）需要证件时不应由全陪而应由领队直接向游客收取，用完后应将证件交还领队，且应当面点数。
（2）发登机卡不应是全陪，而是领队。

2）游客丢失护照的处理过程是：
（1）问清情况，帮助游客回忆，是真的没有收到护照还是遗忘在什么地方。
（2）与领队联系，是没有将护照还给游客还是确实已经还给他了，以求分清责任。
（3）与领队一起协助游客寻找护照。
（4）确定护照遗失，地方接待旅行社要开具遗失护照证明。
（5）失主持旅行社开具的证明到当地公安局挂失并开具遗失证明。
（6）失主持公安局的遗失证明到他所在国的驻华使、领馆申请领取新护照或临时证件。
（7）领到新证件后要到我国省、市、自治区级公安局或派出机构办理签证手续。
（8）费用问题待分清责任后再处理。

3）对海外游客的证件，导游人员的正确做法是：
（1）不保管游客的护照等证件。
（2）需要时由领队收取，中方导游人员在接收证件时要点清数目，用完后立即将证件交还领队并点清数目。
（3）旅游团离开本地或离境时，导游人员要检查自己的行李，若有游客的证件，立即归还。

三、钱物、贵重物品遗失的处理

（一）遗失钱物的处理

首先，发现游客遗失钱物时，导游人员应稳定失主情绪，详细了解钱物遗失的情况，分析遗失的可能时间和地点并积极帮助寻找。

其次，若丢失的是入关时登记须复带出关的物品，接待社要出具证明。失主持证明到当地公安局开具遗失证明，以备出关时查验或向保险公司索赔。

（二）贵重物品丢失的处理

首先，导游人员应立即协助游客向公安部门和保险公司报案。协助有关人员查清线索，力争破案，找回遗失物品，挽回不良影响。

其次，若找不回贵重物品，导游人员应协助失主持旅行社证明到当地公安局开具失盗证明书，以便出关时查验（如果贵重物品入关时向海关做过申报并须附带出关的物品）或向保险公司索赔（导游人员应提醒遗失物品的游客，如果已为该贵重物品购买过保险，一定要在所投保保险公司规定的时间内向保险公司报失）。

再次，若遗失物品是旅行支票、信用卡等票证，在向公安机关报失的同时也要及时向有关银行挂失。

最后，要提供热情周到的服务，以缓解失主的不快情绪。

案例 6-7 贵重物品遗失的处理

导游人员小夏接待的某旅游团原计划于 2017 年 10 月 20 日 16：20 乘航班 CZ6295 由贵阳市飞抵广州市。19 日晚饭后，小夏突然接到内勤通知，该团因故必须乘 20 日 7：55 的航班 CZ3661 提前离开贵阳市。该团即将抵达机场时，团员张某神色慌张地告诉小夏，她将一条钻石项链放在枕头下面，因离店时匆忙，忘记取出，要求立即返回饭店。

1）在此情况下小夏接到内勤变更通知后，应如何处理？
2）得知张某将项链遗失时又该如何处理？

案例分析：

1）小夏接到内勤变更通知后，应做如下处理。

导游人员接到通知后应：

（1）立即与全陪联系。

（2）对领队和团中有影响人士实事求是地说明情况，诚恳地赔礼道歉，求得他们的谅解和支持；然后分别做全团的工作。

（3）请旅行社领导出面说明情况并道歉；经领导批准，赠送纪念品。

待旅游团基本安定后，导游人员要：

（1）通知饭店有关部门，协助饭店与有关游客结清账目。

（2）与领队商定第二天叫早、出行李、用早餐和出发的时间，由领队向大家宣布。

（3）提醒旅行社通知下一站接待旅行社。

2）得知张某将项链遗忘在饭店房间的枕头下的事后，导游人员应：

（1）阻止张某返回饭店寻找项链，并说明原因。

（2）用手机或到机场后立即与饭店联系（或通过旅行社与饭店联系），请其协助寻找。

（3）找到项链后，请饭店或旅行社立即派人将项链送到机场，交还张某；如果时间来不及，请他们将项链送到下一站旅游团下榻的饭店；将找到项链的消息告诉张某并告知处理办法；所需费用由张某自理；如果找不到项链，表示歉意，让她详细回忆，让饭店继续寻找。

（4）钻石项链是贵重物品，确定找不到时，地陪要让旅行社开具遗失证明，再到当地公安局挂失，开具证明，设法送交张某，以便她出中国海关及回国后向保险公司索赔。

四、行李丢失的处理

（一）来华途中行李丢失

海外游客的行李在来华途中丢失，并不是导游人员的责任，但也应该尽力帮助游客追回行李。

首先，导游人员应立即带失主到机场失物登记处办理行李丢失和认领手续。具体程序如下：失主必须出示机票、登机牌、行李牌，向工作人员详细说明始发站、转运站，详细说清丢失行李的件数、大小、形状、颜色、标记、特征等，并一一填入失物登记表。将失主下榻饭店、旅行社及导游人员的电话号码留给航空公司工作人员，并记下登记处电话和联系人姓名，记下有关航空公司办事处的地址、电话、联系人，以便联系。

其次，在当地游览期间，导游人员要经常打电话询问寻找情况；若一时找不回，要协助失主购置必要的生活用品。

再次，若离开本地前行李仍未找到，导游应将全程线路、接待游客的旅行社名称和下榻饭店转告有关航空公司，以便找到后及时运往最相宜地点交还失主。

最后，如行李确系丢失，失主可向有关航空公司索赔或按国际惯例取得赔偿。

（二）在中国境内丢失行李

（1）在机场丢失行李。如果游客出站前领取行李，就找不到托运的行李，则有可能是上一站行李交接或机场行李托运过程中出现差错，应采取以下措施：全陪应马上带领失主去失物登记处办理行李丢失和认领手续，由失主出示机票和行李牌，填写行李丢失登记表；地陪应立即向旅行社汇报，请安排有关部门和人员与机场上一站旅行社、民航等单位联系，积极寻找。

（2）如果抵达饭店后，游客告知没有拿到行李，问题可能出在饭店内或本地交接运送行李的过程中，这时地陪应采取以下措施：

首先，地陪和全陪、领队一起先在本团内寻找，看是否饭店行李员送错了房间或本团客人拿错了行李。

其次，如找不到，就应与饭店行李部门迅速取得联系，请其设法寻找；如饭店行李部门的工作人员找不到，应向旅行社汇报，请其派人了解旅行社行李员有关情况，设法寻找。

发生行李丢失后，导游人员要主动做好失主的工作，向失主表示歉意，帮其解决因丢失行李所造成的生活困难；经常与有关方面联系，询问查找进展情况；如行李找回，及时将找回来的行李归还给失主；若已确认行李丢失，由责任方负责人出面向失主说明情况，并表示歉意，帮助失主根据有关规定或惯例向有关部门索赔；事后写出书面报告（包括行李丢失的经过、原因、查找的经过、游客和失主的反映等）。

第七节　游客走失的预防和处理

一、游客走失的原因分析

一般来说，造成游客走失的原因主要有以下三个：

第一，导游人员没有向游客讲清车号、停车位置或景点的游览路线。

第二，游客对某种现象和事物产生兴趣，或在某处滞留时间较长而脱离了团队自己走失。

第三，游客在自由活动、外出购物时，因没有记清地址和路线而走失。

无论是哪种原因，都会影响游客情绪，有损带团质量。导游人员只要有责任心、肯下功夫，就可以降低这些事故发生的概率。一旦发生这种事故，导游人员要立即采取有效措施挽回不良影响。

二、游客走失事故的预防

游客走失不一定是导游人员的责任，但与导游人员责任心不强、工作不细致有很大关系。为防止游客走失，导游人员要做好提醒工作，同时做好各项活动安排的预报。

（一）做好提醒工作

（1）提醒游客记住接待社名称、导游人员联系方式，并提醒游客记住下榻饭店名称、电话号码、带上饭店的地址等。

（2）团队游览时，提醒游客不要走散，并经常清点人数。

（3）自由活动时，提醒游客不要走得太远；不要回饭店太晚；不要去热闹、拥挤、秩序混乱的地方。

（二）做好各项活动的安排和预报

（1）每天在出发前或旅游车离开饭店后，导游人员都要向游客报告一天的行程，上午、下午游览点和吃中餐、晚餐餐厅的名称、地址及就餐时间。

（2）下车前应提醒全体游客记住旅游车的车牌号及车的特征，强调集合时间。下车后提醒游客记住停车地点，熟悉周边环境。

（3）进入景点后，导游人员应在景点导游图前，向游客介绍游览路线、所需时间，集合的时间、地点等。

（4）游览过程中随时提醒游客跟上队伍，不要走散。

（三）做好导游集体之间的配合

地陪、全陪和领队要密切配合。地陪要以高超的导游技巧和丰富的讲解内容吸引游客。全陪和领队要主动负责做好旅游团的断后工作。

三、游客走失的处理

(一) 游览活动中游客走失

(1) 了解情况,迅速寻找。导游人员立即向本团的其他游客或景点工作人员了解情况,全陪、地陪、领队密切配合。一般情况下,请领队、全陪迅速分头去寻找,地陪应带领其他游客继续游览。

(2) 立即向有关部门报告并争取协助。经过认真寻找仍找不到走失者,导游人员应立即向景区的派出所和管理部门求助。在面积较大、范围广、出口多的旅游景区,因寻找工作量大,争取当地有关部门的帮助尤其重要。

(3) 与下榻饭店联系。导游人员可与旅游团下榻饭店前台和楼层服务台联系,询问走失者是否已回饭店。

(4) 向旅行社报告。若采取上述措施仍找不到走失者,应及时报告旅行社并请求帮助,必要时经领导同意向公安部门报案。

(5) 做好善后工作。找到走失者后,应分析走失原因,若是导游的责任,应向游客赔礼道歉;若是游客的责任,应对其进行安慰,讲清利害关系,提醒今后注意。

(6) 写出事故报告。若发生严重走失事故,地陪应写出书面报告。内容有走失经过、寻找经过、走失原因、善后处理及游客反映。

(二) 游客在自由活动中走失

(1) 立即报告旅行社。游客自己外出时走失,导游人员得到信息,要立即报告旅行社,请求指示和协助。可通过接待社有关部门通报辖区的公安局、派出所和交通部门,尽量详尽地提供走失者的特征和相关情况,请求沿途寻找。

(2) 做好安抚及善后工作。找回走失者后,导游人员应问清情况并予以安抚,稳定其情绪;必要时提出善意的批评,并提醒全团引以为戒,避免此类事故再次发生。

(3) 游客走失后若出现其他情况,应视具体情况作为治安事故或其他事故处理。

(4) 写出书面报告。

案例 6-8　游客走失的处理

2017年暑假,由80人组成的凯里中学生旅游团游览北京。旅游团分乘两辆车前往颐和园,到达颐和园时,入口处已是人山人海。两位地陪商量后,决定A车学生从东宫门进,B车学生由北如意门入园,三个小时后在新建宫门口集合。两个小时后,A车一行40人游览了石舫,地陪清点人数,40名游客都在现场,便带团登船前往东岸文昌阁。船抵码头,游客陆续下船,地陪一点人数,少了4名喜欢照相的学生,且4人都没有联系方式,这下带队的老师、全陪和地陪都着急了。请问:

1) 分析案例中游客走失的原因。
2) 说明游客走失的处理程序。

案例分析:

1) 游客走失的原因如下:

（1）地陪没有预报行程，地陪没有向学生讲清楚两车人员分别进入颐和园，分路活动，致使一路照相的4人以为后面还有大队人马没有过来，造成走失。

（2）地陪有点凭经验办事，以为刚点完人数，大家都会跟着上船的，上船后没有再清点人数，致使4人走失。

（3）地陪没有安排全陪或带队老师殿后，也没有向游客反复强调跟上团队。

（4）地陪应将手机号码告诉游客，以备不时之需，可地陪没有这样做。

2）游客走失后，地陪的处理程序应是：

（1）立即寻找，发现游客走失，地陪应请老师与全陪回原路分头寻找，自己则继续带领其他学生参观游览。

（2）请求协助，认真寻找后仍找不到走失者，就应求助于景点管理处和景点派出所，请求广播找人或请管理处通知景点工作人员帮助寻找。

（3）与饭店联系，寻找一段时间后，地陪可与旅游团下榻饭店联系，查询走失者是否已自行返回饭店。

（4）报告旅行社，仍然找不到走失者时，地陪应将走失情况报告接待旅行社，必要时拨打110报案。

（5）善后工作，找到走失者后，要予以安慰，不可指责、训斥，但要提醒走失者或其他游客多加注意，以免再次发生走失事故；如果发生其他事故，按事故性质妥善处理。

（6）写出书面报告。

第八节 游客患病、死亡问题的预防和处理

一、游客患病的原因

（1）由于旅途的劳累导致抵抗力下降，使游客感到身体不适。

（2）由于游客不适应旅游目的地气候冷暖的变化，引起一些疾病的发生。

（3）由于水土不服，使游客在身体和心理上均感到不适。生活环境条件差异，饮食等方面的较大差异，也可能让游客不适应，导致生病并引发原有的慢性病。

（4）由于团队旅游行程较紧凑，不可能满足每位游客的生活习惯，导致游客的起居习惯的改变，游客也会感到不适，甚至会生病。

（5）游客抵达前已身体不适，或由于年龄问题，或有某些慢性病，由于注意不够而产生突发疾病。

综上所述，旅途劳累、气候变化、水土不服或饮食起居不习惯，尤其是年老体弱者难免会感到身体不适，导致患病，甚至出现病危情况。这就需要导游人员从多方面了解游客的身体状况，照顾好他们的生活，经常关心、提醒游客注意饮食卫生，避免人为原因致使游客生病；导游人员应该学习预防和治疗旅行常见病的知识，掌握紧急救护的方法，以便在关键时刻为游客的救治争取时间，但是，导游人员一定不得随意将自备药品提供给患者服用。

二、游客患病的预防

（一）接待前的预防工作

导游人员在接到接团任务后，首先要认真研究接待计划，通过接待计划了解本团成员的年龄、居住地及身体状况。要根据旅游团的具体情况，合理安排游览活动。

（二）接待中的预防工作

通过领队、全陪了解团内有无需要照顾的患病游客；通过察言观色，对身体肥胖、动作缓慢、瘦弱、费力、面部表情和举止异常的游客多关心，预防突发疾病的发生。

（三）活动安排中的预防工作

导游人员根据旅游团成员的年龄、身体状况周密安排游览活动。
（1）制订计划、安排活动日程时要留有余地，做到劳逸结合。
（2）同日参观游览的项目不能太多，体力消耗大的项目不要集中安排。
（3）晚间活动安排的时间不宜过长。

（四）做好提醒、预报工作

根据当天的天气预报，应提醒游客增减衣服、携带雨具、穿戴适宜的鞋帽；提醒游客注意饮食卫生，不吃不洁食品，不喝生水；气候干燥或在盛夏时，提醒游客多喝水；适当调整游览时间，以保证游客有充分的休息时间。

三、游客患病的处理

（一）游客患一般疾病的处理

经常有游客在旅游期间感到身体不适或患一般疾病，如感冒、发烧、水土不服、晕车、失眠、便秘、腹泻等，这时导游人员应该注意以下几个方面：
（1）劝其及早就医并多休息。在游览过程中，导游人员要随时观察游客的神态、气色等，如果发现游客有病态，要多加关心，照顾其坐在舒服的座位上，或劝其及早就医并多留饭店或车上休息。
（2）关心游客的病情。如果游客留在饭店休息，导游人员应前去询问身体状况并安排好用餐，必要时可通知餐厅为其提供送餐服务。
（3）必要时导游人员可陪同游客前往医院就医，向游客讲清看病费用自理，并提醒其保存诊断证明和收据。
（4）严禁导游人员擅自给患者用药。

（二）游客患重病的处理

1. 前往景点途中突然患病

游客在去旅游景点途中突然患病，导游人员应该做到以下几点：
（1）在征得患者、患者亲友和领队同意后，立即将患重病的游客就近送往医院治疗，或拦截其他车辆将其送往医院。必要时，暂时中止旅行，用旅游车将患者直接送往医院。

（2）及时将情况通知旅行社有关人员。

（3）一般由全陪、领队、病人亲友同往医院。如无全陪和领队，地陪应立即通知旅行社请求帮助。

2. 在参观游览时突然患病

（1）不要搬动患病游客，让其坐下或躺下。

（2）立即拨打电话叫救护车（120）。

（3）向景区景点工作人员或管理部门请求帮助。

（4）及时向接待社领导及有关人员报告。

3. 在饭店突然患病

游客在饭店突患重病，先由饭店医务人员抢救，然后送往医院，并将其情况及时汇报给旅行社领导。

4. 在向异地转移途中突患重病

在乘坐飞机、火车或轮船前往下一站的途中游客突患重病：

（1）全陪应请求乘务人员的帮助，在乘客中寻找医务人员。

（2）通知下一站旅行社做好抢救的各项准备工作。

5. 处理要点

（1）游客病危，应立即协同领队和患者亲友送病人去急救中心或医院抢救，或请医生前来抢救。

（2）患者若是国际急救组织的投保者，还应提醒领队或亲属及时与该组织的代理机构联系。

（3）患者在抢救过程中，需要领队或患者亲友在场，并详细记录患者患病前后的症状及治疗情况，并请接待社领导到现场或与接待社保持联系，随时汇报患者情况。

（4）如果需要手术，必须征得患者亲属的同意，如果亲属不在，需由领队同意并签字。

（5）若患者病危，其亲属不在身边时，导游人员应提醒领队及时通知患者亲属，若患者亲属系外籍人士，应提醒领队通知所在地使领馆。患者亲属来到后，导游人员应协助其解决生活方面的问题。若找不到亲属，一切按使领馆的书面意见处理。

（6）有关诊治、抢救或动手术的书面材料，应由主治医师出具证明并签字，要妥善保存。

（7）地陪应请求旅行社领导派人帮助照顾患者，办理医院的相关事宜，同时安排好旅游团继续按计划活动，不得将全团的活动中断。

（8）患者转危为安但仍需住院治疗，不能随团离境时，旅行社的领导和地陪应去医院探望患者，应帮助患者办理分离签证、延期签证以及出院、回国手续及交通票证等善后事宜。

（9）有关费用的规定：患者住院及医疗费用自理。患者离团住院时未享受服务项目费用按规定退给游客，综合服务费由旅行社之间结算，按规定退还本人。患者亲属在华期间的一切费用自理。

四、游客死亡的处理

如果游客在游览过程中出现死亡的情况时,不管什么原因,导游人员应立即向当地接待社报告,按当地接待社领导的指示做好善后工作。同时,应稳定其他游客的情绪,并继续做好旅游团的接待工作。

(1)如死者的亲属不在身边,导游人员必须立即通知其亲属;如死者的亲属系外籍人士,应提醒领队或经由外事部门及早通知死者所属国驻华使领馆。

(2)如果游客是因病死亡,需由参加抢救的医师向死者的亲属、领队及死者的好友详细报告抢救经过,并写出抢救经过报告、死亡诊断证明书,由主治医师签字后盖章并复印,分别交给死者的亲属、领队和旅行社。

(3)如果是非正常死亡,导游人员要保护好现场,立刻向公安机关和旅行社报告,协助查明死因。对死者一般不做尸体解剖,如要求解剖尸体,应由死者的亲属或领队提出书面申请,经医院同意后方可进行。

(4)死者的遗物由其亲属或领队、死者生前好友代表、全陪、接待社代表共同清点,列出清单,一式两份,上述人员签字后分别保存。遗物由死者的亲属或领队带回或交使领馆。

(5)死亡原因确认后,如需要,在与领队、死者亲属协商一致的基础上,请领队向全团宣布死者的死亡原因、抢救经过。

(6)遗体的处理,一般以在当地火化为宜。遗体火化前,应由死者的亲属或领队,或所在国驻华使领馆写出"火化申请书"并签字后进行火化。

(7)死者遗体由领队、死者亲属护送火化后,火葬场将死者的火化证明书交给领队或死者亲属;我国民政部门发给对方携带骨灰出境证明。各有关事项的办理,我方应予以协助。

(8)若死者的亲属要求将遗体运送回国,除需办理上述手续外,还应由医院对尸体进行防腐处理,由殡仪馆装殓,并发给装殓证明书(灵柩要用铁皮密封,外廓要包装结实)。如游客的死亡地点不是出境口岸,应由地方检疫机关发给死亡地点至出境口岸的检疫证明"外国人运带灵柩(骨灰)许可证",然后由出境口岸检疫机关发给中华人民共和国××检疫站"尸体/灵柩进/出境许可证",再到死者所持护照国驻华使领馆办理一张遗体灵柩经由国家的通行护照,此证随灵柩同行。

(9)有关抢救死者的医疗、火化、尸体运送、交通等各项费用,一律由死者亲属或该团队交付。

(10)死者在生前已办理人寿保险的,我方应协助死者亲属办理人寿保险索赔,医疗费报销等有关证明。

(11)出现因病死亡事件后,除领队、死者亲属和旅行社代表负责处理外,其余团员应当由代理领队带领仍按原计划参观游览。至于旅行社派何人处理死亡事故,何人负责团队游览活动,一律请示旅行社领导决定。

案例6-9 游客死亡的处理

12月23日早上,全陪发现一位每天准时用早餐的住单人房间的游客没有来吃早饭,他有点纳闷,但以为游客已起身外出散步,没有在意。集合登车时还没有见此游客,他就找领队询问，领队也不知道。全陪给游客的房间打电话，铃响了好久也没人接听。全陪便请领队和他一起到游客的房间寻找。他们敲门无人答应，推门发现门锁着。于是他们问楼层服务员是否看到这位游客外出，服务员回答说没见人外出。于是他们决定请服务员打开门。一进门，发现游客已死在床上。两人吓得跑到前厅，惊恐地告诉大家该游客死亡的消息。地陪当即决定取消当天的游览活动，并赶紧打电话向地方接待旅行社报告消息，请领导前来处理问题。然后就在前厅走来走去，紧张地等待领导。

1）此次事件中，全陪和地陪在哪些方面做得不妥？
2）此次事件中，导游人员应该如何正确处理？

案例分析：

1）此次事件中，全陪和地陪在以下几个方面做得不妥。

全陪的不妥之处：

（1）发现游客死亡时，不应该与领队同时跑下来。
（2）不应该惊恐地向全体游客宣布游客死讯。

地陪的不妥之处：

（1）不应该立即宣布取消当天的游览活动。
（2）不应该在大厅焦急地等待旅行社领导而不管其他游客。
（3）没有向公安局报案。

2）此次事件中，导游人员应采取以下措施：

（1）全陪和领队应有一人留在原地与楼层服务员一起保护现场。
（2）全陪、领队应与地陪商量后再向游客宣布死讯。
（3）应安定其他游客的情绪。
（4）地陪（或由旅行社另派地陪）应继续带团到预定地点游览。
（5）在通知旅行社的同时要通知饭店保卫部门。
（6）向旅行社领导做翔实报告。
（7）有关部门来调查时，应积极配合。

第九节 旅游突发事件的预防和处理

一、旅游突发事件概述

（一）概 念

2016年，中华人民共和国国家旅游局第41号令《旅游安全管理办法》第三十九条规定：旅游突发事件，是指突然发生，造成或者可能造成游客人身伤亡、财产损失，需要采取应急处置措施予以应对的自然灾害、事故灾难、公共卫生事件和社会安全事件。

（二）等 级

根据旅游突发事件的性质、危害程度、可控性以及造成或者可能造成的影响，《旅游安全管理办法》中将旅游突发事件分为特别重大、重大、较大和一般四级。具体规定如下：

第四十条规定特别重大旅游突发事件是指下列情形：

① 造成或者可能造成人员死亡（含失踪）30人以上或者重伤100人以上；

② 游客500人以上滞留超过24小时，并对当地生产生活秩序造成严重影响；

③ 其他在境内外产生特别重大影响，并对游客人身、财产安全造成特别重大威胁的事件。

第四十一条规定重大旅游突发事件是指下列情形：

① 造成或者可能造成人员死亡（含失踪）10人以上、30人以下或者重伤50人以上、100人以下；

② 游客200人以上滞留超过24小时，对当地生产生活秩序造成较严重影响；

③ 其他在境内外产生重大影响，并对游客人身、财产安全造成重大威胁的事件。

第四十二条规定较大旅游突发事件是指下列情形：

① 造成或者可能造成人员死亡（含失踪）3人以上10人以下或者重伤10人以上、50人以下；

② 游客50人以上、200人以下滞留超过24小时，并对当地生产生活秩序造成较大影响；

③ 其他在境内外产生较大影响，并对游客人身、财产安全造成较大威胁的事件。

第四十三条规定一般旅游突发事件是指下列情形：

① 造成或者可能造成人员死亡（含失踪）3人以下或者重伤10人以下；

② 游客50人以下滞留超过24小时，并对当地生产生活秩序造成一定影响；

③ 其他在境内外产生一定影响，并对游客人身、财产安全造成一定威胁的事件。

（三）旅游突发事件的处理原则

旅游突发事件发生后，导游人员与有关人员一道全力以赴进行救援，采取一切可能的手段，尽最大的努力，减少人员伤亡和财物的损失，把事故造成的人员伤害、财物损失和不利影响降低到最小限度，保护游客的基本权益，维护我国旅游业的声誉。在旅游突发事件的善后处理工作中，应恪守保护游客的基本权利和利益为第一的原则。在具体工作中要遵循下述基本原则：

1. 依法办事

善后事宜的处理，要依据我国现行的法律、规定、条例和制度办理，要依法办事，要言出有据，不能凭主观臆断，避免引发新的麻烦和扩大事端。

2. 尊重当事人的意愿

在不违反法律规定的情况下，各项具体事宜的处理，要尽可能地尊重伤亡人员及其家属的意愿，不要激化矛盾。

3. 尽早开放现场

造成海外游客伤亡事故的现场取证工作，要尽可能赶在伤亡人员家属来到现场之前完成，尽可能早地对外开放现场，以减少外界的无端猜疑。

4. 尊重当事人本人及其所在国家和地区的风俗习惯

在善后处理工作中，一定要考虑伤亡者所在国家、地区和民族的风俗习惯以及宗教信仰。

二、旅游活动中常见的旅游突发事件的预防和处理

旅行社接待过程中可能发生的旅游突发事件，主要包括交通事故、治安事故、火灾事故、食物中毒等。

这些事故的发生一般带有突发性，往往是导游人员和游客始料不及的，一旦发生，后果较为严重。为此，导游人员在接待服务全过程中，务必贯彻落实"安全第一，预防为主"的方针，真正树立"没有安全，便没有旅游业的发展"的观念，确保旅游工作安全。

（一）交通事故的预防与处理

1. 交通事故的预防

在旅游活动中发生交通事故，虽然不是导游人员所能预料和控制的，但是导游人员在接待工作中应该具有安全意识，协助司机做好行车安全工作，预防交通事故的发生。

（1）在接团前，导游人员应与司机联系，同时提醒司机检查车辆，发现事故隐患及时提出更换车辆的建议。

（2）在安排活动日程的时间上要留有余地，避免造成司机为抢时间、赶日程而违章、超速行驶和疲劳驾驶。不催促司机开快车。

（3）行车途中，要阻止司机开"英雄车""斗气车"；遇有天气不好（如下雨、下雪、下雾）、交通拥挤、路况不好等情况，要主动提醒司机注意安全，谨慎驾驶。

（4）行车途中，导游人员不要与司机聊天，以免分散其注意力影响其开车。

（5）注意事项：阻止非本车司机开车；提醒司机不要饮酒，如遇司机酒后驾车，导游人员要立即阻止，并向旅行社汇报，请求改派其他车辆或调换司机。

2. 交通事故的处理

遇有交通事故发生，只要导游人员没有负重伤，神智还清楚就应立即采取措施，冷静、果断地处理，并做好善后工作。由于交通事故类型不同，其处理方法也很难统一，但一般情况下，导游人员应当严格按照旅游突发事件处理程序规定，采取如下措施：

（1）立即组织抢救。导游人员应立即组织现场人员迅速抢救受伤的游客，特别是重伤员，进行止血、包扎、上夹板等初步处理，以赢得救治机会。还应立即打电话叫救护车（医疗急救中心电话：120）或拦车送重伤员去就近医院抢救。

（2）严格保护现场，立即报案。事故发生后，不要在忙乱中破坏现场，应指定专人保护现场并立即报案，通知交通、公安部门（交通事故报警电话是122，公安部门报警电话是110）。如果有两名以上导游人员在场，可由一个指挥抢救，一个留下保护现场。如果只有一名导游人员，可请司机或其他熟悉情况的人协助处理，并尽快让游客离开事故车辆，争取尽快派人来现场调查处理。

（3）迅速汇报。地陪应迅速向接待社领导和有关人员报告，讲清事故发生地点、原因、经过及所采取的措施、游客伤亡情况、团内其他游客的反映等，听取领导对下一步工作的指示。

（4）做好游客的安抚工作。事故发生后，交通事故的善后工作将由交运公司和旅行社的领导出面处理。导游人员在积极抢救、安置伤员的同时应及时安定其他游客的情绪，若事故

不是很严重,有可能的话,要组织其他游客继续进行参观游览活动。等事故原因查明后,要慎重地向全团游客说明。

(5)协助有关部门做好善后处理工作。导游人员应积极配合交通、公安部门调查事故原因;协助旅行社有关人员处理善后事宜,如事故原因调查、帮助游客向有关保险公司索赔等。

(6)写出书面报告。在事故处理结束后,导游人员应就事故的原因、经过,抢救经过,伤亡情况,游客的情绪和对处理的反应,事故责任及对责任者的处理等,写出详细的书面报告交旅行社领导。

案例 6-10　交通事故的处理

2017年12月30日上午,导游小王按旅游接待计划带领40人旅游团前往西江千户苗寨参观游览,旅游车行驶途中遇到重大交通事故并有半数以上客人受伤。请问:作为地陪,小王应该怎么处理?

案例分析:

地陪小王处理上述交通事故应采取的步骤是:

(1)立即组织现场人员抢救伤员,特别是重伤员。
(2)保护现场,尽快报告公安交通管理部门,查清事故原因,分清责任。
(3)就近将伤员送往医院后,立即向接待社报告、请示。
(4)除领队和伤员亲友及我方一名导游人员留医院外,应尽可能使其他客人按原定日程继续活动。
(5)做好善后工作。由有关部门及旅行社领导出面,请医院出具诊断治疗证明,请公安交通部门出具交通事故证明,供客人及旅行社方面向保险公司索赔。
(6)事后,导游应写出事故报告,包括:出事时间、地点、原因、程度、处理经过及涉及的人员情况等。

(二)治安事故的预防与处理

在旅游活动过程中,遇到坏人行凶、诈骗、偷窃、抢劫,导致游客身心及财物受到不同程度的损害,统称治安事故。

1. 治安事故的预防

导游人员在接待服务中要时刻警惕,可采取有效的措施预防治安事故的发生。

(1)住店前,提醒游客不要将房号随便告诉陌生人;不要让陌生人或自称饭店的维修人员随便进入房间;尤其是夜间不可贸然开门,以防止意外;出入房间一定要锁好门。
(2)入住饭店时,导游人员应建议游客将贵重财物存入饭店保险柜,不要随身携带大量现金或将大量现金放在房间内。
(3)提醒游客不要与私人兑换外币,并讲清关于我国外汇管制的规定等。
(4)每当离开游览车时,导游人员要提醒游客不要将证件或贵重物品遗留在车内。游客下车后,导游人员要提醒司机锁好车门、关好车窗,尽量不要走远。
(5)在旅游活动中,导游人员要始终和游客在一起。随时注意观察周围的环境,发现可疑的人或在人多拥挤的地方，要提醒游客看管好自己的财物，并经常清点人数。

（6）汽车行驶途中，不得停车让无关人员上车；若有不明身份者拦车，导游人员提醒司机不要停车。

2. 治安事故的处理

导游人员在陪同旅游团（者）参观游览过程中遇到治安事故，必须挺身而出保护游客，决不能置身事外，更不得临阵脱逃。发生治安事故，导游人员应做好如下工作：

（1）保护游客的人身财产安全。若歹徒向游客行凶、抢劫财物，在场的导游人员应毫不犹豫地挺身而出，勇敢地保护游客。立即将游客转移到安全地点，力争在在场群众、当地公安人员的帮助下缉拿罪犯，追回钱物。

（2）迅速抢救。如果有游客受伤，应立即组织抢救，或送伤者去医院。

（3）立即报警。治安事故发生后，导游人员应立即向当地公安部门报案并积极协助破案。报案时要实事求是地介绍事故发生的时间、地点、案情和经过，提供作案者的特征，受害者的真实身份、国籍、伤势及损失物品的名称、数量、型号、特征等。

（4）及时向领导报告。导游人员要及时向旅行社领导报告治安事故发生的情况并请求指示，情况严重时请领导前来指挥、处理。

（5）安抚游客的情绪。治安事故发生后，导游人员应采取必要措施安抚游客的情绪，努力使旅游活动顺利地进行下去。

（6）写出书面报告。导游人员应写出详细、准确的书面报告。报告除上述内容外，还应写明案件的性质、采取的应急措施，侦破情况，受害者和旅游团其他成员的情绪及有何反映、要求等。

（三）火灾事故的预防与处理

1. 火灾事故的预防

（1）做好提醒工作。在旅游活动中，为防止火灾事故的发生，导游人员应提醒游客不携带易燃、易爆物品，不乱扔烟头和火种。尤其到景区（点）游览时，导游人员要明确告知游客，做好景区（点）的安全防火工作是每一位游客义不容辞的责任。向游客讲明交通运输部门的有关规定，不得将不准作为行李运输的物品夹带在行李中。

（2）熟悉饭店的安全出口和转移线路。入住酒店后，导游人员自己要记住旅游团下榻饭店的防火通道、安全出口、安全楼梯的位置及安全转移的路线，并向游客介绍。同时提醒游客遵守饭店规定，如不能躺在床上抽烟、安全使用电器等。

（3）牢记火警电话。导游人员应牢记火警电话（119），掌握领队和游客所住房间的号码。一旦发生火灾，要及时报警并通知游客。

2. 火灾事故的处理

为了保证游客在火灾发生时能够尽快疏散，导游人员应该：

（1）立即报警。

（2）迅速通知领队及全团游客。

（3）配合工作人员，听从统一指挥，迅速通过安全出口疏散游客。

（4）判断火情，引导大家自救。如果情况危急，不能马上离开火灾现场或被困，导游人员应该采取的正确做法是：

① 如果情况紧急，提醒游客千万不要搭乘电梯或随意跳楼；

② 若身上着火，可就地打滚，或用厚重衣物压灭火苗；

③ 必须穿过浓烟时，用浸湿的衣物披裹身体，捂着口鼻，贴近地面蹲行或顺墙爬行；

④ 大火封门无法逃出时，可用浸湿的衣物、被褥堵塞门缝或泼水降温，等待救援；

⑤ 当见到消防队来灭火时，可以挥动色彩鲜艳的衣物呼唤救援人员。

（5）协助处理善后工作。游客得救后，导游人员应立即组织抢救受伤者；若有重伤者应迅速送医院；有人死亡应按规定处理；采取各种措施安定游客的情绪；解决因火灾事故给游客生活方面造成的困难，设法使旅游活动继续进行；协助领导处理好善后事宜，写出事故的书面报告。

（四）食物中毒的预防与处理

1. 食物中毒的定义和特点

食物中毒是指由细菌性、化学性、真菌性和有毒动植物等引发的暴发性中毒。

食物中毒的特点是：许多人同时发病，病状相似，病情急，进展快，有食用某种食物的历史。

2. 食物中毒事故的预防

（1）严格执行在旅游定点餐厅就餐的规定。

（2）提醒游客不要在小摊上购买食物。

（3）用餐时，若发现食物、饮料不卫生，或有异味变质的情况，导游人员应立即要求更换，并要求餐厅负责人出面道歉，必要时向旅行社领导汇报。

3. 食物中毒事故的处理

我国《食品卫生法》规定："发生食品中毒的单位和接收病人进行治疗的单位，除采取抢救措施外，应当根据国家有关规定，及时向所在地卫生行政部门报告。"由此可见，报告食物中毒，是当事人和接收病人单位的义务。不报告就是违反法定义务，应承担法律责任。

如果发现游客食物中毒，导游人员应做到：

（1）设法催吐，并让食物中毒者多喝水以加速排泄，缓解毒性。

（2）立即将患者送医院抢救，请医生开具诊断证明，若是群体性食物中毒事件，要请医院协助保留证据，并联系当地卫生防疫部门调查处理。

（3）迅速报告旅行社并追究供餐单位的责任。

（五）自然灾难事故的处理

随着旅游活动范围越来越大，旅游活动项目越来越多，发生在旅游活动中的事故种类也会增加，可能遇到一些其他的灾难性事故，如遭遇地震、台风、泥石流、洪水、雪崩等自然灾害，游客的意外溺水、摔伤等。导游人员应多学习一些关于避难、救护及紧急救援知识，有备无患，在关键时刻这些知识会派上大用场。

1. 地　　震

（1）地震时，如果旅游团在野外，导游人员要提醒游客待在开阔地方，远离高大建筑物、高压线；在山坡上不能跟滚石往下跑，应躲在山坡隆岗背后；要远离陡崖，防止滑坡、泥石流的危害。

（2）地震时，如果旅游团在街道上，高层建筑物的窗玻璃碎片和大楼外侧混凝土碎块，以及广告招牌、霓虹灯架等，可能会掉下伤人。因此地震时游客在街上走，导游人员要提醒游客，最好将身边的皮包或柔软的物品顶在头上，无物品时也可用手护在头上，尽可能做好自我防御的准备，要镇静，迅速离开电线杆和围墙，跑向比较开阔的地方躲避。

（3）地震时，如果旅游团在乘车途中，导游人员提醒司机应尽快减速，逐步刹车。游客在火车上应用手牢牢抓住拉手、柱子或座席等，并注意防止行李从架上掉下伤人。面朝行车方向的人，要将胳膊靠在前座席的椅垫上，护住面部，身体倾向通道，两手护住头部。背朝行车方向的人，要两手护住后脑部，并抬膝护腹，紧缩身体，做好防御姿势。

（4）地震时，如果旅游团在饭店，导游人员应提醒游客就地避险，不可贸然外逃。可选择较安全的地方（如床下、桌子底下）躲避；在单元楼内，可选择狭小的卫生间、储藏室及墙角躲避；同时，要关闭电源，防止发生火灾；高层住户向下转移时，应走安全通道，不要乘坐电梯，更不要从窗口跳出。地震后，可利用两次地震之间的间隙，迅速撤离。

2. 洪　　水

一个地区短期内连降暴雨，河水会猛烈上涨，漫过堤坝，淹没农田、村庄，冲毁道路、桥梁、房屋，这就是洪水灾害。

旅游过程中发生了洪水灾害的处理：

（1）受到洪水威胁，如果时间充裕，导游人员应按照预定路线，有组织地向山坡、高地等处转移；在措手不及，已经受到洪水包围的情况下，要尽可能利用船只、木排、门板、木床等，做水上转移。如果洪水来得太快，已经来不及转移时，要指挥游客立即爬上屋顶、楼房高屋、大树、高墙，做暂时避险，等待援救。不要单身游水转移。

（2）如果在山区旅游，遭遇连降大雨，容易暴发山洪。遇到这种情况，应该注意避免渡河，以防止被山洪冲走，还要注意防止山体滑坡、滚石、泥石流的伤害。

（3）发生洪水灾害时，若发现高压线铁塔倾倒、电线低垂或断折，导游人员一定要提醒游客远离避险，不可触摸或接近，防止触电。

（4）洪水过后，要服用预防流行病的药物，做好卫生防疫工作，避免发生传染病。

3. 泥石流

遇到泥石流，导游人员要镇定地引导游客逃生。要做到以下几点：

（1）泥石流发生时，不能在沟底停留，而应迅速向山坡坚固的高地或连片的石坡撤离，抛掉一切重物，跑得越快越好，爬得越高越好。

（2）切勿与泥石流同向奔跑，而要向与泥石流流向垂直的方向逃生。

（3）到了安全地带，游客应集中在一起等待救援。

4. 台　　风

旅游团若遇到强大风暴，尤其遇到龙卷风时，要采取自我保护措施：

（1）若在室内，最好躲在地下室、半地下室或坚固的最小的房间内，避开重物，不能躲在野外小木屋、破旧房屋或帐篷里。

（2）若被困在普通的建筑物内，应立即紧闭临风方向的门窗，打开另一侧的门窗。

（3）若被飓风困在野外，不要在狂风中奔波，而应平躺在沟渠或低洼处，但要避免水淹。

（4）旅游团在旅游车中时，司机应立即停车，导游人员要组织游客尽快撤离，躲到远离汽车的低洼或紧贴地面平躺，并注意保护头部。

第十节　游客越轨言行的处理

一、基本概念

越轨行为一般是指游客侵犯一个主权国家的法律和世界公认的国际准则的行为。外国游客在中国境内必须遵守中国的法律，若有违犯，必将受到中国法律的制裁。游客的越轨言行系个人问题，处理不当会产生不良后果。处理这类问题应慎重，要认真调查核实，应坚持以下四项原则：

第一，分清越轨行为和非越轨行为。

第二，分清有意和无意。

第三，分清无故和有因。

第四，分清言论和行为。

只有正确区别上述界限，才能正确处理此类问题，才能团结朋友、增进友谊，维护国家主权。

二、游客越轨言行的预防

第一，导游人员应积极向外国游客介绍中国的有关法律及注意事项。

第二，多做提醒工作，以免个别游客无意中做出越轨、犯法行为。

第三，发现可疑现象，要有针对性地给予必要的提醒和警告，迫使预谋越轨者知难而退。

第四，对顽固不化者，对其越轨言行一经发现应立即汇报，协助有关部门进行调查，分清性质。处理这类问题要严肃认真，要实事求是，合情、合理、合法。

三、游客越轨言行的处理

（一）对游客攻击和诬蔑言论的处理

由于社会制度的不同，政治观点的差异，海外游客可能在一些问题上对中国存在误解。因此，导游人员要积极宣传中国，认真回答游客的问题，友好地介绍我国国情，阐明我方对某些问题的立场、观点，求同存异。但是，若有人站在敌对立场上进行攻击和诬蔑，导游人员要严正驳斥，驳斥要理直气壮、观点鲜明、立场坚定，必要时报告有关部门，查明后严肃处理。

（二）对违法行为的处理

（1）对因缺乏了解中国的法律和传统习惯而做出违法行为的游客，要讲清道理，指出错误，根据其情节适当处理。

（2）对明知故犯者，要提出警告，并配合有关部门严肃处理，情节严重者应报公安机关处理。

（3）游客中若有窃取我国机密和经济情报，走私、贩毒、偷盗文物、倒卖金银、套购外汇、贩卖黄色书刊及录像带、嫖娼、卖淫等犯罪活动，导游人员应立即汇报，并配合司法部门查明罪责，严正处理。

（三）对游客违规行为的处理

1. 对异性越轨行为的处理

当发生游客对异性行为不轨时，导游人员应阻止，并告知中国人的道德观念和异性间的行为准则；对不听劝阻者应严正指出问题的严重性，必要时采取断然措施。

2. 对酗酒闹事者的处理

游客酗酒，导游人员应先规劝，并严肃指明可能造成的严重后果，尽力阻止。不听劝告，扰乱社会秩序、侵犯他人并造成物质损失的肇事者必须承担一切后果，直至追究法律责任。

（四）对游客散发宗教宣传品行为的处理

游客若在中国散发宗教宣传品，导游人员一定要予以劝阻，并向其宣传中国的宗教政策，指出不经我国宗教团体邀请和允许，不得在我国从事宗教活动和在非完备活动场合散发宗教宣传品。处理这类事件要注意政策界限和方式方法，对不听劝告并有明显破坏活动者，应迅速报告，由公安部门处理。

本章小结

本章主要介绍了旅游故障的概念、特点、类型、预防措施和处理原则等，分析了导游人员在带团过程中可能出现的各种旅游故障及其预防与处理的方法。在旅游过程中，经常出现的旅游故障有旅游计划和日程变更，漏接、空接、错接、误机（车、船），旅游突发事件，游客走失、患病、死亡事故，财物丢失、证件丢失或行李丢失等，这些事故的发生会给游客带来麻烦甚至是灾难，会影响整个旅游活动的顺利进行。导游人员要尽量地避免事故的发生，当它不可避免地发生时，导游人员要以强烈的责任心和机敏的应变能力，及时采取措施减少带来的损失和伤害。

学习与思考

1. 漏接、错接、空接如何处理？
2. 入境旅游团人数增加如何处理？
3. 误机（车、船）故障如何预防与处理？

4. 被迫改变部分旅游计划如何处理？
5. 丢失外国护照和签证如何补办？
6. 如何补办团队签证？
7. 中国公民出境旅游时丢失护照和签证如何补办？
8. 游客患一般疾病如何处理？
9. 带团途中发生交通事故如何处理？
10. 火灾事故发生时（酒店或餐厅等建筑物内），如何引导大家自救？
11. 食物中毒如何处理？
12. 游览活动中游客走失如何处理？
13. 旅游团如何预防交通事故？
14. 游客死亡如何处理？
15. 入境游客死亡需要将遗体运送回国应如何处理？
16. 旅游过程中，如何预防与处理治安事故？
17. 如何处理旅游行程中的旅游意外伤害事故？

第七章　游客个别要求的处理

> 💡 **学习目标**

通过本章的学习,要求学生了解游客的个别要求及其处理的原则与处理程序;掌握游客在食、住、行、游、娱、购等方面的个别要求的具体处理方法;熟悉游客自由活动、转递物品或探视亲友等其他方面的个别要求的处理;其他在实际的旅游过程中跟游客息息相关的各种个性化要求的处理。

第一节　游客个别要求概述

一、游客的个别要求

游客的个别要求是指参加团体旅游的游客提出的各种计划外的特殊要求。游客的个别要求一般可以分为四种情况:
（1）合理的,经过导游人员的努力可以满足的要求。
（2）具有合理性,但现实难以满足或无法满足的要求。
（3）不合理,经过努力可以满足的要求。
（4）不合理的,无法满足的要求。

游客的个别要求是多种多样的,在时间上也具有随机性,导游人员在做好满足游客共同要求的同时也要慎重考虑和判断游客的个别要求。对游客提出的个别要求,不管其难易程度如何,也不管其合理与否,都应该给予足够的重视,并要及时地、合情合理地予以处理,使得到满足的游客高高兴兴,使没有得到满足的游客也对导游人员的努力表示理解,使爱挑剔的游客也无可非议。这是对导游人员处理问题能力的一个考验,也是保证并提高旅游服务质量的重要条件之一。

二、游客个别要求的处理原则

导游人员在处理游客个别要求时,不仅要注意处理的方式、方法和技巧,也要遵循一些必要的原则,处理时保持清醒,处置有度,方法恰当,效果才会更好。

（一）努力满足游客正当要求

努力满足游客正当要求,使他们的旅游活动顺利愉快是导游人员的主要任务。因此,游客提出的要求,只要是合理又有可能办到的,导游人员要设法满足。很多游客,特别是西方人一般不轻易开口求人,一旦开口,说明确实有需要导游人员帮助的困难,所以,对于他们的要求,只要是正当的,导游人员应尽快予以满足。

同时，导游人员还要清楚，不提要求的游客不等于不需要导游人员的帮助，只是不愿开口求人。所以，导游人员要做个有心人，随时细心观察游客的言行举止，设法了解他们的心理活动，即使游客不开口，也能及时为他们提供所需要的服务。

（二）正确对待游客的苛求

游客提出的要求大多数是合情合理的，但有些要求虽然具有合理性，然而旅游合同上没有规定这类服务或目前还无法提供这类服务；还有个别游客会提出一些苛刻的要求。有的游客一味挑剔，甚至无理取闹。正确处理这类问题，有助于提高导游服务质量。

面对游客的苛求，导游人员要做到认真倾听、耐心解释，必要时协助处理。对非故意刁难的客人，导游人员要耐心解释，取得客人的理解；对提出无理要求和无理取闹的客人，导游人员要牢记自己的身份，对游客礼让三分，要做到不伤主人之雅，不损客人之尊，理明则让。

（三）坚持"为大家服务"的原则

在提供导游服务和处理具体问题的过程中，导游人员对所有客人应一视同仁、平等对待。不能对一部分人控制过严，而对另一部分人放任自流；不得偏爱一部分人，也不得厌恶另一部分人；不得对一部分游客的要求及时处理，而对另一部分游客的要求却充耳不闻。只有这样做，才能赢得大家的尊重和信赖。

如果旅游团中有高龄老人、儿童、残疾人、患病者等特殊客人，导游人员应该多向他们送一份关怀和照顾，导游人员要仔细观察游客的言行举止，设法了解他们的心理需求，不失时机地向游客提供个性化的服务。

三、游客个别要求的处理程序

（一）明确游客个别要求

旅游过程中，一般基本活动内容和消费项目在旅游合同或约定中均已事先制定，导游人员应该按照旅游合同或约定执行旅游计划。但是旅游活动是一个动态过程，往往会受到各种情况的影响，游客也常常会有新的需求或新的问题出现。游客在旅游过程中提出的个别要求常见的有三种：

第一种，旅游活动要素，即吃、住、行、游、购、娱等方面的个别要求。
第二种，自由活动的要求。
第三种，其他方面，如探视亲友、转递物品等。

（二）判断能否满足

导游人员面对游客的个别要求，判断能否满足的标准是"合理而可行"。在判断过程中要注意几个问题：

1. 分析起因

游客提出个别要求总是有原因的。不管何种原因，导游人员可通过与游客交谈、询问等方式了解起因。因为对不同原因引起的游客的个别要求处理方式有差异。

2. 考虑有关部门和单位的规定，特别是特殊规定

游客提出的个别要求大多数与旅游相关接待部门和单位有关，导游人员在考虑能否满足游客要求时不能擅自答应，要熟悉和清楚有关部门和单位的规定，及时沟通联络。如世界各国的海关等部门对游客入出境都有一些特殊规定，因此对于入境游客，导游人员不仅要自己掌握好有关规定，还要及时向游客介绍，以免造成麻烦和损失。

（三）做出是否满足要求的决定

游客提出的个别要求，由于主观或客观的原因，有时导游人员是不能满足的。在这种情况下，导游人员也应给与足够的重视，要耐心地给游客做解释，让游客了解导游人员所做的努力，并理解导游人员和导游服务工作，使那些吹毛求疵的游客无可指责。

对游客提出的要求，导游人员确有困难，难以满足时，导游人员可根据实际情况协助游客自行解决。

游客提出的要求是合理的，经过导游人员努力可以满足。导游人员应在把握导游服务基本原则的基础上予以满足。

在满足游客个别要求时，导游人员应注意以下几个问题：

第一，费用。如需增加费用，导游人员要本着透明原则，及时告知游客。

第二，照顾其他游客。导游人员要本着"多数游客优先"的原则，在不影响和损害其他游客权益的情况下满足个别游客的要求。

第三，明确自身权限，必要时请示报告。

第四，注意特殊规定。

第二节 对吃住行方面个别要求的处理

一、对餐饮方面个别要求的处理

（一）对特殊餐饮要求的处理

由于宗教信仰、生活习惯、身体健康状况等原因，有些游客可能会提出餐饮方面的特殊要求，导游人员应采取如下两项做法。

1. 协议书上规定的餐饮要求：不折不扣予以满足

若游客所提出的餐饮要求在旅游协议书中有明文约定，地陪应早做安排，接团前应认真检查落实情况，不折不扣地兑现。

2. 旅游团抵达后提出的：积极协助解决

若游客抵达后或到定点餐厅后临时提出，需视情况而定。一般情况下地陪应立即与餐厅联系，在可能的情况下尽量满足；如确有困难满足不了其特殊要求，地陪则应说明情况，协助其自行解决。

（二）换餐要求

部分外国游客不习惯中餐的口味，在吃过几顿中餐后要求改换成西餐；有的外地游客想

尝尝本地小吃，要求换成风味餐等。诸如此类要求，处理时应考虑以下情况.

（1）看是否有充足的时间换餐。如旅游团在预定用餐前3小时提出换餐要求，地陪要尽量与餐厅联系，但需要事先向游客讲清楚，如能换妥，差价游客自理。若计划中的供餐单位不具备供应西餐或风味餐的能力，可考虑换餐厅。

（2）若在接近用餐时间或到餐厅后提出换餐，一般不应接受要求，并做好解释工作。若游客仍坚持换餐，导游人员可建议其到零点餐厅自己点菜或单独用餐，但费用自理且原餐费不退。

（3）游客要求加菜、加饮料等要求应满足，但费用自理。

（三）要求单独用餐

由于旅游团内部矛盾或其他原因，游客要求单独用餐，导游应耐心解释，并请领队调解；如游客坚持，可协助与餐厅联系，但餐费自理，并告知综合服务费不退。

（四）要求提供客房用餐服务

（1）若游客生病，导游人员或饭店服务员应主动将饭菜端进房间以示关怀。

（2）若是健康的游客希望在客房用餐，应视情况办理；如餐厅能提供此项服务，可满足游客的要求，但须告知相关费用自理。

（五）要求自费品尝风味餐

旅游团（者）要求外出自费品尝风味餐，导游人员应予以协助，与有关餐厅联系订餐；风味餐订妥后旅游团（者）又不想去，导游人员应劝他们在约定时间前往餐厅，并说明若不去用餐须赔偿餐厅的损失。

（六）要求推迟晚餐时间

旅游团（者）因生活习惯或其他原因要求推迟用晚餐时间，导游人员应与餐厅联系，视餐厅具体情况处理。一般情况下，应向旅游团（者）说明餐厅有固定的用餐时间，劝其入乡随俗，过时用餐需另付服务费。若餐厅不提供过时服务，最好按时就餐。

（七）要求不随团用餐

游客要求不随团用餐，导游人员要问清原因，一般可满足其要求，但要讲明，不随团用餐在其他地方用餐费用自理，原餐费不退。

案例7-1　游客餐饮方面个别要求的处理

小李是瑞士某团的全陪，自9月3日开始接团起，已经陪同该团游览了三个城市。该团游客年龄较大，由于连日旅途劳顿，加上餐饮不大习惯，每到吃饭时间，坐在餐桌前，看到大同小异的菜品，大家都觉得没有胃口。一天领队对小李说，是否能改用一次西餐。小李对领队说，按照接待计划，没有安排西餐，游客到中国来，就是要多吃吃中餐，这样可以使他们对中国博大精深的餐饮文化有更加深刻的了解。如果改变计划用西餐，还有个差价问题，那得由游客现付，所以不便安排。在该团的中国之行结束以后，在游客评价表上，对全陪小李语言水平评价较好，但是对她的服务却评价不高。你认为问题出在什么地方？

案例分析:

1）作为全陪,在各地用餐时要注意菜谱是否雷同。
2）要注意游客对餐饮的反映,发现问题要及时调整。
3）对领队提出的用一次西餐的问题要认真对待,要及时了解是什么原因让领队提出换餐要求,要了解是部分游客的要求还是全体游客的要求。
4）对领队提出换餐的要求可以与其商量,并征求全体游客的意见。
5）如果是部分游客的意见,可以帮助安排到西餐厅自己点菜用餐,并向他们说明有关费用的问题。
6）如果是全体游客的要求,要及时向旅行社汇报,在游客愿意支付差价的前提下,和饭店联系安排。
7）在以后的城市里,要注意向地陪说明用餐的要求,注意菜式的调配。

二、对住宿方面个别要求的处理

（一）要求调换房间

游客提出调换房间的要求,导游人员首先要问清原因,根据客人提出的不同理由,有不同的处理方法:

第一种,住房未达合同标准。旅游合同或协议中都明文规定了旅游团在旅游期间下榻饭店的等级及标准。如果旅行社提供的客房低于合同标准,旅行社应负责予以调换,确有困难须提出有说服力的理由,并提出补偿条件。

《旅游法》第五十八条规定:组团社将包价旅游合同中的接待业务委托给地接社的,地接社应当按照合同相关内容提供服务。地接社提供的服务不符合合同约定的,游客有权要求组团社或者地接社采取措施进行补救。

第二种,客房不干净（如客房内有蟑螂、臭虫、老鼠等）。游客提出要求换房间,应满足其要求,必要时应调换饭店。

第三种,客房设施,尤其是房间卫生达不到清洁标准、房间没有打扫干净。导游应让饭店服务员立即修理设施,重新消毒、打扫房间；如果游客还不满意,导游人员要与饭店有关部门联系,妥善解决。

第四种,房间朝向、层数不佳。游客要求调换不同朝向、楼层的同一标准客房时,如果不涉及房间差价且饭店有空房,可与饭店联系,适当满足,或请领队内部调配；无法满足时,应耐心解释,并向游客道歉。

有些位于风景区的饭店,不同朝向的客房其房费也不同,如有游客要求调换朝向不同的房间,导游人员应讲明价格差异等情况。

（二）要求住更高标准的客房

1. 游客要求住同一家饭店中高于合同标准的房间

导游人员首先要与饭店联系,若饭店有高标准空房,可以满足游客要求。但调换前必须向游客说明房费差价由游客自理。

2. 要求住更高级别饭店

为避免影响整个旅游团队的活动,导游人员要做劝说工作。劝说无效时,导游人员要上报旅行社,由旅行社办理(导游人员做配合工作)。

需要说明的是,调换饭店不属于导游人员的业务范围,这一业务由旅行社计调人员负责。

(三)要求住单间

旅游团队游客通常情况在饭店住标准间或三人间。游客可能会因生活习惯不同等原因要求住单间,导游人员应请领队(入境旅游团)或全陪(国内旅游团)调解或内部协调,若调解不成,饭店还有空房可满足其要求,须说明房费(包括原房间的床位费及新调房间的房费)由游客自理,一般是谁提出住单间谁付房费。

(四)要求购买房中摆设

游客要求购买房中摆设,导游人员可协助其与饭店有关部门联系,满足游客要求。

(五)要求延长住店时间

由于某种原因(生病、访友、改变旅游日程等)而中途退团的游客提出延长在本地的住店时间,导游人员可先与饭店联系,若饭店有空房,可满足其要求,但延长期内的房费由游客自付。如原饭店没有空房,导游人员可协助联系其他饭店,房费由游客自理。

案例 7-2　游客住房方面个别要求的处理

美国太平洋旅行社组织的美 YTS-003 团一行 17 人按计划乘豪华旅游船抵达 W 市,在接团前,导游人员小高认真地阅读了接待计划,并按照计划里的细节,为该团制订了详尽的日程安排。该团赴饭店的途中,小高向游客致以热情洋溢的欢迎词,并介绍了沿途风光及活动日程安排,游客们对小高的服务报以热烈的掌声。抵达饭店后,小高按导游服务规范的要求将客人安排妥当,告诉游客半小时后在饭店大堂集合,将去参观博物馆。集合时间快到的时候,大部分客人已经来到饭店大堂。这时,一对老年夫妇走到小高面前,含着眼泪,向小高连声道谢。其他游客不明就里纷纷询问怎么回事,这对老夫妇说,他们是美籍犹太人,明天是他们犹太人的节日,小高在安排住房时将他们的住房安排在朝着耶路撒冷的方向,并在书桌上放置了贺卡,这使他们非常感动。其他游客听后都对小高的服务称赞不已,同时为他们 W 市之行遇到一位好导游感到非常高兴。

请问,游客对小高的赞扬对你有什么启示?

案例分析:

1)该案例是一位优秀导游人员规范而具有针对性的服务示范。

2)在做日程安排时要认真阅读接待计划,要注意一些细节。

3)小高正是在计划中得知有一对美国籍的犹太人,并对他们提供了个性化的服务。

4)广博的知识使小高知道犹太人对他们节日的重视程度和对住房的要求。

5)事先做好安排比游客临时提出个别要求再处理要主动得多,而且可以收到非常好的效果。

三、对交通方面个别要求的处理

（一）要求更换旅行车辆

（1）旅游合同或协议中明文规定了旅游团在旅游期间使用旅行车的标准。如果旅行社提供的旅游车低于合同标准，旅行社应负责予以调换。在旅游旺季和节假日，旅游车紧张，旅游团会碰到调整用车的情况，游客有意见要求换车，导游应尽量争取换车。若实在无法换，应问清其原因，然后实事求是地给游客讲清困难，以求得游客的谅解与支持，必要时提出补偿条件。

（2）在游览的过程中，当车辆出现故障影响行程时，游客要求换车。遇到这种情况，则必须换车，为了游客的安全绝不能让有问题的车上路。

（二）要求更换交通工具类型

如将火车改为飞机或将普通列车改为动车、高铁等。这种要求除非在自然灾害、误车（机、船）等特殊情况下，否则一般不能答应更换。旅途中票务预订、退换非常烦琐，短时间内很难满足。更换出行时间与上述处理方式相同。

（三）要求提高交通工具等级

如提高舱位、座位等级等。导游人员遇到这种要求应首先与接待社计调部门联系，若有游客所要求等级的舱位或座位，可帮忙更换，但差价及相关费用自理。

（四）要求单独提供交通服务

这种情况可能是因为某些游客想自由活动、单独返回购物等原因暂时脱离团队分头行动。导游人员在保证安全、不影响行程的前提下，可与接待社计调部门联系交通工具或联系出租车等方式满足其要求。

第三节　对游娱购方面个别要求的处理

一、对游览方面个别要求的处理

（一）游客要求改变行程或更换游览景点

旅游合同或协议中明文规定了旅游团在旅游期间的游览景点及项目标准，原则上导游人员要严格执行合同。一些重点团、学术团、专业团在抵达旅游目的地后会提出改变部分游览线路或更换游览景点的要求。导游人员原则上不能改变行程及游览线路，且要服务大多数游客。

1. 当全团成员或入境旅游团由领队代表旅游团提出小的修改意见或新增旅游项目时，导游人员的做法

（1）及时向旅行社反映，听取旅行社意见，对合理又可能满足的项目尽力予以安排。

（2）对游客提出新增旅游项目或提高接待标准的要求，导游人员要上报旅行社，然后根据旅行社的意见，事先向领队和游客讲明情况，按有关规定收取费用。

（3）对于的确有困难、无法满足的要求和修改意见，导游人员要详细、耐心说服旅游团（者）。

2. 旅游团提出的行程要求与原定行程不符或涉及调整接待标准

（1）应婉言拒绝，说明不便单方面不执行合同。

（2）确有特殊理由，并由领队代表游客提出时，导游人员需请示旅行社有关部门，协调处理。

（二）游客要求划船或游泳等

（1）若游览景区内有湖，有游人在划船，个别游客提出要求单独去划船，一般不宜让客人单独划船，导游人员更不能置全团于不顾，陪少数人划船。应婉言劝阻游客。

（2）游河游湖时，个别游客提出下水游泳的要求时，导游应劝阻，告知游客不得在非游泳区内游泳，避免发生溺水事故。

（三）游客要求去不对外开放的地方游览

游客要求去不对外开放的地区、机构和单位参观游览，导游人员应婉言拒绝，不得自作主张答应游客的这种要求，必要时，必须提醒对方尊重有关方面的有关规定。

二、对娱乐方面个别要求的处理

（一）要求调换计划内的文娱节目

凡在计划内注明有文娱节目的旅游团，一般情况下，地陪应按计划准时带游客到指定娱乐场所观看文艺演出。若游客提出调换节目，地陪应针对不同情况，本着"合理而可行"的原则，做出处理。

1. 全团游客提出更换

如全团游客提出更换，地陪应与接待社计调部门联系，尽可能调换，但不要在未联系妥当之前许诺；如接待社无法调换，地陪要向游客耐心解释，并说明情况。

2. 部分游客提出更换

如果部分游客提出观看别的演出，处理方法同1。若决定分路观看文娱演出，在交通方面可做如下处理：如两个演出点在同一线路，导游人员可与司机商量，尽量为少数游客提供方便，送他们到目的地；若不同路，则应为他们安排车辆，但车费自理，并提醒游客注意安全，尽早回酒店。

（二）要求自费观看文娱节目

1. 协助解决

游客提出自费观看文艺演出或参加某种娱乐活动，导游应予以协助，如帮助购买门票、叫出租车等，但要提醒游客带好饭店地址卡片，不要分散活动，不要太晚回酒店，要注意安全，同时讲清费用由游客自理。

2. 请旅行社处理

如果游客要去大型或复杂的娱乐场所，导游人员最好与旅行社联系，请其报价，然后将费用（门票、车费、服务费等）逐一向游客解释，待游客认可后，请接待社预定，导游人员陪同前往。

（三）要求前往不健康的娱乐场所

游客要求去不健康的娱乐场所，导游人员应果断拒绝，并介绍中国的传统观念和道德风貌，严肃指出此类活动在中国明令禁止的，是违法行为。导游人员要劝阻游客前往不健康的场所，发现有游客有违法行为，导游人员要立即报告有关部门，严肃处理。

案例 7-3　游客娱乐方面个别要求的处理

某旅游团抵达贵阳市后，按照旅游接待计划，该团 12 月 20 日晚上的活动是观看民族歌舞表演。在参观途中路过杂技厅时，有部分游客看到了有关杂技演出的海报。中午吃饭的时候，有三名游客提出晚上不想去看歌舞表演，能否为他们安排看杂技。地陪小王告诉他们，杂技票要提前预订，现在很难买到，而且已经按计划为他们准备了歌舞表演的票，最好还是随团一起活动。晚上，在出租车司机的帮助下，三位客人自己乘车去看了杂技表演。事后他们在游客评价表上对小王的服务评价不高。

请问：小王在处理这个问题时有什么不妥之处？应该如何妥善处理？

案例分析：

小王的不妥之处在于：

1）不了解实际情况就拒绝游客。

2）没有为游客提供相应的帮助。

小王妥善处理游客要求的方法是：

1）没有了解情况之前不能随便承诺亦不能随便拒绝。

2）请公司计调部门帮忙联系。

（1）如果有票，向客人解释，由于歌舞票已经购买，因时间关系不好处理，看杂技的费用由他们自理。

（2）为他们安排好车辆，告诉他们注意事项，为他们准备好中文的指路条，上面注明所住饭店信息等。

（3）如果没有票，要向游客耐心解释。

三、对购物方面个别要求的处理

购物是旅游活动的重要组成部分，游客往往会有各种各样的特殊要求，导游人员要不怕麻烦，不图私利，设法予以满足。

（一）要求购物

如果游客提出购买旅游目的地的纪念品和特产时，导游人员要向游客说明《中华人民共和国旅游法》的有关规定。导游人员不得指定购物场所，不得强迫或者变相强迫购物，但导游人员可向游客介绍具有地方特色的特产和纪念品，当好购物参谋。是否购物、购物地点及方式由游客自行决定。

（二）游客要求单独外出购物

若游客提出单独外出购物，若时间许可，导游人员应予以协助，当好购物参谋。若游客为海外游客，导游人员应为其安排出租车、写中文便条让其带上（条上写明商店名称、地址、要购物品名称及下榻饭店名称）等。

如果游客在旅游团离开本地当天，提出单独外出购物，为防误机（车），导游人员要劝阻其外出购物行为。

（三）要求退换商品

游客购物后发现是残次品、计价有误或对物品不满意，要求导游人员帮其退换，导游人员要积极协助，设法解决，必要时陪同前往退换。

（四）要求到商店购买相中的商品

导游人员要协助解决、满足要求。只要时间许可，导游人员可写便条（上写商品名称，请售货员协助之类的话），让游客租车前往商店购买，在不影响旅游团行程及为团队服务的前提下，也可陪同前往。

（五）游客要求购买古玩或仿古艺术品

（1）游客，特别是海外游客提出购买古玩或仿古工艺品时，导游人员要向其讲明国家相关规定，做好提醒工作。如提醒游客，购买文物必须到正规的文物商店购买；买妥物品后应提醒游客保存好发票，不要将物品上的火漆印去掉（如有的话），以便海关查验。

（2）若游客要在地摊上选购古玩，导游应劝阻，并告知中国海关规定：携带我国的文物出口（包括古旧图书、字画等），应向海关递交中国文物管理部门的鉴定证明，否则不准携带出境，而地摊是无法为其提供这种证明的。

（3）若发现有走私文物的可疑行为，导游人员须及时报告有关部门。

（4）如有游客收到朋友赠送的古字画或古玩，应提醒他们去文物部门取得鉴定证书，若无鉴定证书，古字画或古玩一概不准出境。

（六）要求购买中药材、中成药

海外游客想购买中药材，导游人员应告知中国海关的有关规定：入境旅客出境时携带用外汇购买的、数量合理的中药材、中成药，需向海关交验盖有国家外汇管理局统一制发的"外汇购买专用章"的发票，才能放行。超出自用合理数量范围的不准带出。

导游还应告诉游客我国海关规定：超出上述规定限值的不准出境。严禁带麝香、犀牛角和虎骨进出境。

（七）要求代办托运

游客，特别是入境旅游团游客在购买大件物品后，导游应告知请商店代办托运业务，若商店无此项业务，导游应协助游客办理物流手续。

游客想购买的商品，当时无货，请导游人员代为购买并托运，对这类要求一般应婉言拒绝。若实在推托不掉，导游人员应请示旅行社，旅行社同意后，导游可接受委托，并在旅行社领导指示下认真办理委托事宜：收取足够的钱款（余额事后由旅行社退还委托人），留下游客的详细地址，购物发票、托运单和托运费收据原件寄给委托人，复印件存旅行社以备查验。

案例 7-4　游客购物方面个别要求的处理

美国某旅游团一行 18 人参观湖北某地毯厂后乘车返回饭店。途中，旅游团成员史密斯先生对地陪小王说："我刚才看中一条地毯，但没拿定主意。跟太太商量后，现在决定购买。你能让司机送我们回去吗？"小王欣然应允，并立即让司机驱车返回地毯厂。在地毯厂，以 1 000 美元买下地毯，但当店方包装时，史密斯夫人发现地毯有瑕疵，于是决定不买。两天后，该团离开湖北之前，史密斯夫妇委托小王代为订购同样款式的地毯一条，并留下 1 500 美元作为购买和托运费用。小王本着"宾客至上"的原则，当即允诺下来，史密斯夫人十分感激。送走旅游团后，小王即与地毯厂联系办理了购买和托运地毯的事宜，并将发票、托运单、350 美元托运手续费收据寄给史密斯夫妇。

试分析小王处理此事的不妥之处并说明正确的做法。

案例分析：

1）小王不应让司机立即返回地毯厂，正确的做法是先征求其他游客的意见：

（1）若全部游客均同意则可返回。

（2）若大家不同意，应让史密斯先生坐出租车去地毯厂并为其写便条，或先回饭店，安排好其他客人后陪同史密斯先生前往地毯厂。

2）小王不应欣然应允代购地毯的要求并收钱，正确的做法应是：

（1）婉拒代购地毯的要求。

（2）推托不了时应请示领导，如领导同意，可接受委托并收钱。

（3）购妥、托运后，将发票、托运单、托运费收据原件及余款寄给史密斯先生，将各种单据的复印件交旅行社保存。

第四节　对其他方面个别要求的处理

一、自由活动的要求

旅游计划安排中往往会有自由活动时间，在集体活动时间内也有游客可能会提出单独活动的要求。面对这样的要求，导游人员应根据不同情况，按照"合理而可能"的标准妥善处理，要认真了解游客的要求、耐心回答游客的咨询、提出建议、尽量满足他们的要求。

（一）允许游客自由活动的情况

1. 旅游目的地游览期间要求自由活动

在旅游团中，个别游客是故地重游，他们对计划内游览的景区（点）不感兴趣，希望不随团活动而自行去游览另一景点或探亲访友。

对于这样的要求，导游人员应有的做法是：

（1）认真了解游客的自由活动的动机（排除对导游服务质量不满的情况），在保障安全及不影响整个旅游团活动的前提下，报告旅行社和领队（对国内旅游团告知全陪），各方无意见则可满足游客暂时离团自由活动的要求。

（2）提前说明如果不随团活动，无论时间长短，所有费用不退，需增加的各项费用自理。

（3）如果可以满足其要求，导游人员还应提供必要的协助，做好提醒工作，如提醒游客注意安全，保管好自己的证件、财物等。

（4）提醒游客带上饭店卡片（卡片上有中英文饭店名称、地址和电话等），写好便条（注明游客要去的地点、地址及简短对话，以备不时之需）交给游客，帮助预定出租车，告知游客集合的时间和地点，以便其及时归队。

（5）交换手机号码，记下游客亲友家的电话号码（游客去拜访亲友），以便联系。

2. 游览景点时要求自由活动

旅游团到某一景点后，个别游客希望不随团活动，或不走常规游览线路而是自由游览或摄影时，若环境许可（人不太多，秩序不乱）可满足其要求。游客离团自由活动前导游人员要告知相关信息，要做好提醒工作。具体做法是：

（1）安全提示。一定要提醒游客注意安全（包括人身及财产安全），保管好证件及财物。

（2）提醒离团游客记住旅游团集合时间、地点和旅游车的车号，用餐时间和地点。必要时把相关信息写在纸条上交给游客保存并请游客记住下榻饭店名称和电话，以备不时之需。

（3）告知游客自由活动的费用自理，原团费不退。

（4）导游人员与游客交换电话号码，便于联系。

（5）若旅游团游览景点后要去往下一站，为了保障全团活动，导游人员要劝阻游客离团自由活动。

3. 晚间要求自由活动

如果晚上旅游团无活动安排，或当天旅游团队活动结束较早，游客要求外出自由活动，在环境及治安较好的前提下，导游人员一般不应阻拦，但要做好相关提醒工作。

（1）建议游客不要走得太远，不要太晚回下榻饭店。

（2）不要去秩序混乱的场所。

（3）保管好证件和财物，不要携带贵重物品外出。

（4）最好结伴而行。

（5）最好不要在小摊上购买食物。

（6）交换电话号码，必要时电话联系。

(二)需劝阻游客自由活动的情况

下述情况导游不得同意游客自由活动,但导游人员一定要耐心说明原因,以免游客产生误会和不快。

1. 影响旅游活动的顺利进行

如果游客提出的自由活动要求涉及面大,影响到旅游团活动计划的顺利进行时,导游人员不得答应游客离团自由活动,应劝游客随团活动。

2. 旅游团即将离开本地

旅游团离开本地的当天,尤其是即将离境回国时,如果旅客自由活动不能按时归队,会造成误机(车、船)事故,使整个团队的活动受影响,导游人员不得答应游客自由活动的要求(包括单独外出购物)。要向游客说明原因,劝其随团活动。

导游人员也应牢记,旅游团即将离开本地的当天,不能安排旅游团到大型商场购物,不能安排旅游团到地形及环境复杂的旅游景区(点)。

3. 存在安全隐患时

若地方治安不理想,存在安全问题,导游人员要劝阻游客外出活动,更不要单独活动,但必须实事求是地说明。

有以下情况时,导游人员应劝阻游客自由活动:

(1)对地方治安不理想、复杂、混乱的地方,导游人员要劝阻游客自由活动,但必须实事求是地说明情况。

(2)导游人员不能让游客单独骑自行车去人生地不熟、车水马龙的街头游玩,更不能把自己的自行车借给游客或陪少数游客骑自行车上街游玩。

(3)在游览湖泊或河流景区时,个别游客提出希望自由活动去划小船或在非游泳区游泳的要求,导游人员不能答应,不能置旅游团不顾,而去陪少数人划船、游泳。

(4)若游客要求自由活动去不对外开放的地区或单位参观游览,导游人员不能答应此类要求。因为去不对外开放地区参观游览按规定必须事先申请办理旅行证,未办手续者不能前往。

二、探视亲友的要求

旅游团抵达旅游目的地后,个别游客要求探亲访友,这可能是其到某地旅游的主要目的之一,导游人员对此类要求应设法予以满足。帮助游客在当地探视,寻找亲友,安排会见等,会大大缩短旅游团成员与导游之间的心理距离,有利于增进游客与导游人员的情感,有利于旅游团活动的顺利进行。

(1)游客知道亲友的姓名、地址,且长期有联系。导游人员可以让游客与亲友自行联系,可协助联系并安排见面。并向游客讲明具体乘车路线,帮助叫出租车等。

(2)寻找失散多年的亲友。游客希望找到失散多年的亲戚和朋友,游客只知姓名或某些线索,但地址不详,导游人员应积极协助寻找,必要时可通过旅行社请公安户籍部门帮助寻找,找到后告诉游客并帮助联系;若旅游期间找不到,可请游客留下联系地址和电话号码,以便找到后通知。

（3）要求会见同行。入境游客要求会见同行、洽谈业务、联系工作或其他活动，导游人员应问明事由，向旅行社汇报，在旅行社领导指示下给予游客帮助。

（4）游客慕名求访某名人，导游人员应了解其会见目的，并向领导汇报，按规定办理。

注意事项：导游人员在帮游客联系会见亲友或同行时，一般不参加会见，没有担当翻译的义务；若外国游客要求会见在华外国人或驻华使领馆人员，导游人员不应干预；若要求协助，可给予帮助；若外国游客盛情邀请导游人员参加使领馆举行的活动，应先请示领导，经批准后方可前往，在使领馆活动时要大方、谨慎，活动结束后要向领导汇报。

三、亲友随团活动要求

旅游团成员希望其本地亲友随团活动，甚至随旅游团一起到外地游览。游客向导游人员提出这类要求时，一般情况下导游人员应予以协助，满足游客要求。具体操作程序如下：

（一）征求意见

导游人员要与领队（或全陪）和旅游团其他成员商量，征得他们的同意。

（二）办理相关手续

在征得领队和旅游团其他成员同意后，导游人员要尽快报告旅行社，经旅行社同意后，与旅行社有关部门联系，如无特殊情况，通知游客及其亲友到旅行社，或请旅行社派人到饭店办理入团手续。

（1）请游客亲友出示有效证件，证明其身份。若其亲友是驻华使领馆人员或外媒驻华记者，应请示旅行社领导，严格按我国政府的有关规定办理。

（2）填写随团申请表格。

（3）交纳费用。

（4）如果因时间关系，无法按上述方式办理随团手续，导游人员应电话联系旅行社有关部门，经允许后，代为查验证件、代收费用，并尽快将收费凭证交给付款者。

（5）不办理手续，未缴费用者不得随团活动。导游人员要向游客及其亲友认真解释，告知有关规定。

（三）提供同等服务

办理随团手续、缴纳费用后，游客的亲友就正式成为旅游团成员，导游人员对他们的服务应一视同仁。

四、转递物品和信件的要求

游客要求旅行社和导游人员帮助其向有关部门或亲友转递物品及信件，一般情况下，导游人员应建议游客将物品或信件亲手交给或邮寄给收件部门或收件人，若确有困难，可予以协助，但转递物品和信件的手续要完备。

（1）导游人员一定要问清是何物。若是应税物品应促其纳税；若是食品要婉言拒绝，请其自行处理。

（2）请游客写好委托书。委托书中必须注明物品名称和数量，并当面点清，游客要签字确认并留下详细通信地址（包括收件人地址和委托人地址）。

（3）收件人收到物品后，要请收件人写收条并签字盖章。

（4）导游人员应将委托书和收条一并交旅行社保管，以备查用。

（5）无论是游客物品或游客要求代为转递他人物品，收件人是外国驻华使领馆及其相关工作人员时，导游人员应建议游客自行办理，并给予必要的协助。若确有困难，应详细了解情况并向旅行社领导请示，将物品或信件交旅行社，由其转递。

五、中途退团或延长旅游期限的要求

游客要求中途退团和延长旅游期限这类特殊要求，不是导游人员所能解决的。所以，当旅游团或部分游客提出此类要求时，导游人员必须立即报告接待方旅行社，由其视具体情况做出决定，导游人员在领导指示下做好协助工作。

（一）游客要求中途退团

1. 有正当理由要求中止旅游活动

游客因有特殊原因，如患病、家中出事、工作上急需、受伤等特殊原因，要求提前离开旅行团、中止旅游活动。导游人员必须立即报告接待社，经接待社与组团社协商后可予以满足，至于因提前离团而未享受的综合服务费，按旅游协议书的规定，或旅行社之间协商，或部分退还，或不予退还。

2. 无正当理由要求中途退团

如果游客因对接待社安排失当或对导游人员工作失误不满要求中途退团，若接待旅行社或导游人员服务确有责任，导游人员应设法弥补，并赔礼道歉；若游客因为个别要求得不到满足而提出提前离团，甚至是无理要求，导游人员应请领队做说服工作，耐心解释。若说理、弥补、劝说无效，游客执意中止旅游活动，可满足其要求，但要告知其未享受的综合服务费不予退还。

3. 导游人员可为游客提供的服务

入境游客不管何种原因要求中止旅游活动，提前返回，导游人员一般要协助游客持旅行社证明办理签证分离手续；重新办理机票预定、订票手续，以及离团、返回居住地手续等工作，所需费用由游客自理。

4. 旅行社的工作

退掉已退团游客本地的房间、餐饮；退掉已退团游客去下一站的交通票。将旅游团人数减少的信息通报下一站，上报国内组团社。

案例 7-5 游客要求中途退团的处理

某旅行社导游人员小郭接待一个来自美国旧金山的旅游团,该团原计划 9 月 27 日飞抵 D 市。9 月 26 日晚餐后回到房间不久,领队陪着一位女士找到小郭说:"玛丽小姐刚刚接到家里电话,她的母亲病故了,需要立即赶回旧金山处理丧事。"玛丽小姐非常悲痛,请小郭帮助。

请问:小郭应该如何妥善处理?

案例分析:

1)表示哀悼,安慰玛丽小姐。
2)立即报告接待方旅行社,由其与国外组团社联系、协调后满足玛丽小姐的要求。
3)协助玛丽小姐办理分离签证,重订航班、机座及其他离团手续,所需费用由其自理。
4)玛丽小姐因提前离团未享受的综合服务费,由中外旅行社结算,按旅游协议书规定或国际惯例退还。
5)安排人员负责玛丽小姐的送站工作。
6)通知内勤有关变更事项。
7)通知下站及组团社有关变更事项。

(二)游客要求延长旅游期限

1. 因伤、因病需要延长在旅游目的地逗留时间

外国游客因伤、因病要延长停留时间,导游人员应为其提供必要的服务:

(1)帮助办理住院、出院手续。
(2)协助办理分离签证,必要时办理延长签证手续。
(3)不时前往医院探视,并帮助解决伤病者及其家属在生活上的困难。
(4)帮助其再订机票,以及办理回国手续。
(5)安排车辆送其前往机场离境。

上述服务中所需要费用由游客自理。住院期间未享受的综合服务费按协议书规定或相关旅行社协商决定处理,或部分退还,或不退还。

2. 其他原因要求延长旅游期限

外国游客在旅游团活动结束后,要求继续在中国旅行游览:

(1)若不需延长签证,一般可满足其要求;旅游团离境前,导游人员应协助游客持旅行社证明办理分离签证;协助其预定客房,费用由游客自理。旅游团离境后,留下的游客若继续需要旅行社为其提供导游等服务,导游人员提醒游客应与旅行社另签合同,按散客标准收取费用。

(2)若需延长签证,原则上应予婉言拒绝,建议他以后再来中国。

(3)若游客坚持或有特殊理由,导游人员应请示旅行社领导,向其提供必要的帮助。办理延长签证手续的具体做法是:持旅行社证明及游客的有效证件,去当地公安局办理分离签证手续和延期签证手续,协助其重订航班、机座,帮其订妥客房,所需费用由游客自理。若需要旅行社继续为其提供导游等服务,则应另签合同,按散客标准收取费用。

本章小结

在旅游过程中，游客的个别要求主要涉及餐饮、住宿、交通、娱乐、购物、自由活动、探亲访友、转递信件或物品等，导游人员要遵循游客个别要求处理的原则与程序，对游客的个别要求的性质进行分析、判断，根据不同的情况冷静处理。对游客合理而可行的要求尽量满足，对满足不了的要求，应认真对待，耐心解释，尊重游客。

学习与思考

1. 对游客的特殊餐饮要求如何处理？
2. 对游客调换饭店的要求如何处理？
3. 对游客住单间的要求如何处理？
4. 对游客换车要求如何处理？
5. 对游客换司机的要求如何处理？
6. 对游客拒绝登机（车、船）的行为如何处理？
7. 对游客单独用车（船）的要求如何处理？
8. 对游客亲友随团活动的要求如何处理？
9. 对游客中途退团的要求如何处理？
10. 对游客购买文物的要求应注意什么？
11. 对游客购买中药材的要求应注意什么？
12. 对游客委托购物的要求如何处理？
13. 对游客不合理的娱乐要求应如何处理？
14. 游客要求帮助转递物品时导游应注意什么？
15. 对延长旅游时间的要求如何处理？
16. 哪些情况下导游人员应该劝阻游客离团自由活动？
17. 对游客换餐、加餐的要求如何处理？

技能篇

第八章　导游语言技能
第九章　导游讲解技能
第十章　导游带团技能

第八章 导游语言技能

学习目标

通过本章的学习，要求学生了解导游语言的概念及基本要求；掌握导游口头语言表达的基本形式及注意事项；掌握导游态势语言表达技能；熟悉导游交际语言运用技巧。

第一节 导游语言的概念与要求

一、导游语言的概念

导游语言是一门艺术，导游效果很大程度上取决于导游语言运用水平的高低，语言对任何人、任何行业都很重要，但对导游人员来说更加重要。

对于导游语言，可以从广义和狭义两个角度来理解。

从广义的角度说，导游语言是导游人员在导游服务过程中必须熟练掌握和运用的所有含有一定意义并能引起互动的一种符号。"所有"，是指导游语言不仅包括口头语言，还包括态势语言、书面语言和副语言，其中副语言是一种有声而无固定语义的语言，如重音、笑声、叹息、掌声等。"含有一定意义"，是指能传递某种信息或表达某种思想感情。"引起互动"，是指游客通过感受导游语言行为所产生的反应。"一种符号"，是指导游过程中的一种有意义的媒介物。

从狭义的角度说，导游语言是导游人员与游客交流思想感情、指导游览、进行讲解、传播文化时使用的一种具有丰富表达力、生动形象的口头语言。

二、导游语言的基本要求

导游语言具有传播知识、沟通思想、交流感情的功能，是知识性、思想性、趣味性的结合体。导游人员在运用导游语言时必须做到准确、清楚、生动、灵活，四者相辅相成，缺一不可。具体包括以下几个方面：

（一）导游语言须准确无误

导游语言的准确性是指导游人员的语言必须以客观事实为依据，在讲解时使用规范化的语言，内容准确无误，逻辑性强。

1. 内容准确

所讲解景点的背景材料如历史沿革、数据、地质构造等必须准确，有根据、有出处，不能张冠李戴。对于国家政策、不能随意解释。即使是故事传说、民间传奇也要有所本源，不能道听途说，信口开河。若遇到说法不一的地方可忽略不讲，或选择有代表性的意见介绍给游客，与他们共同探讨，请他们根据自己的理解来做出判断。内容不准确是导游讲解中的"硬伤"，特别容易引起游客对导游人员的轻视和不信任。

2. 语言准确

导游讲解是以语言为工具向游客传递信息的。在传递的过程中，假如语音语调有误，语法不当，就会使信息失真，沟通不畅，甚至因游客听不懂而达不到运用语言的目的。尤其是导游人员在使用外语导游时，由于不是自己的母语，要特别注意语音语法知识，以免说错，使客人听不懂或引起误解。因此，导游人员要练好自己所使用的话种，不管是外语、地方方言还是普通话，语音、语调不仅要规范，与自己所表达的思想感情、积极的服务态度相符合，而且要与听者的人数、讲话的场合相协调，既要适度正确，又要富于变化。

3. 观点鲜明

导游语言作为表达思想的工具，其所传递的内容具有一定的社会性，会产生一定的社会效应。导游人员在运用语言表达思想时，要有鲜明正确的观点和立场，使游客对当地有一个全面、客观、公正的了解，而不能含糊其词。要坚持"内外有别"的原则，自觉运用国家的法律法规和行业纪律约束自己，不得迎合个别游客的低级趣味以及在讲解中掺杂格调低下的内容，不开政治性的玩笑。

（二）导游语言须清楚明了

语言清楚是指在讲解时要条理分明、脉络清晰、符合逻辑，把所讲的内容一层一层地交代清楚。

1. 发音要正确，吐字要清楚

导游人员在进行景点讲解、情况说明或回答游客问询的时候，一定要口齿清晰、吐字标准、发音正确、简洁明了。对于中文导游人员，一定要加强普通话训练，外语导游人员也一定要加强学习，说一口地道的外语。

2. 导游语言需要符合逻辑，内容连贯

导游人员在思维和语言表达上应做到符合逻辑规律，层次分明，对自己所要表达的内容仔细斟酌；想告诉游客什么，想让游客得到什么，自己心中要有数，不能东一句西一句，想起什么说什么，看见什么说什么，层次不清，杂乱无章。讲解时，应根据思维规律，将所讲内容有机地组织起来，先讲什么，后讲什么，层层递进，主体明确，重点突出。同时还应做到语言干净利索，不拖泥带水，不结结巴巴，使用常用而又形象的词语、简短而朴实的句子，切忌使用生僻的词语、冗长的书面语句子。如：

梵净山位于中国贵州省东部江口、印江、松桃三县交界处，其最高峰——凤凰山，海拔2 752米。梵净山不仅是贵州第一山，还是中国西部武陵山脉的主峰，也是中国14个加入联合国"人与生物圈"世界性自然保护区之一，素有"生态王国"之美誉。整个梵净山山体庞大，东西宽约21千米，南北长约27千米，总面积567平方千米，次锋"红云金鼎"是梵净山的精华部分，也是梵净山景区中段部分，总面积大约150平方千米，它分东西两线上山游览，今天我们走的是东线。南面松桃暂且尚未开发，这三县均属于铜仁市管辖。

在该段导游词介绍中，首先介绍了梵净山的地理区位，然后介绍了梵净山的历史和旅游状况，再次介绍了梵净山的总体概况和主要景区……，介绍层层推进，思路清晰，符合逻辑要求。

知识链接 8-1　主要的逻辑方法有比较法、分析法与综合法、抽象法、演绎法与归纳法

1）比较法

比较法，就是将两种或两种以上同类的事物放在一起，辨别其异同或高下的方法。人们常说"有比较才有鉴别"，只有通过比较，才能使事物有所区分。在导游语言中，应用比较法的场合很多。

如，在讲解西江千户苗寨的建筑时，可以和丽江的民族建筑进行比较，这样一来可以让游客分清两种民族建筑的不同，二来还能加深游客的印象。

2）分析法与综合法

分析法，是把一件事物、一种现象或一个概念分成较简单的组成部分，然后找这些部分的本质属性和彼此之间的关系。综合法，则是把分析的对象或现象的各个部分、各种属性联合成一个统一的整体。分析与综合是互相渗透和转化的，在分析基础上综合，在综合指导下分析。分析与综合，循环往复，推动认识的深化和发展。

如，导游人员在带团过程中，可以通过分析游客的穿着、言谈举止等细节，综合各个因素之后可以推断出游客的职业和喜好，从而针对游客的需求改变自身的导游服务。

3）抽象法

抽象法又称概括法，是从许多事物中舍弃个别的、非本质的属性，抽出共同的、本质的属性的方法。具体地说，科学抽象就是人们在实践的基础上，对于丰富的感性材料，通过"去粗取精、去伪存真、由此及彼、由表及里"的加工制作，形成概念、判断、推理等思维形式，以反映事物的本质和规律。

4）演绎法与归纳法

演绎法与归纳法都是推理的方法。前者是由一般原理推出关于特殊情况下的结论，其中三段论就是演绎的一种形式，后者是由一系列具体的事实概括出一般原理。这两个方法是相互对应的。

如，云南石林和贵州荔波各自有其特点和景观，各具特色，但是通过归纳，二者都是以喀斯特地貌类型为基础而形成的景观。

（三）导游语言须生动幽默

导游人员向游客提供的是面对面的服务，游客大多数情况下是在听导游说话，所以导游人员的语言除了语音、语调、语速要适当及要准确和清楚之外，生动性也至关重要。导游人员的语言表达要力求与神态表情、手势动作及声调和谐一致，使之形象生动、言之有情。如果导游人员的语言单调、呆板，或者十分生硬，游客听了必定兴味索然，甚至在心理上产生不爱听、不耐烦或厌恶的情绪。要使口语表达生动形象，导游人员除了要把握好语音、语调之外，还要善于运用比喻、比拟、双关、映衬、引用、换算和夸张等修辞手法。常用的修辞手法主要有以下几种：

1. 比　　喻

比喻是用类似的事物来打比方的一种修辞手法，它包括下面几种形式：

（1）使抽象事物形象化的比喻。

如："苗族姑娘歌曲唱得特别好，她们的歌声就像百灵鸟的声音一样优美动听。"这里苗族姑娘的歌声是抽象的，将其比喻为百灵鸟的声音就形象化。

（2）使自然景物形象化的比喻。

如："问君能有几多愁？恰似一江春水向东流。"运用比喻修辞，以江水写愁，绵绵忧愁似无尽的江水，不知何时是尽头，写出了秋意的绵长。

（3）使人物形象更加鲜明的比喻。

如："他就是这样一个俊朗而又热心的人，在他的身边总能感到从他身上散发出来的温暖气息，犹如阳春三月那一缕温暖灿灿的阳光。"这里将人物性格比喻为"阳光"，使其形象更加突出。

（4）使语言简洁明快的比喻。

如："夏天赏云雾松涛，一片绿色的海洋；冬天看银装素裹，犹似广寒仙境。"言词十分简洁明快。

（5）激发丰富想象的比喻。

如："我向往着海，它用它的天高云阔，用它的波澜壮阔诱惑着我，我坐在窗前，望着天空痴想着海，想着它的传说，想着海里的龙宫，那宫里是否确实有无尽的宝藏，是否有龙王高高在上；想着它的辽阔深远，想着在海的那一方，是否真的有仙山宝岛，更美的地方；想着它的蔚蓝，想着海上的点点白帆，那白帆随着那波浪前行，到达那梦想的地方，一瞬间，我散乱的思绪忽然凝成了一个强烈的愿望：我要去看海，我要'乘长风破万里浪，直挂云帆济沧海'。"

2. 比　　拟

比拟是通过想象把物拟作人或把甲物拟作乙物的修辞手法。在导游语言中，最常用的是拟人。

如："说起黄山'四绝'，排名第一的当然是奇松。黄山的松树有着无比顽强力。他们不怕严寒，四季常青，形状千姿百态，让你眼花缭乱。第二绝就是奇石。黄山的石头千奇百怪，已被命名的怪石有120多种。有的像一只大公鸡展翅啼鸣，所以命名为'金鸡叫天门'，有的似五位穿着长袍的老人，所以被叫作'五老上天都'。"

运用比拟时要注意：首先，要符合事物特征。如："傍晚时分，你们可以看到'金蝉操琴蝴蝶舞，青蛙演唱打锣鼓'的情景。"这里所说的都符合"金蝉""蝴蝶""青蛙"的特征，如果改用"蝴蝶操琴青蛙舞"就成笑话了；其次，表达要恰当、贴切。如："将军岩矗立在这里，庄严地俯视着脚下起伏的山峦，像在检阅千军万马。"如果这样说："将军岩亭亭玉立在那里，似在翘盼丈夫的归来。"这就显得不伦不类了。最后，要注意语体特点。一般来说，在讲述一些神话传说时比较常用，而在景点概述、回答问题时则不适用。

3. 夸　　张

夸张是在客观察实的基础上，用夸大的词句来描述事物，以唤起人们丰富的想象的一种修辞手法。在导游语言中，夸张可以强调景物的特征，表现导游人员的情感，激起游客的共鸣。

如："这座平台叫啸台，是魏晋时孙登的长啸处。相传阮籍曾奉司马昭之命，来拜访孙登，孙登一言不发。阮籍无奈，转身离去。刚到山腰，忽听岭上一声长啸，似百鸟齐鸣，如万鼓同擂，山峦草木被震得嗡嗡作响。"这里用夸张的手法形容长啸，使游客对这一声长啸的气势有更深的认识。

导游人员运用夸张手法应注意两点：首先，要以客观实际为基础，给人以真实感。如："七仙姑的泪水就像泉水似的从脸上流了下来。"这类脱离实际的夸张，只能给人以虚假、浮夸之感。《文心雕龙》中说"夸而有节"，也就是说，夸张要掌握分寸，不能毫无根据地乱说。其次，要明确、显豁。夸张的奥妙在于不似真实，胜似真实，要一眼就能看出。

4. 映　衬

映衬是把两个相关或相对的事物，或同一事物的两个方面并列在一起，以形成鲜明对比的修辞手法。在导游讲解中运用映衬的手法可以增强口语表达效果，激发游客的情趣。

如："在名山、宝塔的映衬下，延安城显得格外壮丽；突兀的山峰在夕阳中映衬得如同城堡。"

5. 引　用

引用是指用一些现成的语句或材料（如名人名言、成语典故、诗词寓言等）作根据来说明问题的一种修辞手法。在导游讲解中经常运用这种方法来增强语言的表达效果。引用包括明引、意引和暗引三种形式。

（1）明引是直接引用原话、原文。其特点是明确、说服力强。

如："宋代欧阳修对洛阳牡丹情有独钟。他的'洛阳地脉花最宜，牡丹尤为天下奇'的诗句道出了洛阳牡丹得天独厚的自然条件。"这里引用诗歌印证了欧阳修对洛阳牡丹的独特情感。

（2）意引是不直接引用原话、原文，而只引用其主要意思。

如："菊花有很高的药用价值，《神农本草经》把它列为上品，认为菊花可以利气轻身、延年益寿、增强体质。"这里引用的《神农本草经》对菊花的描述，具有较强的说服力。

（3）暗引是把别人的话语融入自己的话语里，而不注明出处。

如："张衡博学多能，才华横溢，被誉为'世界文化名人，中国科学泰斗'。"这里引用张衡被誉为"世界文化名人，中国科学泰斗"来说明张衡的确博学多能，才华横溢。

6. 幽　默

适当的幽默是有必要的。幽默风趣的语言如果使用得当可以活跃气氛、提高游兴，增加导游人员和游客之间的感情交流，使游客回味无穷，有时还可以摆脱尴尬。幽默既是一种技巧，又是一种艺术，更是一种智慧，它在很大程度上是对修辞方法的综合运用，但又不同于一般意义上的修辞，而足以造成幽默意境为目的。

幽默意境主要由语言的反常组合来实现，即语言组织与常识相违背，完全超出人们的预料，像一语双关、正题歪解、借题发挥等，都是很好的幽默方式。在幽默的运用中应注意分寸，使用不当会使游客感到导游人员在耍贫嘴，甚至感到低级趣味。要杜绝"黄色幽默"和"黑色幽默"，前者以低级趣味为满足，而后者以玩世不恭、嘲笑他人为目的。

（四）导游语言须灵活变通

导游语言除了要正确、清楚、生动之外，还须灵活。导游讲解的灵活性要求导游人员根据不同的对象和时空条件进行讲解，因时制宜，因地制宜。导游人员要灵活使用导游语言，针对不同年龄、不同性别、不同职业、不同文化修养和不同审美情趣的游客的特点，提供不同层次和语言形式的导游讲解，满足他们不同的审美要求。

如，对专家、学者、"中国通"，导游人员在讲解是要注意语言的品位，遣词造句要谨慎、规范；对文化水平较低的游客，导游语言要力求通俗易懂；对初访者，导游人员要热情洋溢，为游客多讲些景点知识；对年老体弱的游客，讲解时力求简洁从容；对青年游客，导游语言应活泼流畅。

总之，导游人员通过灵活地安排讲解内容，使其深浅恰当、雅俗相宜，有助于每个游客获得美的享受。

第二节　导游口头语言技能

一、导游口头语言的基本形式

（一）独白式

独白式是导游人员讲、游客倾听的语言传递方式。如导游人员致欢迎词、欢送词或进行独白式的导游讲解。例如：

西江苗族的历史非常悠久，可以追溯到公元前559年的蚩尤部落。据说西江苗族是蚩尤第三个儿子的后裔。西江苗族迁徙西江之前已经形成了自己的苗族文化体系，到西江后又长期处于政府"管外"（管制之外）的状况，一直是自己管理自己，因而苗族文化得到很好的保存和发展，再加上交通的不便，统治者欲同化也鞭长莫及。

雷山苗族银饰以其鲜明的特色在中国苗族银饰文化中占有极其重要的地位。最有影响的银饰制作村是雷山县大沟乡控拜，该村是中国苗乡闻名的银匠村。控拜几乎全村男人都掌握银饰制作技术，沿袭了若干代人。这里的银饰艺人除了满足本县的需要外，还走南闯北，云游四乡，以银饰手艺为生。远在榕江乃至黔南的一些边远县份，还可以寻到这里银饰艺人的踪迹。

从上面例子可以看出独白式口头语言具有以下特点。

1. 目的性强

导游人员的一段话，或是为了表达情感，或为介绍情况，有着明显的目的性。如上面的例子分别介绍了西江苗族文化的历史渊源和雷山苗族银饰的影响。

2. 对象明确

导游人员的独白，尽管是自己一个人在说话，但话是说给游客听的，假如没有了对象，变成了导游人员的自言自语，这段话就变得毫无意义，因而导游人员要始终想到并面对自己的游客，有针对性地进行讲解。

3. 表达充分、完整

运用独白式讲解，一般在事先已做了较多的案头准备，对所讲内容在资料掌握、内容选择、层次设计上已心中有数。在独白时，导游人员可以把自己设计好的内容完整地表达出来。刚参加工作的导游人员可以反复练习，力求效果尽善尽美。同时，在独白式讲解中，一般情况下导游人员的思路不会被打断，不会节外生枝。即使有人打断话题，也可以请他稍等，等自己介绍完了再回答他的问题，因而这种表达方式导游人员较主动，但同时也要求导游人员要准备充分，讲解要有内容、有思路，这样才会取得好的效果。

（二）对话式

对话式是导游人员与一个或一个以上游客之间进行的交谈和讨论等，它是一种双向传递的方式。在散客导游中，导游人员常采用这种形式进行讲解。例如：

导游人员："你们知道贵州最好吃的小吃是什么吗？"

游客："好像是酸汤吧！"

导游人员："那你们知道哪里的酸汤最好吃呢？"

游客："听说是苗家的酸汤是最好吃的。"

导游人员："那你们知道贵州人为什么爱吃酸汤吗？"

游客："不知道，能讲讲吗？"

从以上的对话可看出对话或口头语言具有以下特点：

1. 双向交流

导游人员和游客之间的对话可以是导游人员问，游客答。也可以是游客问，导游人员答。在提问和回答的过程中，导游人员要机智应变，和游客形成良性互动。要求双方对话题有一定的共识，而且对方有谈兴，这样对话才能进行下去，否则没有双向信息的交流，没有你来我往的应答，对话就无法进行。因此，导游人员在选择话题时要慎重，应选择游客感兴趣的话题。

2. 反馈及时

在对话的过程中，导游人员作为信息传递的一方，通过观察游客的表情、反应，来判断他们对这一话题是否感兴趣，能否理解导游人员的意图，根据反馈的信息或继续话题，或转换话题，及时加以调整。

二、导游口头语言的注意事项

（一）音量适中

音量是指说话时声音的强弱程度。在导游讲解或与游客对话过程中，如何调节好自己的音量，是语言表达的重要技巧。导游人员要善于控制自己声音的强弱，既不能过高，也不能过低。

1. 旅游人数不同、地点不同、场合不同，音量大小不同

当旅游人数较多时，导游人员应适当调高音量，反之则应把音量降低一些；在室外嘈杂的环境中讲解，导游人员的音量应适当放大，而在室内宁静的环境中则应适当放小一些。

2. 讲解内容不同，音量不同

对于一些重要的信息、关键词、重点强调的内容，要加重音量。例如，在交代集合时间时讲："大家请注意，我们明天早晨 8 点 30 分集合。"像这种关键问题，就应该提高音量，给游客留下一个较深的印象。

（二）语调适当

语调即说话的腔调，是指讲话时句子里语音升降高低的配置。任何语言都少不了要用起伏多变的语调来传达情感，不同的语调分别表示不同的语气和感情。

1. 升　调

多用于表示兴奋、激动、惊叹、疑问等感情状态。例如：

大家快看，前面那座山就是九华山了！（表示兴奋、激动）

你在十年前就来过这里？（表示惊叹、疑问）

看，那就是金色夕阳下散发着金光的鸡足山！（表示兴奋、惊叹、激动）

2. 降　调

多用于表示肯定、赞许、期待、同情等感情状态。例如：

我们明天早晨八点准时出发。（表示肯定）

希望下次还能与大家相约贵州。（表示期待）

这位游客是正确的。（表示肯定）

谢谢大家认真听讲，我的讲解到此结束。（表示尊重）

3. 直　调

多用于表示庄严、稳重、平静、冷漠等感情状态。例如：

今天我们的游程是这样安排的，上午游湖天第一胜境——中庙，观姥山岛，途中游湖滨大道、巢湖、龟山；中餐于圩里酒家就餐，下午游银屏山风景区，观千年奇花——银屏牡丹，游仙人洞，后回温泉度假区休息。我们巢湖市是因巢湖而得名，它总面积 9 423 平方千米，总人口 450 万，辖庐江县、无为县、含山县、和县以及居巢区，全境界于合肥、芜湖两市之间，周边与合肥、滁州、六安、安庆等市相接壤，隔江与芜湖、铜陵、马鞍山三市柜对望。巢湖在商周时建南巢，春秋设巢国，秦汉设居巢，唐代置巢州，后来称县，1984 年改巢县为巢湖市，到了 1999 年的时候国务院撤销了县级巢湖市，设立了地级巢湖市。我们巢湖的人文景观和自然景观都非常丰富，故称为"皖中大花园"；巢湖的特产也是相当多的，比如说巢湖蜂蜜，巢湖槐米，烟花爆竹，等等。（表示陈述）

各位团友：现在我们千户苗寨的讲解到此结束，大家可自行游览，下午五点半我们在这里集合。（表示平静状态）

蒙古族长调艺术是属于中国的，同时也是属于世界的。（表示庄严、稳重）

导游语言要讲究语调变化，一篇解说词，语调安排上要有高低起伏，抑扬顿挫的语调变化，使语言具有音乐般的节奏感。悦耳动听的声音都是反复磨炼而成的，导游人员要勤说苦练，使自己的讲解声情并茂。

（三）语速快慢相宜

语速是指一个人讲话速度的快慢程度。导游人员在导游讲解或同游客谈话时，要力求做到徐疾有致、快慢相宜。如果语速过快，会使游客感到听起来很吃力，甚至跟不上导游人员的节奏，对讲解内容印象不深甚至遗忘；如果语速过慢，会使游客感到厌烦，注意力容易分散，导游讲解亦不流畅。当然，导游人员如果一直用同一种语速往下讲，像背书一样，不仅缺乏感情色彩，而且使人感觉乏味，令人昏昏欲睡。要善于根据讲解的内容、游客的理解能力及反应等来控制讲解语言速度。

在导游讲解中，较为理想的语速应控制在每分钟 200 字左右。但可视具体情况适当调整。如：对待不同年龄层次的游客讲解语速需要不同，如对待老年游客和青少年游客，讲解速度要稍微慢一些，而对于青年和中年游客，导游讲解速度可以稍微快一些，对讲解中涉及的重要或要特别强调的内容，语速可适当放慢一些，以加深游客的印象，而对那些不太重要的或众所周知的事情，则要适当加快讲解速度，以免浪费时间。

（四）停顿合理

1. 语义停顿

口语表达时，在句与句之间，说完一层意思、一个段落，都应有适当的停顿。语义上的停顿，在书面语中是标点符号，而在口语中，把标点符号读出来，就是停顿。如果该停顿时不停顿，语义可能完全改变。例如：

中国馆占地面积 33 000 平方米/总建筑面积 19 927 平方米/它的建筑风格融合了汉代宫苑建筑和南方居民建筑特色//绿色的瓦象征了生命和园艺/白色的墙是纯洁的颜色/代表了和谐与和平/3 600 平方米的观景台上/竖立着一对由北京市人民政府赠送的华表/华表在古时又称为诽谤木/尧、舜时期为了方便人民纳谏/就在一些交通要道和朝堂上竖立木柱/让人们在上面书写谏言/而后来演变成为具有标识和装饰作用的华表//华表的上方有一对吼/北京天安门前后的华表/吼的头朝处/表示望君归/希望国君不要留恋外面的山水而废弃朝政//后面的一对吼头朝内/表示望君出/希望国君不要沉湎于声色/应外出巡视/体恤臣民//门口的这对石狮是由河北省人民政府赠送的//。

这里的/表示一个短停顿，而//则表示一个长停顿。有了这些长短不一的停顿，导游人员就能把中国馆的特色娓娓道来，游客听起来比较亲切自然。

2. 暗示省略停顿

暗示省略停顿是导游人员不直接肯定或否定，只用停顿来暗示，让游客自己判断。最常用的是在讲到自然景观时，为了加深游客的印象，导游人员往往用停顿加以引导。例如：

"龙门是昆明的一个重要景点，以往我们都是用历史、诗词歌赋的眼光去欣赏它，现在我们不妨换个方式，从风水的角度去观察龙门。何为'风水' //? 从表面上看，是指风和水，即自然界中的现象，因此古往今来对'风水'一词又有种种不同的解释。历史上最早给风水下定义的是晋代的郭璞，他在《葬书》中说：'葬者，乘生气也。气乘风则散，界水则止。古人聚之使不散，行之使有止，故谓之风水'。"

导游人员讲解时，这种暗示省略停顿，引导了游客思考，无形中也提高了导游质量。

3. 等待反应停顿

游客在得到信息后，其心理反应需有一个过程，只有经过导游人员的停顿后，这个过程才能完成；否则，导游人员的讲解如果像机关枪扫射一样，游客只有被动地接受、囫囵吞枣，就不能在心中留下深刻的印象，讲解也就不能产生打动人心的效果。例如：

一位埃及导游讲到尼罗河时这样说："现在，这里仍保留着用人祭招河神的习俗。他们每年都要举行一次仪式，众人将一位美丽的少女投进河水之中。"导游人员讲到这里，停顿下来，游客的脸上写满了惊异和不解——难道真的还有这样野蛮的习俗？停了一会儿，导游人员才说道："不过，这位姑娘是用塑料做的。"游客这才松了一口气。

4. 强调语气停顿

为了强调重点内容，引起游客注意，停顿也是行之有效的方法。在讲到重要内容的时候，戛然而止，沉默一会儿，让听众的思维活跃起来，一方面能加深印象，一方面又可提高游兴。

第三节　导游态势语言技能

态势语言亦称体态语言、人体语言或动作语言，它是通过人的表情、动作、姿态等来表达语义和传递信息的一种无声语言。同口头语言一样，它也是导游服务中重要的语言艺术形式之一，常常在导游讲解时对口头语言起辅助作用，有时甚至还能起到口头语言难以企及的作用。导游态势语言包括以下方面。

一、首　语

首语是通过人的头部活动来表达语义和传递信息的一种宏势语言，它包括点头和摇头。一般说来，世界上大多数国家和地区都以点头表示肯定，以摇头表示否定。而实际上，首语有更多的具体含义，如点头可以表示肯定、同意、承认、认可、满意、理解、顺从、感谢、应允、赞同、致意，等等。另外，因民族习惯的差异，首语在有些国家和地区还有不同的含义，如印度、泰国等地某些少数民族奉行的是点头不算摇头算的原则，即同意对方意见用摇头来表示，不同意则用点头表示。

二、表情语

表情语是通过人的面部表情来传递情感和信息的体态语言。在文学作品中，对于人物性格、心态的描述，离不开表情，因为不同的表情含有不同的语义，紧锁双眉、睁大双眼、微笑、大笑等，都是人的内心的自然流露。

知识链接 8-2　寓意丰富的表情语

1）眉毛的动作

眉毛连闪：表示意外而惊喜。

眉毛耸动：表示对说话要点的强调。
双眉上扬：表示非常欣悦或极度惊讶。
单眉上扬：表示不理解、有疑问。
谈话时皱起眉头：表示拒绝、不赞成或困惑。
眉毛迅速上下活动：表示心情愉快、内心赞同或亲切。
眉毛倒竖、眉角下拉：表示极端愤怒或异常气恼。
眉毛完全抬高：表示难以置信。
眉毛半抬高：表示大吃一惊。
眉毛半放低：表示大惑不解。
眉毛全部降下：表示怒不可遏。
眉头紧锁：表示内心忧虑或犹豫不决。
眉梢上扬：表示喜形于色。
眉心舒展：表示心情坦然、愉快。

2）嘴部动作

下嘴唇往前撇：对接收到的外界信息持不相信的怀疑态度，并且希望能够得到肯定的回答。

嘴唇两端稍微向后：如在交谈中，表明正集中注意力倾听其他人的谈话。

咬嘴唇或双唇紧闭：如在交谈中，表明正用心听另外一个人的讲话，并且在仔细分析对方的话或认真地反省自己。

说话时用手掩嘴：性格比较内向保守，经常害羞，不会轻易地或过多地将自己呈现在他人面前；做错了某件事或说错了某句话，进行自我掩饰或表示后悔。

关键时刻将嘴抿成"一"字形：坚强、顽强，不达目的誓不罢休。

3）下巴动作

下巴抬高：骄傲、优越、自信。
下巴缩起：小心谨慎。
伸长下颚：极度疲乏。
西方人突出下颚、东方人收缩下颚：预备攻击。
抚弄下颚：掩饰心态、自我安慰、自我亲密。

三、目光语

目光语是通过视线接触所传递的信息。人们常说"眼睛是心灵的窗户"，通过这扇窗户，可以观察别人心灵深处的各种情感。在汉语中，对于目光的描述丰富多彩，千变万化，像"正视""迟视""仰视""俯视""窥视""凝视""鄙视"等，字眼上的变化，传达着语义上的差别。因而相对于其他体态语言，目光语是一种更复杂、更微妙、更富有表现力的语言。

导游在讲解时，运用目光的方法有很多，常用的主要有以下几种。

（一）目光的联结

导游人员在讲解时，应用热情而又真挚的目光看着游客，应注意与游客目光的联结，切忌目光呆滞（无表情）、眼帘低垂（心不在焉）、目光向上（傲慢）、视而不见（轻视）和目光专注而无反应等不正确的目光联结方式。

（二）目光的移动

导游人员在讲解某一景物时，首先要用目光把游客的目光牵引过去，然后及时收回目光，并继续投向游客。这种方法可使游客集中注意力，并使讲解内容与具体景物和谐统一，给游客留下深刻的印象。

（三）目光的分配

导游人员在讲解时，应注意自己的目光统摄全部听讲解的游客，既可把视线落点放在最后面两端游客的头部，也可不时环顾周围的游客，但切忌只用目光注视面前的部分游客，使其他的游客感到自己被冷落，产生遗弃感。

（四）目光与讲解的统一

导游人员在讲解传说故事或轶闻趣事时，讲解内容中常常会出现甲、乙两人对话的场景，需要加以区别，因此导游人员应在说甲的话时，把视线略微移向一方；在说乙的话时，把视线略微移向另一方，这样可使游客产生一种逼真的临场感，犹如身临其境。

四、服饰语

服饰语是通过服装和饰品来传递信息的一种态势语言。一个人的服饰既是所在国家、地区和民族风俗与生活习惯的反映，也是个人气质、兴趣爱好、文化修养和精神面貌的外在表现。服饰语的构成要素很多，如颜色、款式、质地等，其中颜色是最重要的要素，不同的颜色给人的印象和感觉也不一样。深色给人深沉、庄重之感；浅色让人感觉清爽、舒展；蓝色使人感到恬静；白色让人感到纯洁。

导游人员的衣着装饰要与自己的身材、气质、身份和职业相吻合，要与所在地的社会文化环境相协调，这样才能给人以美感。着装不能过分华丽，饰物也不宜过多，以免给游客以炫耀、轻浮之感。在带团旅游时，男导游人员不应穿无领汗衫、短裤和赤脚穿凉鞋；女导游人员不宜戴耳环、手镯等。

五、姿态语

姿态语是指人在一定场合中以身体姿态所传递的信息。不同的体姿传递不同的信息，在导游讲解中，导游人员是站着讲还是坐着讲，还是边走边讲，游客的感受是不一样的。"站如松，坐如钟，行如风"，是自古以来对人们在公共场合应保持的正确体姿的一种规范。与导游服务关系密切的姿态主要有站姿、坐姿和走姿。

（一）站　姿

导游人员在景点站立讲解时，应身体端正，挺胸，双脚分开与肩同宽，将身体重心放在双脚，双臂自然下垂，或双手相叠置于身前，以表示谦恭、彬彬有礼，或双手交叉放于身后，传达一种自信和轻松。如果是在旅游车内站立讲解，导游人员可微靠司机后面的护栏，或手扶护栏，以保持身体的平衡，但要注意保持上身正直，精神饱满，不可心不在焉。

导游人员在站立时应避免躬背，给人以病态之感；不要双手叉腰，使游客觉得导游人员傲慢无礼；也不要双臂抱于胸前，显得松懈、懒散。男导游人员的站姿应给人以刚毅之美，女导游人员的站姿应体现文雅之美。

（二）坐　姿

在导游工作中，导游人员有时要根据不同的场合和语言环境选择适当的坐姿。坐姿是一个导游人员气质教养与个性的表现，应文雅、端庄、稳重、亲切自然。入座时，导游人员动作应轻、缓，又不失朗气，男导游人员应上身正直，微微分开双腿而坐，女导游人员坐下后上身正直，目视前方，腰背微靠椅背。两膝间距，男子以松开一拳为宜，女子以不分开为好。坐时应根据椅子的高低及有无扶手、靠背，注意身体的自然协调。

在坐姿中，应避免跷"二郎腿"，坐下后不要前倾或后仰，不要抖腿，否则会给人一种目中无人、缺乏教养的印象。

（三）走　姿

导游人员的走姿要给游客一种轻盈稳健的感觉。其基本要领是：行走时，上身自然挺直，立腰收腹，肩部放松，两臂自然前后摆动，身体的重心随着步伐前移，脚步要从容轻快、干净利落，目光要平稳，可用眼睛的余光（必要时可转身扭头）观察游客是否跟上。行走时，不要把手插在裤袋里。

导游人员在讲解时，多采用站立的姿态。若在旅游车内讲解，应注意面对游客，可适当倚靠司机身后的护栏杆，也可用一只手扶着椅背或护栏杆；若在景点站立讲解，应双脚稍微分开（两脚距离不超过肩宽），将身体重心放在双脚上，上身挺直，双臂自然下垂，双手相握置于身前以示"谦恭"或双手置于身后以示"轻松"。

六、手势语

（一）握手语

握手是交际双方互伸右手彼此相握以传递信息的手势语，它包含在初次见面时表示欢迎，告别时表示欢送，对成功者表示祝贺，对失败者表示理解，对信心不足者表示鼓励，对支持者表示感谢等多种语义。

导游人员在与游客初次见面时，可以握手表示欢迎，但只握一下即可，不必用力。对年龄较长或身份较高的游客应身体稍微前倾或向前跨出一小步双手握住对方的手以示尊重和欢迎。在机场或车站与游客告别时，导游人员和游客之间已建立起较深厚的友谊，握手时可适当紧握对方的手并微笑着说些祝愿的话。对于给予过导游人员大力支持和充分理解的海外游客及友好人士等可加大力度，延长握手时间，或双手紧握并说些祝福感谢的话语。

（二）手指语

手指语是一种较为复杂的伴随语言，是通过手指的各种动作来传递不同信息的手势语。由于文化传统和生活习俗的差异，在不同的国家、不同的民族中手指动作的语义也有较大区别，导游人员在接待工作中要根据游客所在国和民族的特点选用恰当的手指语，以免引起误会和尴尬。

（三）讲解时的手势

导游在讲解时，手势不仅能强调或解释讲解的内容，而且能生动地表达口头语言所无法表达的内容，使讲解生动形象。导游讲解中的手势有以下三种。

1. 情意手势

是用来表达导游讲解情感的一种手势。例如，在讲到"我国的社会主义现代化建设一定会取得成功"时，导游人员用握拳的手有力地挥动一下，既可渲染气氛，也有助于情感的表达。

2. 指示手势

是用来指示具体对象的一种手势。例如，在讲解天下第一长联——上联：五百里滇池，奔来眼底，披襟岸帻，喜茫茫，空阔无边！看：东骧神骏，西翥灵仪，北走蜿蜒，南翔缟素，高人韵士，何妨选胜登临，趁蟹屿螺洲，梳裹就风鬟雾鬓，更苹天苇地，点缀些翠羽丹霞，莫辜负，四围香稻，万顷晴沙，九夏芙蓉，三春杨柳。下联：数千年往事，注到心头，把酒凌虚，叹滚滚，英雄谁在！想：汉习楼船，唐标铁柱，宋挥玉斧，元跨革囊，伟烈丰功，费尽移山心力，尽珠帘画栋，卷不及暮雨朝云，便断碣残碑，都付与苍烟落照，只赢得，几杵疏钟，半江渔火，两行秋雁，一枕清霜。可用指示手势来一字一字地加以说明。

3. 象形手势

象形手势是用来模拟物体或景物形状的一种手势。例如，当讲到"有那么大的鱼"时，可用两手食指比一比。

导游讲解时，在什么情况下用何手势，都应视讲解的内容而定。在手势的运用上必须注意简洁易懂、协调合拍、富有变化、节制使用，还要避免使用游客忌讳的手势。

第四节　导游交际语言技巧

导游交际语言包含的内容很多，如见面时的语言、交谈时的语言、致辞（欢迎辞、欢送辞）的语言，导游人员同游客交往中导游人员对游客进行劝服、提醒、拒绝、道歉的语言等。

一、称谓的语言技巧

一般情况下，导游人员对游客的称谓经常使用三种方式。

（一）交际关系型

交际关系型的称谓主要是强调导游人员与游客交往中的交际关系。如"各位游客""各位团友""各位嘉宾"等，这类称谓角色定位准确，宾主关系明确，既公事公办，又大方平和，特别是其中的"游客"称谓是导游语言中使用频率最高的一种。

（二）套用尊称型

套用尊称是在各种场合都比较适用，对各个阶层、各种身份也比较合适的社交通称。如"女士们、先生们""各位女士、各位先生"等，这类称谓尊称意味浓厚，适用范围广泛，回旋余地较大。但一般对入境团较好，对国内团有些太正规。

（三）亲密关系型

多用于比较密切的人际关系之间的称谓。如"各位朋友们"等，这类称谓热情友好，亲和力强，注重强化平等亲密的交际关系，易于消除游客的陌生感，建议在和游客熟悉了后再用此称谓。当同个别人交谈或招呼时，也可以用职务称，如张教授、张医生；或采用职业称，以其职业加上性别相称，如司机先生、护士小姐；或姓名称，如李小姐、张先生等。

在旅游活动中，对游客的称谓总的原则应把握三点：一要得体，二要尊重，三要通用。

二、交谈的语言技巧

在导游交际过程中，虽然导游讲解占据主要的地位，但往往还有大量的时间是属于同游客自由交谈的，这种情况下的交谈，导游人员与游客的沟通、对游客情况的了解非常关键，因此在与游客自由交谈时要注意讲究聊天的技巧。

聊天是交谈的主要形式。聊天是至少两人共同参与的双向或多向的交际活动，是人们交往中最基本、最常见的现象。导游交际中的聊天与一般社交场合的聊天一样，话题往往是随意的，而且可以不时转换。但不同的是，导游人员与游客的聊天意图是明确的，是以协调双方关系、缩短双方心理距离、建立良好的交际基础为基本目的。因此，导游人员与游客聊天时主要是从对方感兴趣的或对方关心的话题切入。如对旅游目的地的提前了解，女性游客对时装、美容、小孩的关注，老年游客对身体健康、怀旧的兴趣等。

聊天是双方自觉自愿、平等交流、随和开放的行为，导游人员应注意创造聊天的条件，营造聊天的氛围，根据游客的心理特征、语言习惯、文化水平、脾气秉性等各种因素，随机应变地引导聊天的过程，使交谈气氛融洽、交流愉快，达到与游客互相理解、有效沟通的目的。

（一）开头要寒暄

不寒暄就进入交谈，往往显得唐突而不礼貌。冷不丁一句，对方要么就莫名其妙，要么就只能"嗯啊"几句，很难进入实质性的交谈。因此，交谈之前，先寒暄一番，可以缩小彼此之间的感情距离，打破双方陌生的界限，亦即疏通信息传递的通道，使彼此之间有些初步了解。主要的寒暄方法有以下几种。

1. 问候式

如"您好！""早上好！"显得亲切，拉近彼此之间的距离。

2. 询问式

一般用于询问对方的姓名、职业。如"您贵姓""您职业"等。但切忌直接询问对方比较私密的问题,如工资收入、生活情况等。

3. 夸赞式

如"张女士,今天气色真好""杨先生,身体状态真好!"诚心赞美能够使人心情愉悦,给人留下好的印象。

4. 描述式

以友好的语气描述对方正在进行时的动态。如"我们稍做休息""渴了可以喝点水",这类词语可以让人感觉到你比较贴心。

(二)说话要真诚

导游人员要给游客留下良好的印象,不能忘记真诚。这绝不是出于说话策略的需要,而是做人的准则。所谓真诚,就是敢于把自己的思想开诚布公地说出来。同时,当对方真诚地对你时,你也要以诚相报。对人真诚,并不是毫无节制地说话,也不是无原则地什么话都说,必须符合外事纪律和道德规范。

(三)内容要健康

导游人员与游客交谈内容必须是积极向上的,不能涉及低级趣味的内容,比如荒唐离奇、耸人听闻、黄色淫秽的事情,不能说他人坏话,讲及死亡、疾病等不愉快的事情。

(四)言语要中肯

真诚待人才能赢得别人的尊重。导游在与游客交谈的过程中,言语要中肯真诚。不能夸夸其谈、喋喋不休、故弄玄虚。

(五)说话要"看"人

在不同的场合,对不同的人说不同的话,这是交谈的一个基本准则。日本经营评论家创立了一种"实用会话法",把说话能力分解成五个因素:语气(S)、用词(W)、内容(I)、感情(E)、技巧(T)。在不同场合下,面对不同的人,需要改变这五个因素,这样能获得较好的交流效果。

(六)善于把握谈话过程

交谈既有始就有终。在交谈过程中,要注意:

第一,切忌在对方谈兴正浓时戛然中止交谈,应待交谈告一段落时,再设法收场。

第二,不要勉强延长交谈。当发现自己或对方交谈的内容临近枯竭,应及时结束交谈,对方谈兴已衰时,不要无话找话。故意延长话题是最不明智的。

第三,要留意对方的暗示。若对方已无交谈兴趣,大多会利用身体或言语来做希望结束谈话的暗示,如,故意看表,如坐针毡地改变坐姿或心不在焉地游目四周等,遇到这种情况,就要知趣地结束谈话。

第四，结束交谈要恰到好处。准备结束谈话之前，可先预定一段时间，以便从容游刃地停止。突然中止交谈，匆匆离开，显得粗鲁无礼。若因别的事需要打断对方的谈话，可说一句道歉的话，然后再离开。

第五，结束交谈时，要给对方留下一个愉快的印象。微笑往往是结束交谈的最佳"句号"，几句幽默的话语更是结束交谈的"尾声"。

三、劝服的语言技巧

在导游服务过程中，导游人员常常会面临各种问题，需要对游客进行劝服，如旅游活动日程被迫改变需要劝服游客接受；对游客的某些越轨行为需要进行劝说等。劝服一要以事实为基础，即根据事实讲明道理；二要讲究方式、方法，使游客易于接受。

（一）诱导式劝服

诱导式劝服即通过有意识、有步骤的引导，澄清事实，讲清利弊得失，使游客逐渐信服。

如某旅游团原计划自上海飞往贵阳，因气候变化只能改乘火车，游客对此意见很大。这时导游人员首先要十分诚恳地向游客致歉，然后耐心地向游客说明原委并分析利弊。让游客理解体谅，并且愿意改变行程。

对这类问题的劝服，导游人员一是要态度诚恳，使游客感到导游人员是站在他们的立场上帮助他们考虑问题；二是要善于引导，巧妙地使用语言分析其利弊得失，使游客感到上策不行取其次也是很好的选择。

（二）迂回式劝服

迂回式劝服是指不对游客进行正面、直接的说服，而采用间接或旁敲侧击的方式进行劝说，即通常所说的"兜圈子"。这种劝服方式的好处是不伤害游客的自尊心，而又使游客较易接受。

如导游在带团过程中，常常会遇到有的游客喜欢离团独自活动，出于安全考虑和旅游团活动的整体性，这时导游人员可以使用迂回式劝服，如让该游客来讲解自己对该景点的一些了解和发现，这样一来有效地吸引了该游客的注意力，使他愿意跟着大部队行动，同时也能缓解不必要的麻烦。

在这里，导游人员没有直接将该游客喊过来，因为那样多少带有命令的口气，而是采用间接的、含蓄的方式，用巧妙的语言使游客顿悟导游人员话中的含意，游客的自尊心也没有受到伤害。

（三）暗示式劝服

暗示式劝服是指导游人员不明确表示自己的意思，而采用含蓄的语言或示意的举动使人领悟的劝说。

如导游在带团过程中，遇到游客在旅游车内抽烟，使得车内空气浑浊，全车人感觉不适，导游人员不用当着其他游客的面，直接劝说，伤游客的自尊，可以在游客又欲抽烟时，向他摇摇头（或捂着鼻子轻轻咳嗽两声），使游客熄灭香烟。

这里导游人员运用了副语言——摇头、捂鼻子咳嗽，暗示在车内"请勿吸烟"，使游客产生自觉的反应。

总之，劝服的方式要因人而异、因事而异，要根据游客的不同性格、不同心理或事情的性质和程度，分别采用不同的方法。

四、提醒的语言技巧

在导游服务中，导游人员经常会碰到少数游客由于个性或生活习惯的原因表现出群体意识较差或丢三落四的行为，如迟到、离团独自活动、走失、遗忘物品等。对这类游客，导游人员应从关心游客安全和旅游团集体活动的要求出发给予特别关照，在语言上要适时地予以提醒。

提醒的语言方式很多，除了直截了当的命令式（这种方式切忌使用）之外，还有其他的委婉方式。由于导游人员处在为游客服务的位置，导游人员对游客首先应予以尊重。其次要有服务意识，对游客的安全负责，当游客的某些行为需要提醒时，应使用委婉的语言。导游人员提醒的语言应富有情感，要体现对游客的关心，使提醒能在愉悦的气氛中被游客所接受。提醒的语言方式具体有以下几种。

（一）敬语式提醒

敬语式提醒是导游人员使用恭敬口吻的词语，对游客直接进行提醒。如"请""对不起"等。导游人员在对游客的某些行为进行提醒时应多使用敬语。这样会使游客易于接受，如"请大家安静一下""对不起，您又迟到了"。

（二）协商式提醒

协商式提醒是导游人员以商量的口气间接地对游客进行提醒，以取得游客认同的方式。协商将导游人员与游客置于平等的位置，导游人员主动同游客进行协商，是对游客尊重的表现。一般说来，在协商的情况下，游客是会主动配合的。

（三）幽默式提醒

幽默式提醒是导游人员用幽默、可笑而意味深长的词语对游客进行的提醒方式。导游人员运用幽默的语言进行提醒，既可使游客获得精神上的快感，又可使游客在欢愉的气氛中受到启示或警觉。

如，一般在宗教佛寺进行游览时，是禁止游客对着佛像拍照的，因为它容易对佛像造成损害。但是有的游客就爱对着佛像拍照，这时导游人员可以说："大家不要对着佛像拍照，闪光灯会闪得他眼睛睁不开哦！"

又如，几位年轻游客在浏览时，纷纷爬到一尊大石象的背上照相，导游人员见状连忙上前提醒他们："希望大家不要欺负这头忠厚老实的大象！"这比一脸严肃地说"你们这样做是损坏文物，是要被罚款的"效果要好得多。

五、回绝的语言技巧

回绝即对别人的意见、要求予以拒绝。在导游服务中，导游人员常常会碰到游客提出各种各样的问题和要求，除了一些通常的问题和一些合理的经过努力可以办到的要求可予以解释或满足外，也有一些问题和要求是不合理的或不可能办到的，对这类问题就要求导游人员回绝。但是，由于导游人员同游客之间主客关系的束缚，导游人员不便于直接回答"不"，这时导游人员必须运用回绝的语言表达方式和技巧。

（一）柔和式回绝

柔和式回绝是导游人员采用温和的语言进行推托的回绝方式。采取这种方式回绝游客的要求，不会使游客感到太失望，避免导游人员与游客之间的对立状态。

如，有的游客在旅游过程中，想要增加观看的景点，作为导游是不能擅自更改旅游景点和线路的，此时，导游可以通过柔和式的回绝方式来拒绝游客。"您的意见非常好，但是我们先完成既定的旅游线路和景区游览，如果还有多余时间我会统一安排大家前去游览。"这位导游人员未明确表示同意与否，然而却委婉地谢绝了游客的提议。

上述这类回绝在方式上是柔和的、谦恭的，采用的是拖延策略，取得了较好的效果。

（二）迂回式回绝

迂回式回绝是指导游人员对游客的发问或要求不正面表示意见，而是绕过问题从侧面予以回应或回绝。

如，一名云南导游人员在接待游客时，遇到了一位非常刁钻的游客，总是不停地问一些刁钻的问题。在石林旅游过程中，游客提问："石林的这些石头没啥意思，导游你觉得我们花那么多钱值得吗？"导游迂回式回答："看待事物角度不同，想法也不同，这也是人与人之间的不同。有的人觉得不值得，而有的人却能透过事物看到不一样的景色。"游客顿时语塞，不再问一些刁钻的问题。

（三）引申式回绝

引申式回绝是导游人员根据游客话语中的某些词语加以引申而产生新意的回绝方式。

如，某游客在离别之前把吃剩的半瓶药送给导游人员并说："这种药很贵重，对治疗我的病很管用，现送给你作个纪念。"导游人员谢绝地说："既然这种药贵重，又对您很管用，送给我这没病的人太可惜了，还是您自己带回去慢慢用更好。"

这里导游人员用客人的话语进行的引申十分自然，既维护了自己的尊严，又达到了拒绝的目的。

（四）诱导式回绝

诱导式回绝是指在对方提出问题之后，不马上回答，先讲一点理由，提一些条件或反问一个问题，诱导对方自我否定，自动放弃原来提出的问题。

总之，导游人员无论用哪种回绝方式，其关键都在于尽量减少游客的不快。导游人员应根据游客的情况、问题的性质、要求的合理与否，分别采用不同的回绝方式和语言表达技巧。

六、道歉的语言技巧

在导游服务中，因为导游人员说话不慎、工作中的某些过失或相关接待单位服务上的欠缺，会引起游客的不快或不满，造成游客同导游人员之间关系的紧张。不管造成不愉快的原因是主观的还是客观的，也不论责任在导游人员自身还是在旅行社方面，抑或相关接待单位，导游人员都应妥善处置，采用恰当的语言表达方式向游客致歉或认错，以消除游客的误会或不满情绪，求得游客的谅解，缓和紧张关系。

（一）微笑式道歉

微笑是一种润滑剂，微笑不仅可以对导游人员和游客之间产生的紧张气氛起到缓和作用，而且微笑也是向游客传递歉意信息的载体。

如，导游人员在讲解景区的过程中，由于记忆错误等，导致讲解内容出错，游客纠正后，导游人员可以用笑容来致歉，包括对游客抱歉地一笑，游客也不会斤斤计较。

（二）迂回式道歉

迂回式道歉是指导游人员在不便于直接、公开地向游客致歉时，采用其他方式要求游客谅解的方式。

如，出现导游人员在导游服务中过多地接触和关照部分游客，引起了一些游客的不悦，导游人员觉察后，可以通过主动地多接触这些游客，并给予关照和帮助，逐渐使这部分游客冰释前嫌。在这里，导游人员运用体态语言表示了歉意。

又如，旅游团就下榻饭店早餐的品种单调问题向导游人员表示不满，提出要换住其他饭店。导游人员经与该饭店协商后，增加了早餐的品种，得到了游客的谅解。

导游人员除了采用迂回道歉方式改进导游服务外，还可以请示旅行社或同相关接待单位协商后，采用向游客赠送纪念品、加送或免费提供其他服务项目等方式表示道歉。

（三）自责式道歉

由于旅游供给方的过错，使游客的利益受到较大损害而引起强烈不满时，即使代人受过，导游人员也要勇于自责，以缓和游客的不满情绪。道歉首先必须是诚恳的；其次，道歉必须是及时的，即知错必改，这样才能赢得游客的信赖；最后，道歉要把握好分寸，不能因为游客某些不快就道歉，要分清深感遗憾与道歉的界限。

本章小结

导游语言是导游人员从事旅游接待服务的重要工具，要想取得良好的导游效果，必须熟练掌握并不断提高语言艺术水平；学习在导游工作中如何正确运用口头语言、书面语言、态势语言；掌握导游交际语言基本使用方法与技巧。

学习与思考

1. 什么是导游语言？导游语言的基本要求是什么？
2. 导游语言的表达技巧有哪些？
3. 导游交谈的语言技巧有哪些？
4. 导游口头语言的基本形式有哪些？
5. 导游口头语言要注意哪些问题？
6. 导游如何正确使用态势语言？
7. 导游提醒和回绝游客时应注意什么？

第九章　导游讲解技能

学习目标

通过本章的学习，要求学生了解导游讲解的概念与原则，熟悉导游讲解的具体要求，熟悉导游词的概念、特点、功能和创作结构，熟练掌握导游讲解方法和技巧，掌握实地导游讲解的要领，并将其运用于实践中，提升自己的讲解能力。

第一节　导游讲解概述

正确掌握导游讲解艺术，灵活运用导游方法，是完成高质量的导游服务的基本保证。一名成功的导游人员要善于针对游客的心理活动，灵活地运用导游手法，因势利导，对不同层次的游客施加相应的影响，使游客与导游人员达到心灵上的默契，让每位游客的需要得到合理的满足，使旅游生活轻松愉快。导游方法千差万别，个人在运用时又千变万化，然而，各种方法和技巧均有着内在的基本规律，即导游人员在导游活动中必须遵循相应原则与要求。

一、导游讲解的概念

导游讲解是导游人员以丰富多彩的社会生活和璀璨壮丽的自然和人文景观为题材，以兴趣爱好不同、审美情趣各异的游客为对象，对自己所掌握的各类知识进行整理、加工和组织，用口头语言所进行的一种意境再创造。

导游讲解是导游人员的主要职责之一。如前所述，导游讲解涉及的知识领域很广，导游人员要做好导游讲解，首先要熟悉和掌握广博的知识；其次要根据需要，将这些知识运用逻辑思维的方法组织起来，使之条理化；最后再将它们用简洁明快的口头语言表达出来。可见，导游讲解不仅涉及语言的有效表达，而且还是一个复杂的思维过程，是一种创造性的劳动，即通过导游人员的智力创造出一件件满足游客需要又具有感染力的艺术品。每一篇导游词都是一种意境的再创造。

二、导游讲解的原则

（一）客观性

客观事实是指独立于人的意识之外，又能为人的意识所反映的客观存在，它包括自然界的万事万物和人类社会的各种事物，其中有的是有形的，如名山大川、文物古迹；有的则是无形的，如社会调度、旅游目的地居民对游客的态度等，这些都是客观存在的。导游进行讲解时，无论采用何种方法或技巧，都必须以客观存在为依据，即导游必须建立在自然界或人类社会某种客观现实的基础上。

（二）针对性

导游每次带团面对的游客都不一样，游客所感兴趣的内容也都不一样，以一成不变的导游词面对不同的游客是行不通的，因此，导游讲解必须要有针对性。针对性是指导游人员从游客的实际情况出发，因人而异、有的放矢地进行导游讲解。导游人员要根据不同游客的具体情况，在接待方式、服务形式、导游内容、语言运用、讲解的方式方法上有所区别；导游讲解时，导游词内容的广度、深度及结构应该有较大的差异。通俗地说，就是要看人说话，投其所好，导游人员讲的正是游客希望知道的、有能力接受的并且感兴趣的内容。

（三）计划性

计划性就是要求导游人员在特定的工作对象和时空条件下发挥主观能动性，科学地安排游客的活动日程，有计划地进行导游讲解。

周密的计划是导游服务成功的保证，旅游团在目的地的活动日程和时间安排是计划性原则的中心。一般的旅游团在目的地的逗留时间只有短短的几天，这就需要导游人员对旅游团的活动做出周密的安排，使游客在有限的时间里获得最大的满足。遇到因某种原因需缩短或延长在目的地游览的时间时，导游人员更应制定出适应变化的、尽量使游客满意的新日程。

导游人员在按照接待计划带领旅游团进行每一天的旅游活动时，还要特别注意科学地分配时间。如饭店至各参观游览点的距离及行车所需时间、出发时间、各条参观游览线所需时间、途中购物时间、午间就餐时间，等等。如果在时间安排上缺乏计划性，就会出现"前松后紧"或"前紧后松"的被动局面，甚至有的活动被挤掉，影响计划的实施而导致游客不满甚至投诉。

计划性的另一个具体体现是每个参观游览点的导游方案。导游人员应根据游客的具体情况合理安排在景点内的活动时间，选择最佳游览路线，导游讲解内容也要作适当取舍。什么时间讲什么内容、什么地点讲什么内容以及重点介绍什么内容都应该有所计划，这样才能达到最佳的导游效果。

（四）灵活性

所谓灵活性是指导游讲解要因人而异、因时制宜、因地制宜。旅游活动往往受到天气、季节、交通以及游客情绪等因素的影响，我们所讲的最佳时间、最佳线路、最佳景点都是相对而言的，客观上的最佳条件若缺乏主观上完美导游艺术的运用就不可能有很好的导游效果。因此，导游人员在导游讲解时要根据游客的具体情况以及天气、季节的变化和时间的不同，灵活地运用导游知识，采用切合实际的导游内容和导游方法。

在旅游过程中，时不时会遇到旅行社计调安排线路不合理，导致旅途时间太紧张，容易造成游客误机情况发生。因此，这就需要导游在针对实际情况，在征得游客同意的情况下，调换游览景区的顺序，从而使整个行程更加舒心。这体现了导游的灵活性。

导游讲解以客观现实为依托，客观性、针对性、计划性和灵活性体现了导游活动的本质，也反映了导游方法的规律。导游人员应灵活运用这四个基本原则，自然而巧妙地将其用于导游讲解之中，这样才能不断提高自己的讲解水平。

三、导游讲解的基本要求

导游讲解是向游客有效地传播知识、联络感情的一种服务方式。一方面，导游人员讲解的知识要能够为游客所理解；另一方面，要使游客在心理上或行为上产生认同，在情感上与导游人员趋向。导游人员在讲解时应符合以下十项具体要求。

（一）言之有趣

导游人员讲解要生动形象、幽默风趣，要使游客紧紧地以导游人员为核心，在听导游讲解的过程中，感受到一种享受和满足。需要指出的是，导游人员在制造风趣幽默时，比拟要自然、贴切，千万不可牵强附会，不正确的比拟往往会伤害游客的自尊心，并对其他游客产生不良的影响。例如，下面是几个可以让欢迎词更加幽默风趣的表达方式。

"六千万"

最后我要送给大家一样东西，我要送给大家六千万，大家不要惊讶，就是六千万……

第一，千万要注意安全

第二，千万要保管好自己的随身物品

第三，千万要记得集合时间

第四，千万要记得集合地点

第五，千万要集体行动不要单独行动

第六，大家一定要记得以上五千万

"师傅的三心二意"

导游：大家知道师傅的特长是什么吗？

客人可能会说："开车"！

导游：不是，师傅的特长是三心二意！

　　　三心：一是，开车小心；二是，对待客人耐心；三是，服务热心。

　　　二意：一是，开起车来一心一意；二是，为各位美女帅哥服务全心全意。

（二）言之有物

导游讲解要有具体的指向，不能空洞无物。讲解资料应突出景点特点，简洁而充分。可以充分准备，细致讲解，不要东拉西扯，缺乏主题、缺乏思想，满嘴空话、套话。导游人员应把讲解内容最大限度地"物化"，使所要传递的知识深深地烙在游客的脑海中，实现旅游的最大价值。

如，从此，沉睡和荒寂了千万年的格尔木，在建设者们的炮声、锤声和脚步声中苏醒了，开始出现勃勃生机。不久，这里出现了一个帐篷城市，后来又建起许多简易的住宅和窑洞。经过近50年的建设，在这片一穷二白的土地上，展现出了一幅锦绣的图画。在众多设计美观大方、建设新颖精良的高楼大厦之中，新建的格尔木火车站十分引人注目。它的总建筑面积165 000多平方米。车站中心的候车大厅，可容纳2 000多名旅客候车。位于城西阿尔顿曲克的格尔木飞机场，可以降落大型客机。

（三）言之有理

导游人员讲解内容、景点和事物等必须要以事实为依据，要以理服人，不要言过其实和弄虚作假，更不要信口开河。如果违反事实地讲解，一旦游客得知事实真相，即会感到自己受了嘲弄和欺骗，导游人员的形象在游客的心目中一落千丈。

如，到目前为止，各种资料上记载的关于澜沧江的源头有十几种说法，而以不同源头为起点的河流长度也有多种，估测的长度从 4 200 千米到最长 4 880 千米不等。发源于唐古拉山北侧的扎纳日根山脉，查加日玛峰（藏语，意为"多彩的山"）南坡，莫云滩深处的扎阿曲，位于东经 94°41′44″、北纬 33°42′31″、海拔 5 224 米的拉赛贡玛的功德木扎山上，位于玉树州杂多县境内。遥感专家刘少创探测的结果是，澜沧江源头在青海省玉树藏族自治州杂多县吉富山，海拔 5 200 米，地理坐标是东经 94°40′52″，北纬 33°45′48″。从这里算起，澜沧江（湄公河）的长度是 4 909 千米。

导游人员使用若干专家的探测结果对景点进行描述，有科学根据，能够以理服人。

言之有理不仅在讲道理的"理"，另一层含义是导游讲解要符合一定的生活和风俗习惯，符合人们的欣赏习惯、符合法律法规。

（四）言之有据

导游人员讲解要有根据，不能道听途说，更不能没有根据地胡乱瞎说。对游客讲话，谈问题，讲解游览的景点，对外宣传都要从实际出发，要有真凭实据。

（五）言之有神

导游讲解应尽量突出景观的文化内涵，使游客领略其内在的神采。其讲解要经过综合性的提炼并成为一种艺术，让游客得到一种艺术享受。同时，导游人员要善于掌握游客的神情变化，分析和掌握哪些内容游客感兴趣，哪些内容游客不愿听，游客的眼神是否转移，游客中是否有人打呵欠等，这些情况要随时掌握，并灵活调整所讲内容。

如，日光山又称龙头山，与厦门的虎头山隔海相望，一龙一虎把守厦门港，叫"龙虎守江"。这里原有一亭名"旭亭"，早已毁圮。台湾文人石国球写了一篇《旭亭记》，描写日光岩"山罗海绕，极目东南第一津，水光接天，洪波浴日，皆为梵刹呈奇"。磴道巨石夹峙，森严壁立，有"九夏生寒"之意，凉意自然来自"鹭江龙窟"了。

将文人诗词应用到导游讲解中，能让游客感受到艺术氛围。

（六）言之有力

导游人员在讲解时要正确掌握语音、语气和语调，既要有鲜明生动的语言，又要注意语言的音乐性和节奏感。此外，导游人员在讲解结尾时，声音要响亮，让游客有心理准备。

如，每到中秋之夜，皓月当空，人们在塔内点上灯烛，孔口用白色薄纸蒙上，烛光从纸上透出，倒映于湖，又成水中之月，随着微波荡漾，似有无数个月亮在水中晃动。月光、灯光、湖光、月影、塔影、云影交相辉映，融成一片极富诗情画意的景观，让人感到有一种奇幻之美。好了，三潭印月的游览到此结束。接下来，我们将乘船去苏堤。

在结束讲解时候可将声音提高，让游客做好去下一个景点的准备。

（七）言之有情

导游人员要善于通过自己的语言、表情、神态等传情达意。讲解时，应充满激情和热情，又充满温情和友情，寓含感情和人情的讲解更容易被游客接受。

如，西江千户苗寨是苗族人在几千年的历史发展过程中慢慢建立起来的全国乃至全世界规模最大的村寨，它的布局和建筑等体现着苗族人民的智慧和结晶。

又如，苗族服饰，是一部穿在身上的史书。苗族是一个没有文字的民族，所以苗家人把自己民族的历史、文化和民族精神，把自己的苦难、回忆和缅怀，用刺绣和银饰"写"在自己的服饰上，让苗族服饰拥有厚重的历史积淀，最终成为一部穿在身上的史书。

以上两个案例中，导游人员必须对西江有深刻的了解，与西江建立起浓厚的情感，对这个苗族村寨的历史和民族文化怀有敬畏之心、有情感融入才能做到言之有情。

（八）言之有喻

导游人员应结合游客的欣赏习惯，用游客熟悉的事物来介绍，要恰当地运用比喻手法，减少游客理解的难度，增加旅游审美中的形象感和兴趣。

（九）言之有礼

导游人员的讲解用语和动作、行为要文雅、谦恭。因此，导游除了具备专业的导游知识以外，还需要学习专业的礼貌礼仪等知识，从而在游览过程中，做到言之有礼，举止文明优雅。

（十）言之有时

导游人员讲解的时间安排应注重实效性，一般讲解时间不宜太长太久，需要进行较长的讲解时，中间穿插一些适当的对话形式，避免给游客"一言堂"的感觉。讲解的时间要与游客的观赏时间相交叉，以方便游客观赏、理解。

第二节　导游讲解方法和技巧

导游人员在带领游客浏览的过程中，为了使自己成为游客的注意中心并将他们吸引在自己周围，就必须具有较好的导游讲解方法和技巧。包括导游讲解的方式、方法，编织讲解的故事情节，结合游览活动的内容，释疑解惑，创造悬念，有的放矢，启发联想、触景生情，以引人入胜；有选择地介绍，采用有问有答的交流式对话，引导游客领会旅游的意境等。

一、概述法

概述法是导游人员就旅游城市或景区的地理、历史、社会、经济等情况向游客进行概括性的介绍，使其对即将参观游览的城市或景区景点有一个大致的了解和轮廓性认识的一种导游方法。内容上往往包含一个景区的历史背景、地理位置、景点特色、景点价值（地位）、名人评价等。

例如：用"概述法"介绍黎平翘街和黎平会议会址的概况。

导游人员用概述法介绍黎平翘街："翘街位于黔东南州黎平县城的东南面（地理位置），始建于明朝初期，因屯兵而起，因商贾而兴，它的历史，就是一部千年的边陲移民史与边贸商贾史（历史背景）。这里的居民多为明代'调北征南'时屯军的后裔，现在仍保留和延续着江南的生活习俗。这里的建筑是明清时期中国南方传统文化建筑的杰出典范。翘街还是鸿运街,是一个绝处逢生的地方,一个改变中国革命命运的地方。每一条街巷都有属于它的不息灵魂;每一个院子,都深藏着许多百转千回的人文记忆。(景点特色)2011年被命名为中国历史文化名街。(景点价值)漫步古街,古老之美令人遐思,浓郁的历史文化令人游赏不尽。大家一定迫不及待地想零距离地欣赏我们翘街的美了吧,那就让我们一起走进翘街吧。"

用概述法介绍黎平会议会址:"黎平会议会址位于翘街中部,原为胡氏商铺,占地面积797平方米。它是经营木材致富的胡氏于清嘉庆年间所建,四周封火墙,内为四合式木结构院落。一进为商铺,第二进为一栋5间两进两层木质建筑,是黎平会议会场和朱德、周恩来住处;三进为花园等。门匾上为老一辈无产阶级革命家陈云手书'黎平会议会址'六个大字。整个建筑高大宽敞,属典型的明清朝四合院式风格建筑。(地理位置、布局)

"1934年12月14日中央红军长征抵达贵州黎平,12月18日党中央在此召开了红军长征途中的第一次政治局会议,史称黎平会议。参加这次会议的有毛泽东、周恩来、朱德、王稼祥、张闻天、博古。会上激烈地争论了红军的进军方向问题。政治局采纳了毛泽东放弃与红二军、六军团汇合,改向贵州腹地进军的主张。会议解决了中央红军的转兵问题,做出了《中央政治局关于在川黔边建立新的根据地的决议》。即'战略方针之决策'。根据会议决定,红军向以遵义为中心的黔北地区进军,并在1935年1月攻克黔北重镇遵义。因此,才有后来的遵义会议。(历史背景)

"黎平会议在红军生死攸关的紧急关头,挽救了党,挽救了红军,挽救了中国革命,是红军长征走向胜利的起点,是中国革命伟大转折点的开端。(景点意义)

"1978年被黎平县革命委员会列为县级文物保护单位。1982年贵州省人民政府公布为省级重点文物保护单位。1995年被共青团中央命名为'全国青少年爱国主义教育基地'。2005年11月被命名为第三批'全国爱国主义教育示范基地'。2006年05月25日,黎平会议会址被国务院批准列入第六批全国重点文物保护单位名单。2012年成为中国人民解放军第二炮兵部队的'理想信念教育基地';现为全国30条红色旅游精品线上的主要节点,是全国100个红色旅游经典景区之一。(景点价值、地位)"

二、分段讲解法

所谓"分段讲解法",就是将一处大景点分为前后衔接的若干部分来讲解。也就是说,在参观一个大的、重要的游览点之前,先概括地介绍此游览点的基本情况,包括历史沿革、占地面积、欣赏价值等,使游客对即将游览的景点有个初步的印象。然后,导游人员再带团顺次参观,边看边讲,将游客导入审美对象的意境。游客边欣赏沿途美景,边倾听导游人员有声有色、层次分明、环环相扣的讲解,定会心旷神怡,获得美的享受。

例如:用"分段讲解法"介绍武当山。

先讲解武当山36岩中南岩:"武当山有36岩,现在我们就来到了被认为36岩中最美的南岩,武当山的自然景观与精美的建筑是融为一体的,在这里可以得到充分的体现。这座雄居于悬崖上的石殿建于元朝,悬崖旁边有一个雕龙石梁,石梁悬空伸出2.9米,宽只有30厘米,上雕盘龙,龙头顶端雕有一个香炉,这便是著名的'龙头香'。过去有些香客冒着生命危险去烧龙头香,以示虔诚,可见他们对道教的信仰之深。为安全起见,我们大家想许愿祈祷的话可以到别的地方,心诚则灵嘛。"

再介绍金殿:"经过长途跋涉,我们终于登上了主峰天柱峰了,天柱峰海拔 1 612 米,素有'一柱擎天'之誉。现在我们所在的就是金殿了。金殿是我国最大的铜铸金鎏大殿,修建于永乐四十年,整个金殿没用一根钉子,全是铸好各个部件后运上山搭建而成的,铆合得非常严密,看起来好像是浑然一体的。大家看,这边的长明灯相传是从来不灭的,那么山顶空旷多风,为什么它不会被风吹灭呢?据说是因为藻井上悬挂的这颗'避风仙珠'的缘故。相传此珠能镇住山风,确保殿内神灯长明不灭,其实真正的原因是因为殿门的各个铸件都非常严密精确,可以改变风向,由此可见我国古代劳动人民智慧和技艺的高超。金殿从修建到如今已经历了 3500 多年的风吹雨打,仍辉煌如初,不能不说是我国古代建筑和铸造工艺的一件稀世珍宝。"

三、突出重点法

突出重点法是在导游讲解时避免面面俱到,而突出某一方面的讲解方法。一处景点,要讲解的内容很多,导游人员必须根据不同的时空条件和对象区别对待,有的放矢地做到轻重搭配,重点突出,详略得当,疏密有致。导游讲解时一般要突出以下四个方面。

(一)突出景点的独特之处

游客来到目的地旅游,要参观游览的景点很多,其中不乏一些与国内其他地方类似的景点。突出重点法就是导游讲解时避免面面俱到,而是着重介绍参观游览点的特点和与众不同之处的方法。一处景点,往往内容很多,导游人员必须根据不同的时空条件和对象区别对待。做到轻重搭配,详略得当,必要时去粗取精,去伪存真,由此及彼,由表及里。

如,"武当山位于湖北省西北重镇十堰市下辖的丹江口市境内,东依历史名称襄樊,南连苍茫千里的神农架,西接车城十堰,北临丹江口水库。它是著名的道教圣地,同时也是世界文化遗产。武当山的自然景观以雄为主,兼有险、奇、幽、秀等多重特征。环绕主峰的众峰争雄斗奇,但却又都俯身颔首朝向主峰,形成'七十二峰朝大顶'的奇观。武当山四季景致各异,但是它'冬寒而不寒,夏热而不热',是我国避暑胜地之一。武当山秀丽的自然景观让人叹为观止,但武当山的文化景观更是引人入胜。武当山是目前全国最大的道教活动中心,使它名扬天下的一是它浓郁的道教文化及各处宫观中丰富而精致的铜铸文物;另一个就是素有'北宗少林,南尊武当'之说的武当武术。武当武术是中华武术中的瑰宝,享誉海内外。武当功夫又称内家功夫,它历史悠久,博大精深,素有盛名。元末明初武当道士张三丰集其大成,创立了武当内家拳,被誉为武当武术的开山之祖,为武当武术的发展奠定了基础。"

导游人员在讲解时需要突出其独特之处。

(二)突出具有代表性的景观

游览规模大的景点,导游人员必须事先确定好重点景观。这些景观既要有自己的特征,又能概括全貌,实地参观游览时,导游人员主要向游客讲解这些具有代表性的景现。

(三)突出游客感兴趣的内容

游客的兴趣爱好各不相同,但从事同一职业的人、文化层次相同的人往往有共同的爱好。导游人员在研究旅游团的资料时要注意游客的职业和文化层次,以便在游览时重点讲解旅游团内大多数成员感兴趣的内容。投其所好的讲解方法往往能产生良好的导游效果。

如，游览太白山时如果面对的是主要研究地质科学的游客，介绍就可以有所侧重。导游人员除了介绍太白山的其他景观外，还可以这样介绍：

太白山的主体由规模庞大的花岗岩体组成，地质学家称其为"太白花岗岩"。太白花岗岩在漫长的地质发展史上，几经构造变动、断层、节理十分发育，它们在各种外力的共同作用下，塑造了今日太白山奇峰林立、山势峥嵘的险、奇景色。太白山高山区至今还保留着完整的、千姿百态的第四纪冰川遗迹。一个个高山湖泊，碧波荡漾，湖光山色，令人陶醉，古人及当地老人都称其为"神湖"，实则为"冰蚀湖"。这些冰蚀湖自古就有"太白池光""高山明珠"之称，被列为太白山八景之一。在拔仙台、跑马梁一带，石河、石海望之浩然，似有翻滚奔腾之势，令人眼花缭乱。由拔仙台环眺四周，角峰、槽谷、冰斗、冰坎、冰阶等第四纪冰川所特有的地貌形态历历在目。因此，太白山可谓是研究第四纪冰川最好的天然博物馆。

（四）突出"……之最"

面对某一景点，导游人员可根据实际情况，介绍这是世界（中国、某省、某市、某地）最大（最长、最古老、最高，甚至可以说是最小）的……因为这也是景点的特征，很能引起游客的兴致。

如，"今天我们将要游览的景点是黄果树大瀑布。黄果树大瀑布是中国第一大瀑布，也是世界上著名的大瀑布之一。1982年11月，经中华人民共和国国务院审定，黄果树瀑布已被列为国家重点风景名胜区。"

四、触景生情法

触景生情法就是见物生情、借题发挥的导游讲解方法。在导游讲解时，人员不能就事论事地介绍景物，而是要借题发挥，利用所见景物制造意境，使游客产生联想，从而领略其中之妙趣。它要求导游讲解的内容与所见景物和谐统一，使其情景交融，让游客感到景中有情，情中有景。

触景生情贵在发挥，并且是自然、正确、切题的发挥。导游人员要通过生动形象的讲解、有趣而感人的语言，赋予景物以生命，注入情感，引导游客进入审美对象的特定意境，从而使他们获得更多的知识和美的享受。

如，导游讲解秦人村："当年武陵渔郎误打误撞闯进这里，发现了另一个世界。在这个世界里，土地平旷、整齐，人民生活古朴而富裕，男女老少熙熙为乐，看到渔人大吃一惊，纷纷请他回家吃饭饮酒，自称祖先为了逃避秦时的战乱，逃进桃花源来生活。这些人不知道秦以后有过汉朝，汉朝以后又有晋朝。渔郎被村民们的热情所打动，竟然忘记了回家。'洞中多少岁月，尘世几度春秋？'与世隔绝的秦人村，以古土野奇的面貌和晨钟暮鼓，向天下游客一声声倾诉着久远的历史和岁月的苍凉。"

又如，游客在欣赏苗族服饰的时候，导游触景生情唱一首古歌或介绍一首古歌的歌词含义：

"让我们摘下路边的野花

插在姑娘的头上

让我们割下树浆

染在阿嫂的衣上
让我们把涉过的江河
画在阿妈的裙上
不要忘记这里有我们的胎盘
时刻记住祖先用汗水浇过的地方……
照田地的样子做条裙子穿
把江普的瓦房绣在衣裳上……"

这首苗族古歌便生动形象地描述了苗族服饰的制作过程及其深刻的文化内涵，产生了一种只可意会不可言传的效果。它使游客自己去想象苗族服饰的制作过程，去想象苗族的迁徙过程，去想象苗族人民是多么的有智慧，从凝固于服饰上的花纹图案中找到了自己特殊的文字。同时，人们也感受到了苗族古歌的力量和意义。

五、问答法

问答法就是在导游讲解时，导游人员向游客提问题或启发他们提问题的导游方法。使用问答法的目的是活跃游览气氛，激发游客的想象思维，促使游客与导游人员之间产生思想交流，使游客获得参与感或自我成就感；也可避免导游人员唱独角戏的灌输式讲解。问答法包括以下多种形式。

（一）自问自答法

导游人员自己提出问题并作适当停顿让游客猜想，但并不期待他们回答，只是为了吸引他们的注意力，促使他们思考，激起兴趣，然后做简洁明了的回答或做生动形象的介绍，还可借题发挥，给游客留下深刻的印象。

如，在游览黄果树瀑布时，导游可提出问题："大家知道黄果树瀑布有多高、多宽吗？"在游客注意力被吸引，并且思考无果时说出答案："黄果树瀑布高 68 米，加上瀑上瀑 6 米，总高 74 米，宽 81 米。夏秋洪水暴涨，瀑布如黄河倒倾，峭壁震颤，谷底轰雷，十里开外，也能听到它的咆哮；由于水流的强大冲击力，溅起的水雾可弥漫数百米以上，使坐落在瀑布左侧崖顶上的寨子和街市常常被溅起的水雾所笼罩。"给游客留下较深的印象。

（二）我问客答法

导游人员要善于提问题，但要从实际出发，适当运用。希望游客回答的问题要提得恰当，估计他们不会毫无所知，也会有不同答案。导游人员要诱导游客回答，但不要强迫他们回答，以免使游客感到尴尬。游客的回答不论对错，导游人员都不应打断，更不能笑话，而要给予鼓励。最后由导游人员讲解，并引出更多、更广的话题。

（三）客问我答法

导游人员要善于调动游客的积极性和他们的想象思维，欢迎他们提问题。游客提出问题，证明他们对某一景物产生了兴趣，进入了审美角色。对他们提出的问题，即使是幼稚可笑的，导游人员也绝不要笑话他们，更不能显示出不耐烦。要善于将回答和讲解有机地结合起来。不过，对游客的提问，导游人员不必问什么就回答什么，一般只回答一些与景点有关的问题，不要让游客的提问冲击你的讲解，打乱你的安排。在长期的导游实践中，导游人员要学会认真倾听游客的提问，善于思考，掌握游客提问的一般规律，并总结出一套相应的客问我答的导游技巧，以求随时满足游客的好奇心理。

（四）客问客答法

导游人员对游客提出的问题并不直截了当地回答，而是有意识地请其他游客来回答问题。亦称"借花献佛法"。导游人员在为"专业团"讲解专业性较强的内容时可运用此法，但前提是必须对游客的专业情况和声望有较深入的了解，并事先打好招呼，切忌安排不当，引起其他游客的不满。如果发现游客回答问题时所讲的内容有偏差或不足之处，导游人员也应见机行事，适当指出，但注意不要使其自尊心受到伤害。此外，这种导游方法不宜多用，以免游客对导游人员的能力产生怀疑，产生不信任感。

六、虚实结合法

虚实结合法就是在导游讲解中将典故、传说与景物介绍有机结合，即编织故事情节的导游手法。就是说，导游讲解要故事化，以求产生艺术感染力，努力避免平淡的、枯燥乏味的、就事论事的讲解方法。

"实"：指景观的实体、实物、史实、艺术价值等。

"虚"：指与景观有关的民间传说、神话故事、趣闻逸事等。

"虚"与"实"必须有机结合，以"实"为主，以"虚"为辅，"虚"为"实"服务，以"虚"烘托情节，以"虚"加深"实"的存在，努力通过导游讲解将景物人性化。

在实地导游讲解中，导游人员一定注意不能"为了讲故事而讲故事"，任何"虚"的内容都必须落到"实"处。导游人员在讲解时还应注意选择"虚"的内容要"精"、要"活"。"精"，就是所选传说故事是精华，与讲解的景观密切相关；所谓"活"，就是使用时要灵活，见景而用，即兴而发。

例如：用"虚实结合法"介绍桃花源的方竹亭：

方竹亭，是桃花源中最古老的建筑物之一，建于明万历二十三年（1595年），原名"桃川八角亭"。八面八角，三门四窗，亭顶为绿色琉璃瓦覆盖，内顶呈半球形，亭内立古今石刻六方。亭外方竹丛生，猗猗滴翠。此竹视之似圆，摸之则方，有棱有角，如同削成。据有关资料记载：方竹亦称"四方竹"。禾本科，秆呈钝圆角四棱形，高3~8米，直径1~4厘米，中空。因其形状独特，数量极少，是竹中稀有的品种，是桃花源中三宝之一。其实明代以前，这里没有方竹亭，也没有方竹，后来为什么又有了呢？有这样一个传说：从前这里只有一间茅舍，住着一对夫妇和他们的独生儿子，儿子很聪明，却不爱读书。父亲买来很多笔和纸，让儿子练字。儿子拿起笔，不好好写字，却从身边摸出小刀，削起笔杆子玩。一大把笔转眼全削成方杆子了。父亲发现后，气得把笔扔到窗外，哪知道笔杆子落地后，长成了一片方竹林！儿子惊呆了，父亲说："我们桃花源是块仙土，笔落到地上，都能长出竹子来。你不好好读书写字，就辜负了养育你的这块土地。"儿子从此以后勤学苦练，后来成了个很有学问的人。后人在这块地方修了个亭子，这亭子就取名叫方竹亭。

七、制造悬念法

制造悬念法就是导游人员在导游讲解时提出令人感兴趣的话题，但故意引而不发，产生悬念，激起游客急于知道答案的欲望的导游方法，俗称"吊胃口""卖关子"。通常是导游人员先提起话题或提出问题，激起游客的兴趣，让他们去思考、去琢磨、去判断，最后才讲出结果。这种"先藏后露、欲扬先抑、引而不发"的手法，一旦"发（讲）"出来，会给游客留下特别深刻的印象。而且导游人员可始终处于主导地位，成为游客的注意中心。

制造悬念是导游讲解的重要手法，在活跃气氛、制造意境、激发游客游兴等方面往往能起到重要作用，所以导游人员都比较喜欢用这一手法。但是，再好的导游方法都不能滥用，"悬念"不能乱造，以免起反作用。

设置悬念法和问答法常常结合使用。如：

大家到了北京最想干什么？（导游问，游客答）没错，到了北京要爬长城，到了桂林要赏山水，那么到了我们黎平肇兴要干什么呢？到了肇兴要寻宝，（自问自答）我们侗家有三宝。（引导游客提问）是哪三宝呢？如果我把答案告诉你们那就不叫寻宝了。大家跟随我的脚步，我们一起在这丰富多彩的侗族文化中把侗家的三宝找出来吧，找到的朋友会有大奖哦。（侗族大歌作为奖赏）

又如，在游览少林寺时说："当年乾隆皇帝游历少林寺时带了500名侍从也没能查清楚少林寺到底有多少座塔！"说到这里，停下来，给游客留下一个问号，大家在想：到底多少塔呢？为什么500人也没有数清楚呢？塔林游览完毕导游人员问："大家数清楚了吗？现在塔林有255座塔。当年乾隆皇帝来时这里古木参天、野草丛生，皇帝让一人抱一塔，有的两三人抱的是同一座塔而不知道，所以贵为天子也没弄清楚有多少座塔。"导游人员用制造悬念来吸引游客的注意力，最后才把悬念揭开，使游客由衷地发出"原来如此"的感叹。

八、类比法

类比法分为同类相似类比和同类相异类比两种，不仅可在物与物之间进行比较，还可做时间上的比较。

如，翘街始建于明朝初期，明朝1368—1644年，大概是欧洲的文艺复兴时期。

旧石器时期——距今250万年~1万年。

新时期时期——距今1万年~5 000年。

又如，介绍肇兴鼓楼群可用同类相似类比（建筑材料，建造技艺，功能作用等相似），与同类相异类比（外观，层数，雕梁画栋等不同）两种方法相结合。

"肇兴三宝之一已经在我们面前了，大家猜一猜是什么呢？没错，恭喜您寻到了一宝。我们侗家三宝之一的鼓楼，被誉为世界建筑艺术的瑰宝。鼓楼是我们侗寨的标志，有侗寨的地方一般都有鼓楼，看到鼓楼说明您已经进入了我们美丽的侗乡。鼓楼是侗族人民团结、富强的象征和吉祥物；是侗寨的政治、文化活动中心，具有集会、议事、祭祀、娱乐和休闲等功能。我们侗家人在这里商量村寨的大小事宜，在这里欢歌起舞，在这里休息聊天。

"在肇兴侗寨，有仁义礼智信五大房族，每个房族建有一座鼓楼，所以寨内共有五座鼓楼，形成了世界上最大的鼓楼群，列入了吉尼斯世界之最。鼓楼外面是鼓楼坪，每个鼓楼外面都有大小不一的鼓楼坪，是侗族人集会或举行活动的场所。大家抬头看看我们的鼓楼，都是多层密檐宝塔状木质建筑，是由杉木制成的柱、枋、板穿榫而成，完全不用一钉一铆。在鼓楼的顶层，有一面牛皮大鼓，发挥着鼓楼的核心功能。鼓楼上一旦传出急骤的鼓声，侗家人无论是在家中休息还是在地里劳作，都必须立即奔往我们所站的这个鼓楼坪，在这里听从寨老的号令，或抵抗外敌的入侵，或围捕流窜的盗贼，或扑灭刚发生的火灾，或援助邻近的村寨。现在我们进入鼓楼内部，大家就可以清楚地看到牛皮大鼓和鼓楼的内部结构了。你们看，在这底层的中央是一个用青石镶嵌的火塘，这是举行隆重活动时燃放篝火的地方。你们有机会来参加我们侗族的民族节日，就可以感受那热闹的场面了。当然，天气寒冷时，闲暇的人们也会燃起篝火，围火而坐，进行一些娱乐活动，打打扑克，聊聊天，这是我们侗家人的一种生活方式，也是我们联络邻里感情的方式，是我们的一种社区文化。火塘边这四条长凳，便是供人们聚会时围火而坐的。火塘四周竖立的这四根粗大的擎天柱，称为'金柱'，是鼓楼的主承柱，象征一年四季。而鼓楼外围的12跟檐柱则象征了一年中的12个月。

　　"这个信团鼓楼是肇兴五座鼓楼中最高的一座，高25.9米，但它并不是层数最多的，大家走出来数一数，告诉我它有多少层啊，没错，是11层。每个鼓楼的层数可能不一样，但是一定是奇数层，奇通'吉'，表示吉祥如意。大家数数的时候有没有发现信团鼓楼的这十一层楼檐有什么不一样吗？有的游客朋友发现了，下面两层和上面九层不一样，没错，告诉大家一个小常识，在我们侗乡，鼓楼的层檐有几个角就叫几角鼓楼，如果有变化的就叫变角鼓楼。信团鼓楼就是一座变角鼓楼。大家看，它是四角变八角的，下面两层为四角，四方倒水，上九层为八角，八方倒水，尖顶是七个宝葫芦串礼的桅杆，顶层的瓦楞上雕有五龙飞天，它们腾云驾雾，呼风唤雨，所以，信团鼓楼又称为'五龙楼'。大家现在对鼓楼有所认识了吧？等一下看到其他的鼓楼，我就要考考大家咯。看看你们能不能活学活用。

　　"大家看，前面这个就是智团鼓楼了，你们认真瞧瞧，它和我们刚刚看过的信团鼓楼有什么不一样呢？没错，鼓楼对侗家人而言，功能和作用基本上是一样的。但是各个鼓楼又有其与众不同的地方，尤其是外观上，智团鼓楼高9层，14.8米，其顶层是四方倒水形，采用歇山式屋面，有主屋脊，四个翼角高翘，屋脊中央塑一宝葫芦，两端塑有天鹅，风格古朴典雅。除了智团鼓楼外，其余四座鼓楼均为攒尖顶。

　　"义团鼓楼……

　　"礼团鼓楼……

　　"仁团鼓楼……

　　"肇兴侗寨的五个鼓楼大家都看到了，他们可谓是各具特色。而且几乎所有的鼓楼都占据着该村寨或该团风水、视线最好的位置。如果站在弄况坡上观察，大家会发现五座鼓楼是按照一条大船的造型来布局的，五座鼓楼刚好占据了船头、船尾、船篷和两个桅杆的位置。这是因为我们肇兴人希望借着这条船，载着我们顺着肇兴河回到岭南，回到我们的祖先骆越人曾经栖息过的地方。

　　"鼓楼是侗民族特有的文化符号，侗家人不仅在这里栖息身体，而且在这里栖息灵魂。鼓楼既是侗家人的家园，又是侗家人的圣殿。"

九、妙用数字法

妙用数字法就是在导游讲解中巧妙地运用数字来说明景观内容，以促使游客更好地理解的一种导游方法。导游讲解中离不开数字，因为数字是帮助导游人员精确地说明景物的历史、年代、形状、大小、角度、功能、特征等方面内容的重要手段之一。但是使用数字必须恰当、得法，如果运用得当，就会使平淡的数字发出光彩，产生趣味；否则，就会令人产生索然无味的感觉。运用数字忌讳平铺直叙，因为导游讲解不同于教师上课，大量的枯燥数字会使游客厌烦，所以使用数字要讲究"妙用"。

在实地导游中，导游人员常用数字换算来帮助游客了解景观内容或运用数字分析更准确地说明景观内容，还可以通过数字来暗喻中国传统文化。

十、画龙点睛法

用凝练的词句概括所游览景点的独特之处，给游客留下突出印象的导游手法称之为画龙点睛法。游客听了导游讲解，观赏了景观，既看到了"林"，又欣赏了"树"，一般都会有一番议论。导游人员可趁机给予适当的总结，以简练的语言，甚至几个字，点出景物精华之所在，帮助游客进一步领略其奥妙，获得更多更高的精神享受。

如，"有人用非常凝练的四个词概括了黄山的独特之处，点出了黄山景物的精华所在，黄山有四绝：奇松、怪石、云海、温泉。也可以用句子来画龙点睛，如'五岳归来不看山，黄山归来不看岳'。"

又如，旅游团游览海南后，导游人员则可用"椰风海韵春常在，请到天涯海角来"来赞美海南风光，这种画龙点睛的介绍方法，使游客在游览中得到了知识的启迪，获得了美感欣赏。

十一、知识渗透法

导游人员在讲解景物或事件时，可以介绍一些对游客理解讲解对象有帮助的相关背景知识和材料。导游人员要把更多的知识点渗透到其讲解过程中。目前，散客游客越来越多，这些游客不像以前那样往往是走马观花，他们更重视美的享受，更想要达到增加见闻的目的。所以，以前那种"求广不求深"的讲解方法可能已经不能满足游客的要求了。

如，导游人员在苏州带游客参观拙政园前，可先进行中国园林的分类知识的介绍："在中国，园林分为三大类：皇家园林、私家园林、寺庙园林。拙政园属于私家园林。中国园林一般包括水、植物、建筑和假山4个要素。大多数的私家园林在江南，是因为江南多水和适宜造假山的湖石。"

又如，导游人员介绍肇兴侗寨的侗族民居时，可以穿插介绍一些关于中国古代建筑的屋顶的背景知识："各位游客朋友们，喝过拦门酒，就真正地进入肇兴侗寨了。放眼望去，大家可以看到鳞次栉比的吊脚楼建筑，大家都知道，南方山区地势崎岖，温热多雨，于是侗族先人们发明了这种能够防湿、纳风、避虫的干栏式建筑。肇兴及其周边村寨最为常见的是三间三层的吊脚楼。在功能分区上，二楼一般住人，中间一间为堂屋，左右的房间可分成二至三间作为火塘、卧室、厨房等；三楼一般作粮仓和客房；一楼一般用以喂养牲口和堆放农具等。侗家人一般一个家庭住在一栋大房子里，若是兄弟共住的，分家时哥住太阳出的一侧，弟则住太阳落的一侧。吊脚楼的特点是最大限度地节约土地，因地制宜，顺势而建。在比较陡峭的地方建吊脚楼，往往'占天不占地'，采用悬空和架空处理。

"在中国古代建筑中，屋顶是非常重要的。中国古代建筑的屋顶主要有庑殿顶、歇山顶、悬山顶、硬山顶、攒尖顶等类型，古代等级制度森严。庑殿顶是等级最高的，一般用于皇宫和庙宇中最主要的大殿，可用单檐，特别隆重的用重檐，北京的太和殿用的便是重檐庑殿顶，是以前皇帝上朝的地方。歇山顶、悬山顶、硬山顶等次之，一般用在民居上。而攒尖顶一般用在亭子、阁楼等的顶上。大家可以看到我们肇兴的吊脚楼几乎都是用歇山顶的，肇兴的鼓楼中智团鼓楼用攒尖顶，其他四座鼓楼则都是用歇山顶。所以说，侗寨的这些建筑除了包含大量的侗族文化元素外，也融合了一些中国古代建筑的元素。"

知识链接 9-1　中国古代建筑的屋顶

中国古代建筑的屋顶对建筑立面起着特别重要的作用。它那远远伸出的屋檐、富有弹性的屋檐曲线、由举架形成的稍有反曲的屋面、微微起翘的屋角（仰视屋角，角椽展开犹如鸟翅，故称"翼角"）以及硬山、悬山、歇山、庑殿、攒尖、十字脊、盝顶、重檐等众多屋顶形式的变化，加上灿烂夺目的琉璃瓦，使建筑物产生独特而强烈的视觉效果和艺术感染力。通过对屋顶进行种种组合，又使建筑物的体形和轮廓线变得愈加丰富。而从高空俯视，屋顶效果更好，也就是说中国建筑的"第五立面"是最具魅力的。中国古代建筑的屋顶主要有以下几种形式：

庑殿式屋顶是四面斜坡，有一条正脊和四条斜脊，且四个面都是曲面，又称四阿顶。重檐庑殿顶是古代建筑中最高级的屋顶样式，一般用于皇宫。庙宇中最主要的大殿，可用单檐，特别隆重的用重檐，著名的如北京的太和殿。

歇山顶的等级仅次于庑殿顶。它由一条正脊、四条垂脊和四条戗脊组成，故称九脊殿。其特点是把庑殿式屋顶两侧侧面的上半部突然直立起来，形成一个悬山式的墙面。歇山顶常用于宫殿中的次要建筑和住宅园林中，也有单檐、重檐的形式。如北京故宫的保和殿就是重檐歇山顶。

悬山顶是两坡顶的一种。等次次于庑殿顶和歇山顶，是我国一般建筑（如民居）中最常用的一种形式。其特点是屋檐悬伸在山墙以外，屋面上有一条正脊和四条斜脊，又称挑山或出山。

硬山式屋顶有一条正脊和四条垂脊。这种屋顶造型的最大特点是比较简单、朴素，只有前后两面坡，而且屋顶在山墙墙头处与山墙齐平，没有伸出部分，山面裸露没有变化。硬山式屋顶是一种等级比较低的屋顶形式，在皇家建筑和一些大型的寺庙建筑中，几乎没有硬山式屋顶。同时正因为它等级比较低，所以屋面都是使用青瓦，并且是板瓦，不能使用瓦筒，更不能使用琉璃瓦。

十二、科学成因介绍法

导游人员对景观从地理、环境、气象、水文等科学的角度进行讲解。可以满足游客求知的欲望，使他们对景观的认识从现象上升到更高的层次。如，从地质角度解释黄果树瀑布的形成；从地质地貌的角度解释天生桥的形成。

知识链接 9-2　黎平天生桥的导游词

各位游客朋友们，大家好！相逢即是有缘，很高兴能够跟大家相逢在这山清水秀的黎平，我是你们的导游小李，接下来将由我带领大家一起游览黎平天生桥——举世无双的天然石拱桥。

黎平天生桥位于贵州省东南部黎平县高屯镇境内，距黎平县城 16 千米，清水江支流福禄江从桥下穿流而过。据实测，天生桥桥面最宽处 118 米，最窄处 98 米，最大跨度 138.92 米，最小跨度 38.80 米，腹拱至河床高 38.80 米，距常年出水面 33.64 米，拱顶岩层厚 40 米。（妙用数字法，突出重点法）1997 年 10 月，国家建设部风景名胜专家考察此桥时，发自内心地感叹说："世界之最的黎平天生桥，不仅是中国的宝贵遗产，也是世界的宝贵遗产。"（引用法）与号称"天然石桥之最"的美国犹他州天生桥雷思博桥（长 88.7 米、宽 6.7 米、高 30.5 米）相比，黎平天生桥无愧于"世界之最"的称号，并于 2001 年 1 月 15 日正式获得吉尼斯世界之最证书。（类比法）

据地质专家勘查发现，黎平天生桥形成于距今 50 万年前的新生代。因地下河流长期侵蚀岩层，导致河流上游及两岸岩石溶蚀、塌陷，独留中心一段横跨两边岩墙岩体形成溶洞，又经过了地壳的隆升作用，原来的溶洞顶端便形成了"桥面"，溶洞的空间则变成"桥洞"，一座"天生桥"便在岁月的磨蚀中、在地下水精工雕刻中诞生。正是得益于地质、气候和水源等多方面的复杂条件，大量碳酸盐岩经过几亿年的演变，形成了如今难得一见的地质奇观。（科学成因法）

看，它雄伟壮观，气势宏大，其结构之精致，拱弧之圆率，拱底之光滑、拱顶岩层之规整，丝毫不假人手，纯天然而成，不能不让人惊叹大自然的鬼斧神工。（雄壮美）其桥身有石洞数个，有的可通桥顶，有的则深浅不一，洞中有无数蝙蝠栖息其中。桥顶和桥壁两侧石柱、石笋、石岩千姿百态，有的似长夜明灯，有的似威猛武士，有的则像天马行空隐然欲去。（奇特美）绝壁之上，古松怒立，植被葱茏，环境幽深绝伦。天桥之下，流水潺潺，波光粼粼；碧潭之内，山光树影，倒映其中。每当阳光斜照，鸟语、松风、流水声，相互辉映。（秀丽美、动态美、声音美）难怪古人曾有诗赞"人凿难施鬼斧工，天心穿出地玲珑。西山壁上龟梁架，巧夺争传造化工。"（引用法）

十三、引用法

引用法就是引用游客本国本土的谚语、俗语、格言等进行讲解。它不仅能增强讲解的生动性，而且能起到以一当十的作用。

（一）古诗词的引用

例如：引用古诗词介绍天生桥。

古人有诗咏此桥："千峰万堑隐神奇，气魄恢恢令讶疑。岩树山花长物撤，漂幽水静引人选。天桥虹设通仙阙，地轴门穿达鬼城。此景惟应上界有，缘何造化竟斯移？"

（二）重要人物的话语引用

如，国家古建专家杜先洲高度评价述洞鼓楼说："独柱鼓楼是中国古建的一个品种，不仅是侗族建筑的瑰宝，而且也是世界建筑艺术的瑰宝。"

导游讲解常用的方法技巧还有很多，如点面结合法、引人入胜法、启示联想法、谜语竞猜法等，他们都是导游人员在工作实践中提炼、总结出来的。在具体工作中，各种导游方法和技巧都不是孤立的，而是相互依存、相互联系的。导游人员在学习众家之长的同时，还应结合自己的特点融会贯通，在实践中形成自己的导游风格和导游方法，并视具体的时空条件和对象，灵活、熟练地运用，这样才能获得良好的导游效果。

第三节　导游词的创作技巧

导游词是导游人员讲解的主要形式和内容，是向游客传达审美信息的重要载体。导游人员讲解质量的高低，在很大程度上是由导游词的质量高低所决定的。因此，导游词对于导游人员来讲，是十分重要的导游服务工具。导游人员应该在了解导游词的概念及特点的基础上，进行导游词的创作。

一、导游词的概念

导游词是导游人员引导游客观光游览时的讲解词，是导游人员同游客交流思想、向游客传播文化知识的工具，也是吸引和招徕游客的重要手段。导游词从形式上有书面导游词和现场口语导游词两种，通常意义上，人们所说的导游词创作主要指书面导游词的创作。书面导游词，一般是根据实际的游览景观，遵照一定的游览线路，模拟游览活动而创作的。它是口语导游词的基础与脚本。掌握了书面导游词的基本内容，根据游客的实际情况，再临场加以发挥，即成为口语导游词。

知识链接 9-3　个性化导游词创作小技巧

随着旅游业的发展及游客各方面需求的提高，各地都精心编纂了大量的导游词及导游指南等书籍。导游人员要继承前人的成就，掌握创作导游词的要领，根据自己的性格特点和知识水平，在充分分析游客需求和景区、景点特色和景物价值的基础上，创作具有个性化的实用书面导游词。在实际工作中，要学会根据游览当时的具体情况，发挥导游语言的优点，变书面导游词为有针对性的，对服务对象有强烈吸引力的口语导游词。

二、导游词的特点

（一）临场性

虽然书面导游词没有直接面对游客及景观，但它模拟现场导游的场景，创作者把自己比作导游人员，设想正带领游客游览。因此导游词是循游览线路层层展开的，而且为增加现场感，多以第一人称的方式写作。在修辞方面，多用设问、反问等手法，仿佛游客就在眼前，造成很强烈的临场效果。

（二）实用性

导游词的写作目的有两方面：一是作为导游人员实际讲解的参考；二是作为游客了解某一景点或某一旅游目的地的资料。基于上述两个目的，导游词对每一个景点都提供翔实的资料，从各个方面加以讲述，导游人员以其为基础，经过加工就能成为自己口头讲解的内容；而游客听了，就能对此景点或旅游目的地有详尽的了解。因此，导游词有很强的实用性。

（三）综合性

导游词既有说明性的特点，也有欣赏性的特点，因此，导游词是综合性的。在一篇导游词中，会用到自然科学知识，如地质成因、动植物学知识、力学原理等；还会用到社会科学知识，如宗教常识、哲学美学知识、诗词歌赋、中外文学等；另外，建筑、园林、书法、绘画等，都会有所涉猎。一篇优秀的导游词往往综合了各个学科门类，多角度、多层面对景点加以叙述，给阅读者全方位的信息。

（四）规范性

虽然导游人员在实际工作中运用的是口语，但导游词却是书面语言。因此导游词的用语应该规范，避免口语化的表达方法，避免地方方言等，即便为了增加幽默感而需要运用地方方言，也应该加以解释，让全国各地的读者都能读懂。规范的用语反映了创作者良好的中文修养与造诣。

三、导游词的功能

（一）引导游客鉴赏

导游词的宗旨是通过对旅游景观绘声绘色的讲解、指点、评说，帮助旅游者欣赏景观，以达到游览的最佳效果。

（二）传播文化知识

传统文化知识即向游客介绍有关旅游胜地的历史典故、地理风貌、风土人情、传说故事、民族习俗、古迹名胜、风景特色，使游客增长知识。

案例 9-1　导游人员——文化的传播者

山西大院近年来声名远播，许多游客都曾慕名前往参观游览，但回去后的反应却截然不同。一种说法是：没有什么特别，无非是些高墙大院、雕梁画栋，到处都一样，看过一个就足够了。另一种说法是：虽然大院林立，但是每一个都有各自的特点，黄土灰瓦也能建起如此恢宏的建筑，木刻瓦雕中蕴含着本地不同的文化风物。

其实，从这两种不同的观点中就可以看出文化在景物中的重要性了。对于普通游客来讲，不了解当地的传统文化，不了解当地某一特定时期的历史风貌，参观游览就只能从事物的外表看起，想深入其中就必须有一个引导者，这个引导者就是导游人员。

以王家大院为例，大院内精品荟萃，多种文化聚汇于此，这种文化的品位散见于大院的各个角落：建筑文化、官文化、商文化、谱牒文化直至装饰文化与民俗文化。而把诸多文化传播给游客的导游人员，也即是文化的传播者。通过导游这一传媒，游人才能领悟到诸多文化深层次的蕴涵。

（三）陶冶游客情操

导游词的语言应具有言之有理、有物、有情、有神等特点。通过语言艺术和技巧，为游客勾画出一幅幅立体的图画，构成生动的视觉形象，将旅游者引入一种特定的意境，从而达到陶冶情操的目的。

此外，导游词可通过对旅游当地特产物品的说明、讲解，客观上起到向游客介绍商品的作用。

知识链接 9-4　发挥导游词多种功能

导游词的各种功能在实际运用中是综合发挥、相辅相成的。导游员在实际工作和进行书面和口语导游词的创作过程中，要注意充分发挥导游词的多种功能，提高导游服务质量。

四、导游词的结构

（一）前　言

前言是到游览景点之前导游人员的讲话，一般表示欢迎，交代活动计划、有关事项及联络方式，制造良好氛围或设置某种悬念，为整个旅游活动做铺垫。

对导游人员来说，给游客留下一个良好的第一印象是非常重要的。第一印象好，游客的信任感增加，导游人员组织好整个旅游活动就比较容易；第一印象不好，导游人员要带好这个团就很难。要给游客留下良好的印象，就需要一个很好的前言，或者说一个很好的欢迎词。有一个简洁、干练、幽默、诗意、个性的欢迎词就能在游客心目中留下良好的第一印象。

例如肇兴侗寨的欢迎词：

各位游客朋友，大家好！欢迎大家到中国最美丽的地方、中国六大乡村古镇之一的肇兴侗寨参观游览。唱歌要跟着感觉走，旅游要跟着导游走，今天我是你们的导游，就请大家跟上我的步伐一起走。肇兴侗寨是人类疲惫心灵的最后家园，是一个神秘而美丽的地方，今天就让我们大家一起来揭开它神秘的面纱，希望各位能在这里放下烦恼和疲惫，度过一段美好的时光。

又如黎平县的欢迎词：

各位游客朋友，大家好！欢迎大家来到曙光之城、侗乡之都的黎平参观游览。我是……，今天有幸陪同大家一起参观，我很高兴，希望各位能在黎平度过一段美好的时光。

以上这两个是比较简单的欢迎词，真正带团时，要根据实际情况决定欢迎词的具体内容和长度。

欢迎词一般要包含五个部分：

（1）问候语：向游客问好，问好时要注意称呼，接待不同的对象要用不同的称呼，各位领导，各位老师……

（2）欢迎语：代表所在接待社、本人及司机欢迎游客光临本地。

（3）介绍语：介绍自己的姓名及所属单位、介绍司机。如：

各位游客朋友，大家好！欢迎各位来到风景秀美，气候宜人，美食成堆，美女如云，帅哥成林的中国第一侗寨参观游览。俗话说得好："百年修得同船渡，千年修得共枕眠。"现在流行的说法呢就是百年修得同车行，我们大家今天在同一辆车里可是百年才修来的缘分呐，我真是深感荣幸啊。中国有句话说要活到老学到老，那来到我们侗寨也要学习一下三个代表：第一，我谨代表侗族人民对各位远道而来的客人表示热烈的欢迎；第二，我谨代表××旅游公司全体员工欢迎大家参加本次快乐之旅，欢迎，欢迎，热烈欢迎；第三个代表呢是我代表我本人和司机师傅做个简单的介绍，我是……

那现在请大家把你们的目光全部集中到我们师傅这里来，有这样一个说法：一等男人家外有家，二等男人家外有花，三等男人花中寻家，四等男人下了班回家。呵呵，那大家看看我们师傅属于几等男人呢？开动您的大脑，好好地想一想，哦，去掉一个错误答案，D，像我们师傅这样一出团就是4、5天是不可能下班就回家的啊。那我们师傅到底是几等呢？没错，我们师傅那可是一等一的好男人啊，为什么这样说呢，大家可别瞎想啊，我可没有说我们师傅花心啊。那大家看看此时此刻为我们遮风挡雨的旅游车，它呢就是我们师傅一个家外的家，流动的家啊，当然师傅也很爱它，那现在不是很流行房车吗？我们姑且把我们的旅游车也看作新款的房车，所以啦，大家就放心把您的安全交给我们一等一的好男人吧！

（4）希望语：表示提供服务的诚挚愿望。如：

在旅游活动中，各位游客朋友有任何问题和要求都可以提出来，我将竭尽所能地满足大家，为大家提供五星级的服务，大家想知道是哪五星吗？是热心，真心，诚心，细心，耐心。

（5）祝愿语：预祝游客旅途愉快顺利。

（二）整体介绍

对游览的景观进行概括的介绍，介绍其历史背景、地理位置、景点特色、景点价值（地位）、名人评价等，其目的是使游客对游览景点有个总体印象，引起游客浓厚的游览兴趣。

在整体介绍中，要把一个地方最具特色，最有价值的地方说出来，一开始就吸引游客的兴趣。把一个地方的名片亮出来，或者说把一些重要人物的评价拿出来是最好的方式，这是一种名人效应。

例如：秦兵马俑导游词的整体介绍：

秦兵马俑博物馆自1979年10月1日开馆至今，已有为数众多的国家党政首脑参观过这个博物馆，更有数以百万计的中外游客不远万里来参观这个人类奇迹。法国前总统希拉克曾留言说过："世界上原有七大奇迹，秦兵马俑的发现，可以说是第八大奇迹了。不看金字塔，不算真正到过埃及；不看秦俑，不算真正到过中国。"美国前副总统蒙代尔也说："这是真正的奇迹。全世界人民都应该到这里看一看。"

从这些高度凝练的话语中，我们不难看出秦俑的历史价值和艺术价值。

又如：黎平县导游词的整体介绍：

曙光之城、侗乡之都的黎平位于贵州省黔东南州，它是一个神奇而美丽的地方。来到这里，您一定要好好体验它的三张名片：一张是"古韵黎平"，体验黎平的历史文化，黎平是一座铭刻历史沧桑的黔地边城，是一座饱经战乱的屯军移民卫府，是一个商贾云集的千年边贸繁华之地，更是一座中国革命的励志之城、曙光之城。黎平第二张名片是"侗乡黎平"，这里是侗族文化的原生地和发祥地，是侗族文化的生态博物馆，更是人类疲惫心灵栖息的最后家园。第三张名片是"生态黎平"，体验黎平的生态文化。这里是全球最具诱惑力最具潜力的旅游目的地之一，是生态文化的旅游胜地，是绿色资源的宝库。

从这三张名片里，从这些高度凝练的话语中，我们不难看出黎平的历史价值、文化价值以及生态价值。

再如：肇兴侗寨导游词的整体介绍：

肇兴位于黎平县东南部，距黎平县城74千米，是一个东西向的狭长谷地。肇兴是开始兴旺的意思。据传，我们肇兴人是骆越人的后代。古老的歌谣是这样说的："一位名叫陆暖的年轻人最早发现了肇兴这个桃花源，并留下来开田挖土，繁衍子孙。"历经千年的发展，我们肇兴目前已经是全国第一侗寨，是名副其实的兴旺之地。而且侗族人民还在这漫长的历史长河中形成了独具特色的侗族文化，丰富多彩的民族风情。肇兴如今堪称一座侗文化的天然博物馆，是人们研究侗族文化的活化石。1993年被贵州省文化厅命名为"鼓楼文化艺术之乡"；2001年，她的鼓楼群被列入《吉尼斯世界纪录大全》；2003年文化部将她纳入全国首批民族民间文化保护项目；2004年，以她为中心的黎平侗乡风景名胜区被国务院批准为"国家重点风景名胜区"；2005年，在《国家地理》杂志发起的评选"中国最美丽的地方"活动中，名列第三。随后，又在"中国最美的乡村古镇"评选中，名列第四。2007年，被中国《时尚旅游》杂志和美国《国家地理旅行者》共同评选为全球最具有诱惑力的33个旅游目的地之一；同年，又被建设部和文化部列为第三批中国历史文化名村。现在就让我们一起走进肇兴侗寨，看，美丽可爱的侗族姑娘们已经准备好了迎接贵客的拦门酒……

一开始点明了肇兴的地理位置和来源，又介绍它的特色、价值，独具特色的侗族文化，丰富多彩的民族风情，肇兴如今堪称一座侗文化的天然博物馆，是人们研究侗族文化的活化石。接着亮出几张知名度高的名片，引起游客浓厚的游览兴趣。

（三）重点讲解

这部分是导游讲解中最重要、最精彩的部分。要对各景点逐一加以详细地说明讲解，把景点最具魅力、最为传神的文化内涵挖掘出来，引导游客去欣赏、去品味。

内容一般以游踪为线索，以观赏的景物先后为顺序，一个景观为一个相对独立的片段，片段与片段之间以常用口语，自然地进行过渡。要注意景点与景点之间的衔接。

每一个景区并不一定要把大大小小所有的景观景点都详细地讲解。游客不一定有那么多时间，也不一定愿意听。所以，一般选择最具代表性的几个点来详细讲解。当然，景区重点景观和景物的取舍，一要遵循常规的重点；二是必须考虑游客的需要，不能仅凭导游员的主观意志。导游员认为的重点，并不一定就是游客心目中的重点。

例如黎平县城牌坊的讲解：

牌坊作为中华文化的一个象征，有着源远流长的历史。它的建筑结构自成一格，别具风采，集雕刻、绘画、匾联文辞和书法等多种艺术为一体，具有丰富的历史内涵。黎平古城有三十多座牌坊，但是现在都已经损坏，留下来的只是残垣断壁。大家现在所看到的翘街牌坊是县人民政府2005年重建的，为一座四柱三门一层单体石坊，大家看到上面有什么啊？没错，有雕刻、绘画等，但是，这个牌坊最有特色，有趣味的是它的匾联文辞，大家来看看它写了什么："双凤朝阳诚州成德千秋开泰，五贤耀祖沧浪腾蛟万年文采。"这副对联有很深的历史文化含义。上联把黎平县城自古以来所叫过的地名巧妙地镶嵌其中，下联把黎平著名的先贤何腾蛟，朱万年以及侗戏鼻祖吴文彩、受贬京官、黎平汉文化教育功臣陆沧浪列在其中。

（四）结　语

没有固定的模式，可以用真诚的告别与祝福用语结束全篇，也可以根据景点的具体情况，采用个性化的结尾。

例如秦兵马俑导游词的结语：

虽然，英雄一世，创立无数伟绩的秦始皇嬴政早已去世2000多年了，但是，他的伟绩，以及现存的兵马俑留给人们的思考是什么呢？我想，敢创造历史先河、为国家统一不惧死亡的韬略和勇气，是我们应该吸取和仿效的。一代伟人嬴政横扫六国、统一中国的非凡气度和魄力，仍不失为我们今天克服前进路上的障碍的巨大动力。一个民族、一个国家想要富强，没有这种气魄是不行的！

上面这个秦始皇兵马俑的结尾是采用了个性化的结尾方式。如果导游人员能用这种有特点的结尾是最好的，如果做不到的话，也可以采用比较普遍的结尾方式，即致欢送词。

欢送词往往要包含以下几个部分：

（1）感谢语：回顾旅游活动，感谢大家的合作。

（2）惜别语：表达友谊和惜别之情。

（3）征求意见语：诚恳征求游客对接待工作的意见和建议。

（4）致歉语：若旅游活动中有不顺利或者旅游服务不足的地方，导游人员可借此机会再次向游客赔礼道歉。

（5）祝愿语：表达美好的祝愿，并期待重逢。

例如肇兴侗寨导游词的结尾部分：

各位游客朋友，肇兴侗寨的游览到这里就结束了，我们即将告别这块钟灵毓秀的风水宝地，这个侗族传统文化保存最为完好的自然博物馆。但是，我相信我们的缘分还没有尽，你们跟肇兴的缘分也还没有尽，因为这里原始古朴、绚丽多彩的侗文化会永远留在您的心里，留在您的相机里。大家说是不是？大家会不会永远记得我们的侗家三宝？鼓楼、风雨桥、侗族大歌。谢谢大家！走进我们侗乡，领略了侗乡神韵，涤荡了疲惫的心灵，希望大家把烦恼留下来，把开心带走，在今后的生活当中事事如意，事事顺心。也希望大家还有机会再来肇兴这个民间文学艺术的海洋，再来感受我们清泉般闪光的音乐。最后用一首侗歌来给大家送别……

又如黎平的欢送词：

各位游客朋友，咱们的行程马上就要结束了，在这段快乐的时光里，咱们游览了山清水秀的八舟河景区，参观了雄伟壮观的天生桥，体验了丰富多彩的民族文化，感受了历史沧桑的黔地边城，走过了中国革命走向胜利的起点。多姿多彩的旅程将永远留在我的心里，大家的热情更给我留下了深刻的印象，也希望我的服务能够给大家留下一丝美好的回忆，如果这段时间里有做得不到位的地方还请大家多多谅解。张学友有首歌，叫作《祝福》，歌词写得很好："若有缘，有缘就能期待明天，你和我重逢在灿烂的季节。"在这里，我也想把祝福送给大家，衷心祝愿咱们能够再次重逢在阳光灿烂的季节！谢谢大家！

几个比较通用的导游词结尾：

结尾一：各位游客朋友，今天我们肇兴侗寨的游览到这里就结束了，小李也要跟大家说再见了。临别之际没什么送大家的，就送大家四个"yuán"吧。第一字是缘分的缘，我们能够相识就是缘，人们常说百年修得同船渡，可以说我们是百年修得同车行。这次旅程也是百年修来的缘分啊，现在我们就要分开了，缘分却未尽。第二字就是财源的源，也希望各位朋友在以后的日子，财源如滔滔江水连绵不绝！第三个是原谅的原，在这次几天的旅程中，小李有什么做得不周到的地方还请大家多多包涵多多原谅，多提宝贵意见，让我以后的工作能做得更好。最后是圆满的圆，朋友们，我们的旅程到这就圆满地结束了。预祝大家在以后工作好、家庭好、身体好、心情好、今天好、明天好、不好也好、好上加好，来点掌声好不好！谢谢大家！

第一个缘，表达友谊和惜别之情；第三个原，诚恳征求游客对接待工作的意见和建议；对旅游活动中有不顺利或者旅游服务不足的地方，向游客赔礼道歉并请求原谅；第二个源和第四个圆表达美好的祝愿，并期待重逢。

结尾二：各位游客朋友，好花不常开，好景不常在，今日离别后，何日君再来？邓丽君小姐这首《何日君再来》是我们常常唱起的一首歌。我相信，我们之间友情的花朵会常开，西南地区的美景永远常在。今日离别后，什么时候你会再来？也许从此之后我们不会再相见。在大家这次西南黄金之旅的最后时刻，我想说：这一趟旅行大家都非常辛苦，我们一同走过了……（回顾行程）几天前我们从这里起程，今天大家终于回到了起点，我们×天的行程马上就要结束了。有一首诗大家不会陌生：轻轻地我走了，正如我轻轻地来，我挥一挥衣袖，不带走一片云彩。天下之大，没有不散的宴席。各位到了机场后，即将乘坐飞机，回到自己温暖的家，在这里小吴祝大家一路平安、旅途愉快。最后，祝大家在以后日子里，生活好工作好样样都好，亲戚好朋友好人人都好。欢迎你再来西南！谢谢大家！再见！

第四节　实地导游讲解的要领

导游讲解是导游人员的重要职责，导游讲解水平的高低也是判断导游人员综合水平的重要内容之一。要想成为一名优秀的导游人员，就应该不断提高自己的导游讲解水平，掌握导游讲解的方法与要领。

一、讲解前的准备工作

（一）广博的知识结构

前面所讲到的导游讲解要言之有物、言之有理、言之有据是以导游具备广博的知识结构为前提，只有做到内在有"干货"，才能在导游讲解的过程中灵活应变，运用自如。

在日常工作和生活中，导游人员可以通过以下渠道积累知识。

1. 通过大量阅读，丰富自己的知识领域

读书是积累知识的最佳方式。通过读书导游可以获得大量的有关旅游景点的相关知识。导游人员可以利用空余时间大量阅读旅游景点介绍、旅游日记等相关知识，丰富自己的知识量。

2. 通过网络搜索，寻找某些景点的相关知识

在信息网络飞速发展的今天，网络成为人们了解信息和知识的重要媒介。有效运用网络搜索可以快速、准确地获得景点相关知识。

3. 关注媒体消息，了解景点的点滴变化

旅游景区在不断发展和变化，这些变化可以通过媒体迅速地传播开来。因此，导游需要关注媒体消息，第一时间掌握旅游景点最新讯息。

如，西宁动物园位于西宁市人民公园内，占地50亩，建于1960年。内有黑颈鹤、灰鹤、斑头雁、黄鸭、鱼鸥、棕头鸥、雪豹、猞猁、棕熊、野牦牛、岩羊、藏原羚、藏羚羊、白唇鹿、麝、野驴等多种动物，它们大多是青藏高原所独有的动物。每年还会有大象、长颈鹿以及国宝大熊猫等动物到这里巡展。由于这里独特的自然条件，西宁动物园是世界上首次人工饲养雪豹的地方，也是人工饲养条件下雪豹首次繁殖成功的地方。

2008年，为配合青海省城绿色生态建设和大南山建设，自9月20日起，西宁市动物园正式封园，整体搬迁到青藏高原野生动物园。2011年，城西区科技文体旅游局按照4A级景区标准，整合开发西宁野生动物园，并圆满完成了西宁野生动物园景区关于4A级景区旅游接待点的评定。11月24日，全国旅游景区质量等级评定委员会发布公告，批准青海省西宁野生动物园景区为国家4A级旅游景区。

导游人员需要关注最新媒体消息，知道西宁动物园获得的一些新的荣誉和新增景点等。

（二）接到任务后的准备工作

虽然平时的积累非常重要，但是"临阵磨枪"也是做好导游讲解工作的要领之一。因为导游人员只有在接到讲解任务，确切了解游客情况以及游览线路和景点之后，才能有针对性地做好讲解前的准备。

1. 分析游客信息，有针对性地讲解

针对不同职业的游客，讲解需要有所区别，如果旅游团多为老年游客，可以侧重讲解一些关于养生、民间传说、历史上的人文轶事、革命历史故事及人物等内容；如果旅游团多为青年游客，就可以侧重讲一些关于购物、娱乐方面的内容，这样更能吸引游客的兴趣。

当然，以某一个方面为重点并非其他方面就一点都不涉及，技巧在于讲解内容的组合，主次分明，主题突出。

2. 温习"旧内容"，构思"新创意"

导游人员在讲解前要注意"温故知新"。"温故"指的是对于自己不是特别熟悉或曾经出过错的讲解内容，需要再次温习，以免出错，特别是自己不太熟悉的重要的历史年代、建筑物的长度或高度等数据；"知新"指的是在讲解前有意识地去寻找自己未曾讲解过的知识点和内容，力争使自己的讲解每次都有新信息、新创意。

3. 养精蓄锐，做好身体准备

导游讲解也是一项"体力活"，边走边讲，又要眼观六路，耳听八方，因此导游人员在讲解前要养精蓄锐，保护好嗓子。

二、把握讲解过程中的要领

导游讲解过程中，有可能受到其他因素的影响，如天气变化、行程变更、游客兴趣等，因此，即使做了大量的前期准备工作，如果没有当场的随机应变，灵活应对，也可能达不到理想的讲解效果。因此，在导游讲解过程中要学会吸引游客的"耳朵"，也就是"讲游客最想听的"。

（一）在旅游车上讲解时应掌握的要领

（1）与司机商量确定行车线路时，在合理而可能的原则下尽量不要错过城市的重要景观。

（2）在经过重要的景点或标志性建筑时，要及时向游客指示景物的方向，讲解的内容要与车外的景物相呼应。

（3）要学会使用"触景生情法"，在讲解城市的交通、气候、地理特点等概况时，可与游客看到的景象结合并借题发挥。

（4）在讲解的过程中要注意观察游客的反应。如果大部分人的关注点是车外或频繁地互相交流，此时导游人员要注意调整讲解内容，通过指示游客观看车外的某个景物或现象将其注意力吸引回来，并及时运用"问答法"与游客进行互动交流。

（5）在快要到达将要浏览的景区时，要使用"突出重点法"，将景区的最重要的价值及最独特之处向游客进行讲解，以激发游客对该景区的游览兴趣。同时要注意强调景区游览时注意事项及集合时间和地点。

（二）在景区讲解时需掌握的要领

（1）在景区的游览指示图前向游客说明游览线路、重要景点、洗手间及吸烟区的位置。

（2）要做好景区的讲解，需要确定讲解主题，以主题为线条将每一个小景点串联起来，引导游客去发现景区最独特之处。

（3）在讲解每个小景点时可以用"突出重点法"来讲解该景点的独特之处，用"触景生情法"延伸讲解与此有关的景区背景及历史，用"妙用数字法"来讲解其历史、建筑特点等，有些还需要用"类比法"将该景点与游客家乡或熟知的景点联系起来以加深印象。

（4）导游人员在讲解自己熟悉或擅长的内容时，不要过于张扬卖弄，避免过多使用"你们知不知道……""让我来告诉你……"等语言，同时注意控制节奏，给游客缓冲、消化知识内容的时间。

三、注意讲解后的导游服务

（一）巧妙回答游客的提问

在导游讲解结束后，游客有可能提出各种各样的问题，如果问题与游览有关，而且导游也知道如何回答，可以在回答问题的同时进行深入了解，往往会有好的效果，能增强游客对自己的信任；如果问题与游览无关，就要学会巧妙地回避。当遇到自己不清楚的问题时切忌胡乱回答，以免被当面指出，贻笑大方，从而失去游客对自己的信任；如果自己知道确切答案，但游客有另一种说法时，要注意不要当众争执，不要直接指出对方的错误，要学会回避矛盾、找出共同点，给对方找"台阶"下，及时转换话题。

（二）引导游客"换位欣赏"

导游人员在讲解结束后，要善于引导游客用眼睛去发现美、从不同角度去欣赏美、从不同层面去感受美。

（三）告知游客相关注意事项

导游人员在讲解结束后，要向游客说明自由活动的注意事项，对值得去的地方及线路给出建议，再次强调集合的时间和地点，并告诉游客如果需要帮助可以在什么地方找到导游人员等。

每个导游人员在实地导游讲解中都会自觉或不自觉地运用各种方法技巧，只要善于总结和提炼，往往就能成为导游讲解中重要的要领。

本章小结

导游讲解技能是一门艺术，导游讲解在导游服务过程中具有至关重要的作用，导游讲解得当与否直接影响着游客旅行质量。因此，本章介绍了导游讲解的原则与基本要求，详细分析了导游讲解的各种方法与技巧，提炼实地导游讲解的要领，总结导游词创作的技巧，导游人员要灵活地掌握并运用这些方法与技巧，不断提升自身的导游讲解技能，增强自身的导游服务能力。

学习与思考

1. 导游讲解应遵循的原则有哪些？
2. 导游讲解应符合哪些基本要求？
3. 导游词具有哪些特点？
4. 导游词有哪些功能？
5. 导游词的主要结构是怎样的？
6. 导游讲解应当如何做到有针对性？
7. 导游讲解常用的方法和技巧主要有哪些？
8. 导游人员讲解中怎么触景生情、制造悬念？
9. 导游讲解时一般应突出哪些方面？
10. 问答法包括哪几种形式？
11. 导游人员运用虚实结合法应注意些什么？
12. 导游实地讲解中要掌握哪些要领？

第十章　导游带团技能

> 💡 **学习目标**
>
> 导游人员的带团技能贯穿于旅游活动的全过程，其水平高低直接影响导游服务的效果。通过本章的学习，要求学生掌握导游带团的要领，旅游活动组织安排的技巧，包括怎样与工作集体合作共事，怎样协调好团队成员的关系，怎样保持与相关服务单位的良好协作关系，怎样激发游客的游兴，提供心理服务的方法，怎样把握好游客的审美节奏，以期提高导游服务质量，满足游客的需求，完成导游服务工作。

第一节　导游人员带团的原则与要领

一、导游人员带团的特点与原则

（一）导游人员带团的特点

1. 环境的流动性

导游人员的工作环境不是静止和固定的，会随着游客的不同和业务的需要而不断改变。旅游景区、宾馆饭店、机场车站、旅游商店、娱乐场馆都是导游人员工作的地方。

2. 需求与个性的差异

需求与个性的差异性是指不同旅游团以及同一旅游团在旅游需求和个性上存在不同的特点。它要求导游人员在带团中应深入了解旅游团中不同游客的不同需求和不同个性，以便有针对性地提供个性化服务。

3. 服务的主动性

导游人员为旅游团的主导者和中心人物。在带团过程中，导游人员负有组织游客、联络协调、传播文化的职能。无论是哪个环节的工作，都需要导游人员动脑筋、想办法，积极主动地为游客提供服务。

（二）导游人员带团的原则

1. 游客至上原则

游客人员在带团过程中，要有强烈的责任感和使命感，工作中要明辨是非，任何情况下都严格遵守职业道德，遇事多从游客的角度去思考，将维护游客的合法利益摆在首位，真正做到"游客至上"。

2. 服务至上原则

"服务至上"既是导游人员的一条服务准则，也是导游人员职业道德中一项基本的道德规

范，还是导游人员在工作中处理问题的出发点。"服务之上"的关键在于关心他人，导游人员要始终将游客放在心上，时刻关心游客。

3. 履行合同原则

导游人员带团要以旅游合同为基础，是否履行旅游合同的内容，是评价导游人员是否尽职的基本尺度，一方面，导游人员要设身处地为游客考虑，另一方面，导游人员也应考虑旅游企业的利益。

4. 公平对待原则

不管游客是来自哪里，也不管游客的肤色、语言、信仰、消费水平如何，导游人员都应该一视同仁，公平对待。

二、导游人员带团的要领

（一）确立在旅游团中的主导地位

旅游团队是由素不相识、各种各样的游客构成的临时性团体，极具松散性。导游人员在带团过程中尽快确立自己在旅游团中的主导地位，是带好一个旅游团的关键。导游人员取得了游客的信任，才能具凝聚力、影响力，才有可能和游客成为朋友，才能够同他们友好相处。

1. 真诚、热情

导游服务的特点之一是周期性短。每接一个团与游客接触的时间都不长，作全陪有十几天，作地陪只有几天，不能"日久见人心"。因此，导游人员迅速与游客建立良好的人际关系才能顺利工作。真诚对待游客是建立良好关系的感情基础，有诚意才可靠，真诚和热情能弥补导游人员的某些不足，当游客认定导游人员是真心维护他们的利益时，即使遇到了故障，他们也会给予合作和支持。

2. 树立威信，工作有序

由于导游服务与其他服务不同，是一种引导、组织游客进行各种旅游活动的积极行为，因此导游人员必须是旅游团的主导者。要对旅游团有"驾驭"能力，善于使游客的行为趋于一致，使旅游团的活动按计划进行，减少盲目性和随意性，确立自己在旅游团中的威信，控制旅游团的内容、时间和节奏，主导游客的情绪和意向，使一个临时组成的松散的旅游团体有序进行活动。

3. 换位思考，宽以待客

换位思考，即导游人员以"假如我是游客"这种设身处地的思维方法来理解对方的所想、所愿、所求和所为，做到"宽以待客，想方设法满足游客的要求"，理解他们的"过错"或"苛求"。由于客观存在的物质条件、生活水平的差距，往往游客在客源地很容易办到的事情到旅游目的地就很难办到，甚至成了"苛求"。导游人员应换位思考，对游客提出的种种要求甚至是苛求，平心静气地对待，努力寻找其中的合理成分，尽力使游客的要求达到满足，即使是苛求也应正确对待，冷静处理。

4. 提供个性服务与细微服务

个性化服务是导游人员在做好旅行社接待计划要求的各项服务或规范化服务的同时，针对游客个别要求而提供的服务。导游人员应该明白，每位游客都希望导游人员一视同仁，同时又希望给予自己一些特别关照。因此导游人员既要按规范化的服务去满足游客的一般要求，又要根据每位游客的情况提供个性化服务，有针对性地满足游客的特殊要求。

（二）树立良好的导游形象

导游人员要在游客心中确立良好的形象，让其认为你是可以信赖的，可以帮助他们且有能力带领他们安全顺利地进行旅游活动。导游人员作为旅行社的代表，其良好的形象对旅行社的管理水平和服务水平产生积极的宣传作用，因此在游客心目中树立良好的形象是获得游客的认同、接受、吸引与团结游客高质量完成导游工作的前提和条件。这就要求导游人员从以下三个方面着手。

1. 重视"第一印象"

心理学中有一种"首因效应"，它是指在人际知觉中，给人留下的第一印象是至关重要的。第一印象对他人的社会知觉产生较强的影响，并且在对方的头脑中形成并占据着主导地位。因此，导游人员良好形象的树立首先在于给游客留下良好的第一印象。导游人员从第一次接触游客起就必须重视良好形象的树立。既要注意外在形象，又要注意态度对游客心理的影响，还要通过周密的安排、细致的服务和高效率的工作给游客留下良好的第一印象。

导游人员真正的第一次"亮相"是在致欢迎词的时候，这时候，游客慢慢消除了到异地的独孤感和茫然感，会静下心来掂一掂导游人员的分量。他们会用审视的目光观察导游人员的衣着装束和举止风度；聆听导游人员讲话的声音、语调、用词是否得体、态度是否真诚等，然后通过分析思考对导游人员做出初步的判断。因此，导游人员应特别注意致欢迎词这一环节的言行举止，力求在游客心目中留下良好的第一印象。

2. 维护良好的形象

良好的第一印象只体现在导游人员接团这一环节，而维护良好的形象则贯穿于旅游活动的全过程，因此，维护形象比树立形象往往更艰巨、更重要。导游人员忽视了在服务工作中保持和维护良好形象的重要性，在游客心目中的威信便会降低，游客对其的信赖感和依靠感会消失，旅游活动自然无法顺利开展。因此，导游人员必须明白良好的第一印象不能"一劳永逸"，需要在以后的服务工作中注意维护和保持。形象塑造是一个长期的、动态的过程，贯穿于导游服务的全过程。导游人员在游客面前要始终表现出豁达自信、坦诚乐观、沉着果断、知识渊博、技能娴熟等特质，用使游客满意的行为来加深和巩固良好的第一印象，始终维持良好的形象。

3. 留下美好的最终印象

心理学中有一种"近因效应"，它是指在人际知觉中，最后给人留下的印象因时间距离最近而对人有着强烈的影响。因此，导游人员留给游客的最终印象也是非常重要的。导游人员留给游客的最终印象不好，可能导致前功尽弃；反之，美好的最终印象能使游客对即将离开的旅游目的地和导游人员产生较强烈的恋恋不舍的心情，从而激起再游的动机。游客回到家乡后，通过现身说法还可起到良好的宣传效果。国外一些旅游专家就有这样的共识：旅游业最关心的是其最终的产品——游客的美好回忆。

第二节　导游人员的组织协调技巧

旅游团是一个特殊的群体，游客参团旅游的动机各异，兴趣爱好各不相同，所以，导游人员应该具备良好的组织协调能力，合理安排旅游团的各项旅游活动。

一、旅游活动的组织安排技巧

（一）灵活搭配活动内容

灵活机动地安排游览活动是导游人员组织协调能力的重要体现。导游界有句行话："有张有弛，先张后弛。"这就说明导游人员在带团过程中应该掌握游览活动的节奏，遵循"旅速游缓""先远后近""先高后低"的原则。只有这样才能带好旅游团。

导游人员是组织游览活动的核心，旅游活动在内容和节奏上是否搭配得当，会直接影响游客的情绪和心理。导游人员搭配活动内容时首先应注意游览景点安排要避免雷同，因为游客在旅游活动中需求内容是不断变化的；其次，游览要与购物、娱乐相结合，只有游览与购物、娱乐结合得好才可以满足游客的多样化需求。

案例 10-1　旅游活动安排的技巧

一个炎热的夏天，导游人员小王在上海带领着一群兴致勃勃的游客参观游览龙华古寺。在宝塔下他滔滔不绝地讲解着。开始时，游客们津津有味地听着，10 分钟后，游客走掉三分之一，15 分钟后，游客又走掉一半，当他讲解 20 分钟后，身旁的游客寥寥无几。这时，有几位游客在一旁的遮阳处大声叫喊起来："导游，差不多了，有人要中暑了。"

案例分析：

显而易见，这位导游人员的目的是希望通过自己内容丰富而又全面的讲解，让游客获得更多的知识，但由于没考虑到天气炎热，让游客在太阳底下直晒，再加上滔滔不绝地讲个没完，结果事与愿违。这个案件提醒我们，每一名游客都是一个"人"。他们不仅需要规范的操作服务，而且需要细心的关怀服务。因此，如何在导游的过程中控制好内容和节奏，是值得每个导游人员研究的大课题。

（二）科学安排游客饮食

游客在旅游活动中的饮食非常重要，只有吃得饱，才有精力去旅游；只有吃得好，才能游得好；只有吃得干净、吃得卫生，才能游得愉快、游得顺利。但是，出门在外不同往日在家里，导游人员在安排饮食时，要提醒游客特别注意以下几点。

（1）不要过多地改变平日饮食习惯，坚持饮食荤素搭配，注意多吃水果，以利消化。

(2) 注意饮食卫生，防止"病从口入"。
(3) 注意饮食平衡，吃饭不可饥一顿、饱一顿，要多饮水，保持体内水分。
(4) 防止偏食，特别注意少吃大鱼大肉，防止消化不良。
(5) 各地名吃一定要"品"，但量不可大，注意自己的消化能力。
(6) 不要勉强吃自己不喜欢吃的东西。虽然有人主张"舍命吃名品"，但有些从品味、原料上就有自己一向忌口的食品，不可勉强去吃。
(7) 各地都有风味小吃，特别是特产瓜果，生猛海鲜等，这些当地人吃得津津有味的东西，游客并不一定能享受，因为确实存在水土不服的问题，应提醒游客特别注意。

（三）尽快安排游客入住

旅游团抵达下榻的饭店后，导游人员要尽快安排游客入住。其主要技巧有以下几方面：
(1) 要安排好游客。可在大厅找椅子让游客坐下休息，顺手拿些饭店介绍、景点介绍让游客看看。游客有了可看之物，引起兴趣，就不会因干等而着急了。
(2) 在游客休息时，领队同当地地陪一起将早已填好的住房名单（准备工作极为重要）交给前台服务员。前台服务员一看表格清晰地打印好了，自然愿意优先办理，便能很快地拿到住房卡和钥匙。
(3) 拿到房卡后，立即走到大家休息的地方，请领队将房卡一一发给大家，同时地陪帮忙将房号登记在游客名单上。然后将安顿好的名单交给前台，复印三份，一份留前台，一份给地陪，一份留给自己。技巧的关键是想得周到，准备工作做得好，到时才不会忙乱。
(4) 游客陆续进入房间，领队和地陪要认真做好以下服务工作：一是教会游客使用房卡；二是帮助游客安排好行李，使行李迅速入房；三是帮助游客看看房间是否已打扫干净，有些饭店服务欠佳，尤其旅游旺季时，常常出现差错。

（四）注意旅行服务技巧

导游人员带团乘坐任何交通工具时，按国际惯例，都要第一个下，最后一个上，这样便于照顾好游客。乘坐交通工具安全第一，还要注意掌握一些必要的技巧。

1. 乘坐飞机的技巧

乘坐飞机时，导游人员一般应当最后上机，导游人员应尽量选择坐在游客中间靠走道的位置，以便在飞行时照料自己的游客，下飞机后应当抢先到达出口，因为只有导游人员才认识前来迎接的地陪。

在整个乘机过程中，导游人员应特别注意以下几点：
(1) 购票后，要检查一下票面，防止出现乘机人姓名同音字错误。了解乘机注意事项，一定要按时抵达机场等候。
(2) 到机场办理登机手续，导游人员应请游客带好机票、身份证、登机牌等，过安全检查，等候上机。
(3) 上机后，如有晕机经历者，可先吃片乘晕宁。在飞机上如有游客出现晕机反应，导游人员可用手压其合谷穴以减轻反应。若严重可与空乘人员联系。
(4) 上机后，听从空乘人员安排，请游客仔细听空乘人员介绍安全知识。一般来讲，空乘人员都能热情服务，所以，在飞机上有什么问题，有什么要求，可以随时向空乘人员提出。

（5）到达后，听从空乘人员安排，按顺序下机，提醒大家不要忘记取自己的行李，如果出现行李损坏现象，要及时到航空公司的办事处登记索赔。

2. 乘坐火车的技巧

火车是旅游重要的交通工具，乘火车旅游，可以欣赏途中景色，特别是田园风光，所以很受游客欢迎。乘坐火车时，导游人员要尽力把自己安排在位于游客中间的铺位或座位，要经常走动，关照每一位游客。在分配位置时，注意游客之间的关系，尽量把一家人、夫妻、情侣分配在相邻的铺位或座位。选择乘火车，导游人员要注意以下技巧：

（1）提前购票，最好买高铁、动车或旅游专列车票，虽然价格贵一点，但车厢干净，服务规范。此点导游人员要向游客说明。

（2）购得火车票后，要检查票面，千万不要乘错车次。

（3）到车站后，听广播和服务员召唤，千万不要误了车次，如遇排队，导游人员领头靠前，请团长负责其后，以便前后照料。

（4）上车后，找好铺位或座位，找不到时可请乘务员协助。

（5）上车后，要安排好车上生活，要经常活动一下身体，防止不适。

（6）注意车上广播，关照大家提前做好下车准备。一般下一站的导游人员，会在出站口迎接大家。请大家安心服从安排。

（五）引导游客理性购物

1. 帮助游客制定"购物计划"

中国人有个习惯，叫"穷家富路"，就是说在家里日子可以过得简朴些，一旦外出就要多带些钱，花着方便些。这也使得一些游客在旅游过程中见什么买什么，结果回来一看买了很多没有意义的东西，造成浪费。

一些外国游客来到商店后，会拿出个小本，上写应购些什么，甚至还分门别类，他们称之为"购物计划"。根据外国游客的做法，导游人员可帮助游客制订一个"购物计划"，并让游客对旅游商品有所了解。一般而言，旅游购物品主要包括：① 旅游工艺品，如饰物、手编、民间工艺品等；② 旅游纪念品，如带有当地景观的小型纪念品，如泰山手杖、长城纪念章等；③ 文物古玩、土特产品，如贵州茅台、云南白药、东北人参、苏杭丝绸等；④ 旅游食品以及旅游日用品。

2. 引导游客学会理性购物

导游人员应善于教会游客理性购物，避免上当受骗。首先，导游人员要告诉游客，购物的首要原则是"少买吃的多买用的"。一些游客旅行回来，满载而归。但几个月后就发现所购吃食，不是变质就是坏掉，不得不扔掉。另有一些游客，刚刚到家就发现食品不能食用了，后悔不迭。但一些用的东西，大部分都能派上用场。纪念性的物品，时间过得愈长，其价值愈大，每每拿出，展示给友人，总能带来些欢娱。

其次，导游人员要提醒游客，购物时应坚持"三要"与"五不要"，许多游客购物时都有"从众心理"，别人买样东西，也不管自己需不需要、喜不喜欢，一哄而起，就跟着买。在这种情况下，小商贩最易搞骗术，而游客也最易上当。所以，应建议游客做到"三要"：要买自己喜欢的东西，买东西一定要商家开"发票"，贵重物品一定要"保单"。还要注意"五不要"：贵重物品不要买；金银珠宝不要买；玉器不要买；大件物品不要买；海鲜水产不要买。

案例 10-2　引导游客购物

地陪小王接待了一个来自上海的旅游团，某日，小王带领大家来到了一家玉器店选购玉器。作为地接导游人员，在带领旅游团购物时，应做好哪些工作？

案例分析：
1）严格按照接待计划到指定购物商店选购。
2）讲清购物时间和购物注意事项。
3）介绍本地商品特色，当好游客的购物参谋。
4）谨防假冒伪劣商品，积极维护游客的权益。

二、导游人员的协作技巧

（一）导游服务集体的共同协作

导游服务集体成员由不同旅行社委派，他们代表着不同旅行社的利益，在工作中又有各自的职责范围，通常互相之间又不熟悉。由于他们之间利益不同、职责不同、工作观点不同，难免会产生意见分歧。然而，为了圆满地完成接待任务，导游服务集体必须互相协作。原因一，他们的服务对象是一致的，即同一旅游团队的游客；原因二，他们有共同的工作任务，即执行共同的旅游计划，为游客安排落实各项旅游服务；原因三，他们有共同的努力目标，即组织好游客的旅游活动，使游客获得满意的服务。

从导游服务集体成员所代表的利益来看，首先，全陪、地陪、景区景点导游人员与领队之间的关系，实质上就是旅游目的地旅行社与旅游客源地旅行社之间的合作关系。双方必须以平等互利、互守信用为前提建立良好的关系，向游客提供优质服务。那么，当导游工作集体成员之间出现矛盾、分歧时，各方又应以何种态度和工作原则作为处理彼此关系的基础呢？首先，是相互尊重。相互尊重是处理人际关系的准则；其次，是求同存异；最后，如仍有争论，则以旅游协议为依据。因为旅游协议是旅行社之间、旅行社和游客之间的协议，各方都应遵守，它是导游工作群体协作共事的原则基础。为使旅游活动能够顺利进行，导游服务集体成员之间建立良好的协作关系是关键，这种良好关系的建立有赖于各方的共同努力。为此，各方都应遵循以下原则。

1. 切忌本位主义，主动争取各方的配合

作为一个工作集体，应该相互协作，互相补充，切忌以自我为中心的本位主义。

2. 主动沟通，达成一致意见

为了能使相互间配合默契，导游服务集体成员应主动与他人沟通信息，交换意见，达成一致。即使有意见，也应开诚布公。

3. 尊重各方的权限和利益，做到平等对待

导游服务集体成员虽然职责不同，所代表企业不同，扮演的角色也有差异，但却没有高低、主次之分，彼此间应本着互相尊重、互补、互利的原则，切忌越权，侵害对方的权利。

4. 互相学习，建立友情关系

导游服务集体成员之间互相学习，既能使各自增长知识、获取经验，体现出谦虚谨慎的处事态度，又是互相尊重的具体表现。

友情是相互协作的纽带。对导游服务集体成员而言，相互之间应建立理性的情感关系。所谓理性的情感关系，应该是限制在法纪和社会承认的道德范围内的君子关系，要处理好功利关系、异性间距离，尊重彼此的隐私，不涉及各自的工作保密内容。

5. 勇担责任，切忌相互推脱、指责

在工作中若出现问题和事故，导游服务集体成员都应从大局出发，分担责任，勇担责任，切忌相互埋怨、指责或推卸责任。

（二）全陪（地陪）与领队的协作

导游人员必须得到领队的支持和协作，这是非常重要的环节。要主动通过领队了解各个游客的兴趣、爱好、性格等心理特征，以便在与游客交往接触时缩短距离。导游人员能否完成工作，很大程度上要靠领队的合作与支持，导游人员要搞好与领队的关系，必须注意做好以下工作：

1. 尊重领队，遇事多与领队磋商

"尊重"是人际关系的基本原则之一。导游人员要尊重领队的人格，尊重他的工作，尊重他的意见和建议，尊重领队就是要遇事要多与他们磋商。旅游团抵达后，地陪要尽快与领队商定日程，如无原则问题应尽量考虑采纳领队的建议和要求。在遇到问题、处理事故时，全陪、地陪更要与领队磋商，争取领队的理解和支持。

2. 关心领队的生活，支持领队的工作

领队的主要工作是维护旅游团的团结、与导游人员联络等。职业领队常年在异国他乡履行自己的使命，进行着重复性工作，十分辛苦。由于其"特殊的身份"，游客一般只会要求领队如何关心自己而很少去主动关心领队。因此，导游人员应当在生活上对领队表示关心，在工作上给予领队支持。当领队提出意见和建议时，导游人员要给予足够的重视；领队在工作中或生活上遇到麻烦时，导游人员要给予必要的支持和帮助；旅游团内部出现纠纷，领队与游客之间出现矛盾时，导游人员一般不要介入，但必要时可以助一臂之力。

3. 争取游客支持，避免正面冲突

导游过程中，导游人员与领队对某些事情意见相左是正常现象。一旦出现这种情况，导游人员要主动与领队沟通，力求及早消除误会，避免分歧继续发展扩大。

4. 多给领队荣誉，调动其积极性

要想搞好与领队的关系，导游人员还要随时注意给领队面子，适当让领队发挥他的特长。

遇到一些可以显示威信的场合，应多把机会让给领队，使其博得游客们的好评。

5. 灵活应变，掌握工作的主动权

由于旅游团成员对领队的评价会直接影响到领队的进退得失，所以有的领队为讨好游客而对导游人员指手画脚，当着全团的面"抢话筒"，一再提"新主意"，给导游人员出难题，使地陪的工作比较被动。遇到类似情况地陪应采取措施变被动为主动，对于"抢话筒"的领队，地陪既不能马上反抢话筒，也不能听之任之，而应灵活应变，选择适当的时机给予纠正，让游客感到"还是地陪讲得好"。这样导游人员既表明了自己的态度又不失风范，工作上也更主动了。

案例 10-3　全陪（地陪）与领队的协作

导游人员小张接待一个旅游团，在机场到饭店的途中，她向游客介绍了团队的日程安排。当她通知游客第二天 7 点用餐时，领队说："7 点不行，太早。"导游人员说："要不 7 点半好了。""7 点半也早。""那您看几点合适？"领队此时非常严肃，冷冷地说："到时候再说吧！"车上的气氛顿时紧张起来，导游人员小张也非常窘迫。

请分析造成小张窘迫的原因，导游人员应如何避免此类情况的发生。

案例分析：

1）在案例中，关键问题不是第二天到底几点用早餐合适，而是导游人员小张没有和领队商量就宣布日程，在领队看来是对他的不尊重，或是目中无人。显然小张忽略了这个细节，得罪了领队，也给后来的工作造成了被动。

2）导游人员遇事要与领队协商，在旅游的日程、旅游生活的安排上多与领队商量，一是领队有权审核旅游活动的落实情况；二是导游人员可通过领队更清楚地了解游客的兴趣爱好以及生活、游览的具体要求，从而向游客提供更具针对性的服务，掌握工作的主动权。

（三）导游人员与司机的合作

导游与旅行车司机的合作是圆满完成导游服务工作的重要影响因素之一。在工作中导游人员要与司机密切配合，以便顺利完成导游服务工作。

1. 及时向司机通报相关信息

旅游线路有变化时，导游人员应提前告诉司机；如果接待的是外国游客，在旅游车到达景点时，导游人员用外语向游客宣布集合时间、地点后，要记住用中文告诉司机。

2. 协调司机做好安全行车工作

大部分司机具有丰富的驾驶经验，可以胜任旅游团的安全驾驶任务，但导游人员可以为减轻司机压力做一些小事情，包括：遇到险情，由司机保护车辆和游客，导游人员去支援；在行车途中不要与司机闲聊，影响驾驶安全。

3. 征求司机对日程安排的意见

导游人员在旅游过程中应注意倾听司机的意见，从而使司机产生团队观念和被信任感，积极参与导游服务工作，帮助导游人员顺利完成带团工作任务。

（四）导游人员与旅游接待单位的合作

导游服务过程中，接触的部门和企业较多，包括旅游沿线提供交通、食宿、购物、娱乐等各种旅游接待单位，导游人员需要与这些接待单位高度协作，搞好与他们的关系。

1. 及时协调，衔接好各个环节

导游人员在服务过程中，要与饭店、车队、机场、景点、商店等许多部门打交道。其中任何一个接待单位或服务工作中的任何一个环节出现失误和差错，都可能导致"一着不慎，满盘皆输"的不良后果。导游人员在服务工作中要善于发现或预见各项旅游服务中可能出现的差错和失误，通过各种手段及时予以协调，使各个接待单位的供给正常有序。

2. 主动配合，争取协作单位的帮助

导游服务工作的特点之一是独立性强，导游人员一人在外独立带团，常常会有意外或紧急情况发生，仅靠导游人员一己之力，问题往往难以解决，因此导游人员要善于利用与各地旅游接待单位的协作关系，主动与协助单位有关人员配合，争取得到他们的帮助。譬如迎接散客时，为避免漏接，地陪可请司机站在另一个出口处举牌帮助迎接。

第三节　导游人员的心理服务技巧

心理服务亦称情绪化服务，是导游人员调节游客在旅游过程中的心理状态时所提供的服务。导游服务的对象是游客，带好旅游团，关键是带好游客。旅游团中的游客因受团体的限制，其个别要求难以在旅游合同中反映出来。当游客到达目的地后，个人的想法和要求会在心里产生，继而在情绪上、行动上有所反映。此外，在旅游过程中，可能遇到一些问题，这些问题来自接待服务某个环节的欠缺，有的来自与旅游团中其他游客的关系，有的出自游客本人或其家庭，但碍于团体关系不便表示出来，而形成心理障碍。这些情况要求导游人员除了要提供旅游合同中规定的游客有权享受的服务之外，还有必要向游客提供心理服务。

一、了解游客心理

每个国家、每个民族都有自己的传统文化和民风民俗，人们的性格和思维方式亦不相同，即使同一个国家，不同地区、不同民族的人在性格和思维方式上也有很大差异；与此同时，游客所属的社会阶层、年龄和性别不同，对其心理特征和生活情趣也会产生较为明显的影响。了解游客需要是提供良好导游服务的前提。

（一）从国籍、职业、年龄、性别等了解游客

每个国家、每个民族都有自己的传统文化和民风习俗，有特定文化下的性格和思维方式。而且，游客所属的社会阶层不同，职业、性别和年龄不同，其心理特征、生活情趣也各不相同。因此，导游人员要努力了解游客，并根据具体情况向他们提供心理服务。

（二）从旅游动机了解游客

动机是需要的表现形式。一个人有什么样的需要，为了满足这种需要，就会以相应的动

机表现出来。旅游动机满足的需要主要有以下几种：追新猎奇的需要；求知、求发展的需要；变换生活环境、调节身心节律的需要；寻求尊重和自我实现的需要。

（三）从分析心理变化了解游客

游客由于生活环境和生活节奏的变化，在旅游的不同阶段、心理活动也会随之发生变化。

1. 旅游初期阶段：求安全心理、求新心理

针对游客的这一特征，导游人员在形象、态度、行为及语言表达等方面都要让游客对导游人员有信任感和认同感；导游人员还可以通过组织轻松愉快的参观游览活动，做生动精彩的导游讲解，耐心回答游客问题等方式，来消除或减轻这一阶段游客的心理障碍。

2. 旅游中期阶段：自由散漫，求全心理

导游人员在旅游活动的这一阶段任务极为艰巨，也容易出差错。因此，导游人员必须精力高度集中，对任何事情都不能掉以轻心。这个阶段是对导游人员组织能力、独立处理问题能力、导游技能技巧、心理素质的一次重要考验。

3. 旅游后期阶段：忙于个人事务

在这一阶段，导游人员应给游客留出充分的时间处理个人事务，如与家庭、亲友联系，购买纪念品等。导游人员对游客的各种疑虑要尽可能耐心地解答，必要时做一些弥补工作，使前一段时间未得到满足的个别要求得到满足，同时设法使心中有气的个别游客有机会发泄不满，尽力挽回消极影响。

（四）从言行举止了解游客

人们的言谈、举止、面部表情往往是其心理活动的外部表现。游客举止的种种表现，如情绪高涨与低落、面带笑容与沉默不语、专心致志与心不在焉等都是其内心活动的直接反映。此外，一个人说话的内容、表达问题的方式、讲话的速度、使用的"行话"以及讲话时带有的乡音等等，可以提供一个人的文化修养、性格、职业、身份、情绪、需求等信息。导游人员要善于察言观色，这对于做好导游工作具有重要意义。

二、调整游客情绪的方法

导游人员应该善于从游客的言谈举止、表情变化去了解他们的情绪变化，在发现游客有焦虑、不安、烦恼、不满、气愤等负面情绪时，要及时找出原因，采取措施来消除或调节其情绪。因此，对游客情绪的调节也就是设法把游客的消极情绪引导为积极的情绪状态。调整情绪的方法可归纳为以下几种。

（一）补偿法

补偿法是指针对游客情绪变化的原因，设法迅速给予适当的补偿，以满足游客的某种需要，使其情绪好转。需要是情绪产生的主观前提，有些情绪是由于某些需要得不到满足而引起的。比如，由于餐饮在数量和质量上未达到应有的标准，致使游客心中不满。这时消除不满情绪的最佳方法就是在这方面进行补偿，如加菜、加酒等，而且替代物一般应强于原先的

内容。又如游客丢失物品,神情沮丧,闷闷不乐,导游人员如能迅速与各有关方面联系,及时找回,便能使游客转忧为喜。

(二)分析法

着重分析游客情绪变化的原因及其得失关系的方法,称为分析法。由于某种不可改变的原因导致游客产生不快情绪,而且又无法补偿时,导游人员就要分析透彻事物的两面性及其游客的得失关系,讲清道理,缓和或消除游客的负面情绪,争取得到他们的理解与合作。例如,由于飞机航班因故取消,需改乘火车,游客要多花时间于旅途之中,常常会引起强烈不满。导游人员应耐心地向游客解释造成日程变更的客观原因,分析改变日程的利弊,强调其有利的一面或着重介绍新增加的游览内容的特色或趣味。

案例 10-4 用分析法调整游客的情绪

某旅游团在哈尔滨结束了冰雪之行,抵达机场准备乘飞机返回北京时,被告知飞机由于天气原因延误;过了3个小时,又被告知航班被取消。这时候,游客十分气愤,有人发牢骚,有人骂街,有人冲着导游人员大喊大叫,有人与民航工作人员争闹起来。这时候,导游人员尽量克制自己的情绪,什么也不说,先是热情地给大家要来茶水,然后才耐心地劝解游客,说:"大家的心情我完全理解,我也与你们一样着急。但今天是因为下雪飞机才停飞的,我想大家谁也不愿意拿自己的生命开玩笑吧。今天晚上,我们先回市区品尝我们本来没有时间品尝的飞龙宴,然后,可以去夜游索菲亚大教堂,并且松花江边的五彩冰灯的夜景会再次给我们带来惊喜的。"

(三)转移注意法

转移注意法是指通过新的刺激把游客的注意力从一个对象转移到另一个对象的方法。当游客产生烦闷或不快情绪时,导游人员要有意识地去调动游客的注意力,使其不再注意不愉快、不顺心的事,而注意愉快的事,使情绪从消极中解脱出来。例如,游客在游览中不小心碰坏了照相机,或者触景生情,产生令人伤感的回忆或联想等,导游人员除了要对游客进行安慰以外,还可以用幽默的语言、诙谐的故事来活跃气氛,吸引游客,使游客的注意力转移到当前有趣的话题或活动上来,忘掉或暂时忘掉不愉快的事情,体验愉快的情绪。

(四)暗示法

心理暗示在导游过程中是一种控制或影响游客心理的有效手段。导游人员在带团过程中可以充分运用暗示的方法,通过自己的言语、表情、手势、行为影响和改变游客的心理活动。如有的游客在参观中对所看见的内容表示怀疑、茫然或带有偏见,如果导游人员带着亲切、自然的微笑,以友好、自信的态度,进行绘声绘色的讲解,并表现出通古博今、见多识广的才智来,就容易使游客心理受到暗示,在不知不觉中改变原来的认识和情感,实现导游讲解的目的。又如,当在旅游过程中发生意外事故时,游客往往表现得恐慌忙乱,而此时导游人员若能镇定自若并有条不紊地进行指挥,就能够起到重要的暗示作用,使游客情绪很快安定下来,对导游人员产生信任依赖之感。反之,如果导游人员惊慌失措,游客就会感到害怕,甚至把发生意外和游览被打断的责任归于导游人员，变得怒气冲冲，或对导游人员产生冷漠、不信任的情绪。

案例 10-5　用暗示法调整游客的情绪

有个夜晚，嘉峪关全城停电，因天黑找不到预定好的宾馆，导游人员和 40 人的旅游团在街头兜了半小时圈子。好不容易把大家安顿下来，岂料一位游客大发雷霆，情绪激动地煽动大家，说是导游和司机串通好故意在"整"大家。面对指责，导游人员只好连连道歉。次日早晨，这位先生迟迟不肯前来吃早餐，导游人员只好亲自将早餐送到房间。在发车前，导游人员再次当众就停电耽误休息表示道歉，并说自己晚上只睡了 3 个小时，为不误行程，自己和司机每人都定了手机闹铃，还反复叮嘱宾馆服务员按时打电话叫他们起床，如果还不行就直接来敲门。这一番实话让游客们都感动。当导游人员提出如果对我不满意，可在十分钟内给他们再换一位导游时，客人们不约而同地说，不用了，就你了。可见，由于导游人员通过述说自己服务工作的辛苦，改变了游客们的态度。

三、激发游客的游兴

导游服务要取得良好的效果，需要导游人员在游览过程中激发游客的游兴，使游客自始至终沉浸在兴奋、愉悦的氛围之中。兴趣是人们力求认识某种事物或某种活动的倾向，这种倾向一经产生，就会出现积极主动、专注投入、聚精会神等心理状态，形成良好的游览心境。导游人员可从以下几方面激发游客的游兴。

（一）通过直观形象激发游客的游兴

导游人员可通过突出游览对象本身的直观形象来激发游客的游兴。如湖北通山县九宫山喷雪崖，崖顶之云中湖湖水喷薄而出，直落涧底峡谷，深达 70 余米。因谷口逼风，跌落之水化成缕缕雾霭，绕崖旋转，色白如雪，如同白雪公主，蔚为壮观。导游人员引导游客从最佳的角度观赏，才能突出喷雪崖的直观形象，使游客产生叹为观止的美感，激起游客强烈的兴趣。

（二）运用语言艺术激发游客的游兴

导游人员运用语言艺术可以调动游客的情绪，激发游客的游兴。如通过讲解历史故事可激发游客对名胜古迹和民间艺术的探索；通过朗诵名诗佳句可激起游客漫游名山大川的豪情；通过提出生动有趣的问题引起游客的思考和探讨。这样营造出的融洽、愉快的氛围可使游客的游兴更加浓烈。

（三）通过组织文娱活动激发游客的游兴

一次成功的旅游活动，仅有导游讲解是远远不够的，导游人员还应抓住时机，组织丰富多彩的文娱活动，动员全团游客共同营造愉快氛围。

（四）使用声像导游手段激发游客的游兴

声像导游是导游服务重要的辅助手段，去景点游览之前，导游人员如能先为游客放映一些相关内容的幻灯片、录像或光盘，往往能收到事半功倍的效果。有时有些景点因客观条件限制或因游客体力不支，难以使游客看到景点的全貌，留下不少的缺憾，通过声像导游可以弥补这一缺憾，给游客留下完整的、美好的印象。如果是在旅游车上，导游人员还可利用车上的音响设备配上适当的音乐，或在讲解间歇时播放一些有着浓郁地方特色的歌曲、乐曲、戏曲等，使车厢内的气氛轻松愉快，让游客始终保持游兴和兴奋、愉悦的心情。

四、提供心理服务的要领

在导游服务过程中，游客是导游人员的服务对象，满足他们的要求，使他们愉快地度过旅游生活，是导游人员的主要任务。所以，对游客提出的要求，只要是合理而又有可能办到的，即使困难，也要设法给予满足。在帮助客人解决各种实际问题，即提供功能服务的同时，还要提供心理服务。在心理上对客人施加影响，使客人保持愉快的心情而提供的服务。

导游人员在提供心理服务时，可以参考以下几个要点。

（一）尊重游客

在导游服务过程中，要处处体现出对客人的尊重。尊重一个人会使他表现出他最好的行为，而贬低一个人只会使他表现出他最坏的行为。导游人员必须明白，只有当游客生活在热情友好的气氛中，在自我尊重的需要得到最大满足时，为他提供的各种服务才有可能发挥作用。要注意为客人"扬长隐短"，扬长是为了增加客人的自豪感，隐短是为了避免触动客人的自卑感。

（二）保持微笑

微笑是自信的象征，是友谊的表示，是和睦相处、合作愉快的反映。微笑是一种重要的交际手段，"微笑是永恒的介绍信"，微笑是信赖之本。导游人员要为游客提供心理服务，首先就要向游客提供微笑服务。

如20世纪30年代，西方国家饭店业受经济危机的影响，呈现出大萧条局面。希尔顿饭店集团的创始人康纳·希尔顿却告诫他的员工："我请各位切记，万万不可把我们心理上的愁云摆在脸上，无论遇到多大困难，希尔顿饭店员工脸上的微笑永远是属于顾客的阳光。"微笑服务正是希尔顿饭店成功的秘诀之一。

（三）学会使用柔性语言

柔性语言表现为语气亲切、语调柔和、措辞委婉、说理自然，常用商讨的口吻与人说话。这样的语言使人愉悦亲切，有较强的征服力，往往能达到以柔克刚的交际效果。

同样的话可以有不同的说法。一般情况下，用肯定的语气说话比用否定的语气说话会使人感到柔和一些。在客我交往中，特别是在表达否定性意见时，要尽可能采用那些"柔性的"语言，让客人听起来觉得顺耳，而不是"刚性的"、让客人听起来逆耳的表达方式。

案例10-6　提供心理服务的技巧

一名导游人员在带团过程中积极、主动，游客和他的感情也很好。一天深夜，有位游客却在电话中和他争吵起来。原来，这位游客夜间外出访友，因与朋友多年未见加上贪杯，所以到了深更半夜回来后才打电话告诉导游人员，说是报个平安。谁知导游人员因等候多时不敢入睡，听到游客打来电话，心中火起，劈头就责问："怎么搞得？怎么这么晚才回宾馆？人家等你到现在，还没有睡觉，你好意思吗？"导游人员的话使游客心里不高兴，于是发生了争吵。如果导游人员换一种方法，说："哟，你回来我就放心了，洗个澡赶紧睡吧，明天还有许多景点要玩呢。"游客听了这番话，心理肯定充满感激。

（四）与游客建立伙伴关系

导游人员要正确地把握游客的心态，尊重他们，与他们保持平行交往，力戒交锋交往，努力与游客建立融洽无间的伙伴关系，使游客对导游产生信任感，使他们产生满足感。

（五）提供个性化服务

游客在接受服务的过程中都有一个共同的心理，既希望服务人员对自己能不另眼相看，又希望服务人员能对自己另眼相看。这两种心理要求看似矛盾，实际所指不同。前者是指服务人员不能歧视、怠慢客人，对所有的客人应一视同仁，提供标准化的服务；后者是指服务人员应了解每一个客人的独特个性与需求，将每位客人与其他客人区分开来，突出出来，使客人有受到特别优待的感觉。

如果说，一视同仁的标准化服务是满足客人共同的需求，使客人感到基本满意的基础，那么，特别关爱的个性服务则是体现对客人尊重，满足个性需求的条件。由于服务的对象千差万别，游客的一些特殊需求往往不是按标准服务所能完全解决的。因此，必须根据游客的具体特点，灵活地提供针对性强的、细致的个性化服务。

第四节　导游的审美引导技巧

旅游活动是一项寻觅美、欣赏美、享受美的综合性审美活动。它不仅能满足人们爱美、求美之需求，而且还能起到净化感情、陶冶情操、增长知识的作用。因此，导游人员在带团旅游时，应重视旅游的美育作用，正确引导游客的观景赏景。

一、传递正确的审美信息

游客来到旅游目的地，由于对其旅游景观，特别是人文景观的社会、艺术背景不了解，审美情趣会受到很大的影响，往往不知其美在何处，从何处着手欣赏。作为游客观景赏美的向导，导游人员首先应把正确的审美信息传递给游客，帮助游客在观赏旅游景观时，感觉、理解、领悟其中的奥妙和内在的美。

当然，向游客传递正确的审美信息，导游人员首先应注意所传递的信息应准确无误，很难想象在游览东湖时，导游人员介绍"水杉是第四纪冰川遗留下来的珍贵树种"，内行的游客听了会是一种什么样的感觉。

如，欣赏武汉市黄鹤楼西门牌楼背面匾额"江山入画"时，既要向游客介绍苏东坡"江山如画，一时多少豪杰"的名句，又要着重突出将"如"改"入"，一字之改所带来的新意和独具匠心的审美情趣。

又如，游览武汉市古琴台，导游人员除了要向游客讲解"俞伯牙摔琴谢知音"的传说故事外，还应引导游客欣赏古琴台，这座规模不大但布局精巧的园林特色，介绍古琴台依山就势、巧用借景手法，把龟山月湖巧妙地借过来，构成一个广阔深远的艺术境界。

二、分析游客的审美感受

游客在欣赏不同的景观时会获得不同的审美感受，有时游客在观照同一审美对象时，其审美感受也不尽相同，甚至表现出不同的美感层次。我国著名美学家李泽厚就将审美感受分为"悦耳悦目""悦心悦意""悦志悦神"三个层次。

（一）悦耳悦目

悦耳悦目，是指审美主体以耳、目为主体的全部审美感官所体验的愉快感受，这种美感通常以直觉为特征，仿佛主体在与审美对象的直接交融中，不假思索便可于瞬间感受到审美对象的美，同时唤起感官的满足和愉悦。

如，当游客漫步于内蒙古莫尔道嘎森林公园之中，当游客看到以绿色为主的自然色调，呼吸到富含负氧离子的清新空气，嗅到沁人心脾的花香，听到林间百鸟鸣唱，就会不自觉地陶醉其中。从而进入"悦耳悦目"的审美境界。

（二）悦心悦意

悦心悦意，是指审美主体透过眼前或耳边具有审美价值的感性形象，在无目的中直观地领悟到对方某些较为深刻的意蕴，获得审美享受和情感升华，这种美感是一种意会，有时难用语言加以充分而准确地表述。

如，观赏齐白石的画，游客感到的不只是草木鱼虾，而是一种悠然自得、鲜活洒脱的情思念趣；泛舟神农溪，聆听土家族姑娘优美动人的歌声，游客感到的不只是音响、节奏与旋律的形式美，而是一种包含着甜蜜和深情的爱情信息流或充满青春美的心声。这些较高层次的审美感受，使游客的情感升华到一种欢快愉悦的状态，进入了较高的艺术境界。

（三）悦志悦神

悦志悦神，是指审美主体在观照审美对象时，经由感知、想象、情感、理解等心理功能交互作用，从而唤起那种精神意志上的昂奋和伦理道德上的超越感，体现了审美主体和审美对象的高度和谐统一。导游人员应根据游客的个性特征，分析他们的审美感受，有针对性地进行导游讲解，使具有不同美感层次的游客都能获得审美愉悦和精神享受。

如，乘船游览长江，会唤起游客的思旧怀古之情，使游客产生深沉崇高的历史责任感；登上坛子岭俯视繁忙的三峡工程建设工地，会激起游客的壮志豪情，使游客户生强烈的民族自豪感。

三、激发游客的想象思维

（一）了解旅游审美想象形式

想象是认知过程中的高级阶段，是指运用大脑已有的表象形成或创造新事物新形象的过程。游客是带着想象游览的。其想象形式有以下两种。

1. 相似想象

是指由事物之间在属性上的相似而产生的想象，它分为外部特征相似想象和内在性质相似想象。如"磨盘心""乌龟石"等属于前者，而看到竹子产生高风亮节的想象，看到长城联想到豪杰好汉等属于后者。在提示游客想象的过程中，导游人员要注意游客的文化差异，引导游客发挥积极向上的想象力。

2. 对比想象

凡是形状上或性质上相对的事物放到一起对比都会引起人们的审美想象，如高与低、大与小、动与静、刚与柔、繁与简、阴与阳、美与丑的对比。中国古典园林艺术、桂林山水等的美都与山水相济的对比有关。

（二）激发游客审美想象

观赏美景是客观环境和主观情感结合的过程。人们在观景赏美时离不开丰富而自由的想象，人的审美活动是以审美对象为依据，经过积极的思维活动，调动已有的知识和经验，进行美的再创造过程。一些旅游景观，尤其是人文景观的导游讲解，需要导游人员制造意境，进行美的再创造，才能激起游客的游兴。激发游客审美想象的策略有以下 4 种。

1. 利用原形激发想象

"黄山的猴子观海""迎客松"等都是利用原形开展联想的结果。在地下洞穴的产品开发上，也主要利用原形来比拟，使人们产生丰富的联想。

2. 增加想象内容

一段历史、一个传说或一个神话都有利于想象的产生。如陕西武则天无字碑、云南石林阿诗玛等景点借助历史传说吸引了众多游人。

3. 增加神秘性内容

地球上有许多未解之谜，如金字塔、玛雅古文化、原始地带等都因其神秘性激发游客丰富的想象。

4. 满足游客的多样性需要

重点推介某旅游产品能满足人们娱乐、健身、学习、探险等方面需求。

四、灵活掌握观景赏美的方法

导游人员既要根据游客的审美情趣和时空条件做生动精彩的导游讲解，还要帮助游客用正确的方式方法去欣赏美景，只有这样，游客才能得到美的享受。

（一）动静结合

1. 动态观赏

任何风景都不是单一的、孤立的、不变的画面形象，而是活泼的、生动的、多变的、连续的整体，随着观赏者的运动，空间形象美才逐渐展现在人的面前。游客漫步于景物之中，步移景换，从而获得空间进程的流动美。

2. 静态观赏

在某一特定的空间，观赏者停留片刻，通过联想来欣赏美、体验美，这就是静态观赏。这种观赏形式时间长、感受深，人们可以获得特殊的美的享受。例如浙江海宁观看钱塘江大潮，泰山观日出，静态观赏让人遐想，令人陶醉。

至于何时动态观赏，何时静态观赏，应视具体情况而定。根据不同景观和不同的时空条件，导游人员要灵活运用，动静结合，努力使游客得到最大限度的美的享受。

（二）观赏距离和角度

自然美景千姿百态、变幻无穷，有时只有从一定的距离和特定的角度观赏才能领略其风姿。例如昆明西山，在民族村、海埂看西山，西山显得高大雄伟；从龙门村逐级攀登、抬头仰望西山，西山又是那么险峻幽深；而到了滇池东岸观西山，西山则是一位仰卧于滇池之滨的睡美人。由于观赏角度的不同形成不同的景观，初来乍到的游客不经指点是领略不到这种奥妙无穷的自然美景的。因此，导游人员必须十分熟悉所游览景观的情况，适时地指导游客从最佳距离、最佳角度，以最佳的方法去观赏美景。

如，从长江游轮上观赏三峡胜景神女峰时，远远望去，朦胧中看到的是一尊丰姿秀逸、亭亭玉立的中国美女雕像。然而若借助望远镜观赏神女岭，会令人失望，因为看到的只是一堆石头而已。

又如，在黄山半山寺望见天都峰山腰上有堆石头状似公鸡，它头朝天门，振翅欲啼，人称"金鸡叫天门"，但到了龙蟠坡，观看同一堆石头，看到的则似五位老翁拄拐杖登险峰，构成了"五老上天都"的美景。

（三）观赏时机

观赏风景要掌握好季节、时间和气象的变化。大自然的色彩美、线条美、形象美、音响美等随着观照、时令、气候变化而有所不同。导游人员要带领游客在最佳时机观赏美景，有的美景观赏时间只有几分钟，稍有疏忽就可能失之交臂，后悔莫及。

如，在泰山之巅看晨曦中的旭日东升、黄昏时的晚霞夕照，美不胜收；在蓬莱有时还能观赏到海市蜃楼，在峨眉山顶有时能看到佛光。这些都是因光照的转换造成的美景。

（四）观赏节奏

观赏节奏应根据观赏内容、游客的具体情况（如年龄、体质、审美情趣、体力等）以及具体的时空条件来确定并随时调整。

一般游客的审美目的是悦耳悦目，悦心悦意。如果游览活动安排得太紧，观赏速度太快，不仅使筋疲力尽的游客达不到观赏目的，还会损害他们的身心，甚至会影响旅游活动的顺利进行。因此，安排观景活动时，导游人员要注意调节观赏节奏，劳逸结合，有张有弛，缓急相宜。

第五节 特殊游客的接待技巧

成千上万的游客来自不同的国家与地区,他们在年龄、职业、宗教信仰、社会地位等方面存在很大差异,有些旅游团(者)在某一方面的特点极为突出,必须给予特别重视和关照,因此称之为特殊旅游团或重点旅游团。虽然他们都是以普通游客的身份而来,但接待方法要有别于一般旅游团,如果注意不到或重点不突出,就会造成很多麻烦和不良影响,直接影响接待质量和旅行社的信誉。

一、儿童的接待技巧

(一)重视儿童的安全问题

对儿童的安全要予以足够的重视,半价参团的儿童游客,尤其是2~6岁的儿童,天生好动,因此要特别注意他们的安全。

(二)掌握"四不宜"的原则

不宜突出了儿童,冷落了其他游客。不宜给儿童买食物,买玩具。即使家长同意也不宜单独把游客的孩子带出活动。儿童生病,应及时建议家长请医生诊治,而不宜建议其给孩子服什么药,绝不能将自己随身携带的药品给儿童服用。

(三)给予儿童格外的关照

由于儿童的个子小,外国儿童对中餐用具使用起来更困难。地陪要根据具体情况,事先给餐厅打电话,要求准备儿童用椅、刀、叉、勺等一些儿童必备用具,以减少用餐时的不便。导游人员在儿童的饮食起居方面要特别关心,如天气变化时,要及时提醒家长给孩子增减衣服。北方天气干燥,提醒家长多给孩子喝水等等。

(四)注意儿童的收费标准

对儿童的收费根据不同的年龄有不同的收费标准和规定,如机票、车票、住房、用餐等,导游人员应特别注意。

案例 10-7　儿童的接待技巧

导游小李带团去野生动物园,在团队里有个小女孩长得特别可爱,今年8岁了。小女孩非常崇拜小李,经常不离她左右。小李也很喜欢她,即使带着客人游览景点时,也拉着那位小女孩,还为小女孩买冷饮,教她唱歌。形成结束后,小李觉得此次带团非常顺利,在填评议单时,令她没有想到的是有很多游客给她打的分数很低,最后还是团里一位老奶奶告诉她为何客人对她有意见。因为她自始至终都在照顾那个女孩,别的客人有一种被忽略了的感觉。

案例分析:

在案例中,导游人员小李特殊照顾了团里的小女孩,而让其他游客感到自己被忽视了,引起客人的不满。导游人员在接待有儿童的旅游团时，除对儿童的饮食起居方面特别关心外，应注意掌握"四不宜"原则。

二、高龄游客的接待技巧

近年来国内旅游兴起，来华旅游的外国游客和国内游客越来越多，其中老年游客占很大比例，面对这些高龄游客，导游人员最好、最有说服力的做法就是对他们有谦恭尊敬的态度、体贴入微的关怀以及不辞辛苦的服务。导游人员在接待高龄游客时应做到以下几个方面。

（一）放慢速度

适当放慢行走的速度。高龄人自己感觉身体不错时，才出国或到外地旅游，但毕竟年龄不饶人，大多数腿脚不太灵活，力不从心。为了安全起见，地陪在带团游览时，一定要放慢脚步，照顾走得慢、落在后面的高龄游客，选台阶少、较平坦的地方走，以防摔倒碰伤。放慢讲解速度。导游人员在向高龄游客讲解时，应适当放慢速度，加大音量，吐字要清楚，必要时多重复。

（二）耐心回答问题

由于国情不同，外国游客大多对中国的情况如风俗民俗等了解甚少，老年游客喜欢提问题，好刨根问底，再加上年纪大，记忆力不好，一个问题经常反复问，遇到这种情况，导游人员不应表示反感，要耐心、不厌其烦给予解答。

（三）做好提醒工作

此类游客由于年龄大，记忆力减退，动作较迟缓，视力欠佳，因此地陪每天应重复讲解第二天的活动日程，并提醒注意事项。如预报天气情况，提醒增减衣服；走路较多，需穿旅游鞋；第二天的出发时间等。进入游人多的旅游景点时，一定要多次提醒他们提高警惕，带好自己的随身物品。

提醒准备适量的零钱。外国游客对人民币不熟悉，加上年纪大，视力差，使用起来有困难。为了使用方便或不被不法之人蒙骗，提醒其准备适量的小面值人民币。提前提醒不要与私人换外汇。由于饮食习惯和生理上的原因，带高龄老人的团，地陪应当增加去厕所的次数，并提前提醒他们，准备好零钱（收费厕所）。

（四）预防游客走失

每到一个景点，地陪要不怕麻烦，反复多次地告诉高龄游客旅游线路及旅游车停车地点，尤其是上、下车地点的景点，一定要提醒高龄游客记住停车地点。同时嘱咐他们，找不到团队时，不要乱走，等待导游人员的到来。

（五）灵活安排日程

导游人员应考虑老年人的生理特点和身体情况。对高龄团队的活动日程一定不要安排得太紧，活动量不要过大，项目不宜过密。要考虑到老人的爱好，在不减少项目的情况下，做到选择便捷路线和有代表性的景观，少而精，不可面面俱到。应适当增加休息时间，参观游览时可在上、下午各安排一次中间休息，在晚餐和看节目之前，应安排回饭店休息一会儿，晚间活动不要回酒店太晚。

案例 10-8　高龄游客的接待技巧

地陪王小姐在陪同一对老年夫妇游览故宫时，工作认真负责，在两个半小时内，向游客详细地讲解了午门、三大殿、乾清宫和珍宝馆。老人提出了一些有关故宫的问题，王小姐说："时间很紧，现在先游览，回饭店后我一定详细回答您的问题。"游客建议她休息，被她谢绝了。虽然很累，但她很高兴，认为自己出色地完成了导游讲解任务。然而，出乎她意料的是，那对老年夫妇不仅不表扬她，反而写信给旅行社领导批评了她。她很委屈，但领导了解情况后说老年游客批评得对。为什么说老年游客批评得对？应该怎样接待老年游客？

案例分析：

老年夫妇的批评很有道理。很显然，王小姐不了解老年游客的兴趣爱好、体力和心态，让他们做了一次疲劳的游览。老人表面上劝王小姐休息，实际上是他们累了，很想休息一会儿，可惜王小姐不理解；王小姐不应该在现场拒绝回答老人关于故宫的问题，也不应让老人在短时间内看那么多的东西。

接待老年散客的正确做法是：对游览线路，导游人员要提出建议，做好顾问，但应由游客选择，不能勉强游客接受你的安排；对老年散客，一定要注意劳逸结合，他们提出要休息，就应找地方休息，有时还要建议他们休息，绝不能强拉他们去游览；对景点做必要的介绍后，导游讲解应以对话、讨论形式为主；一般情况下，要在现场回答游客提出的与景点相关的问题。

三、残障游客的接待技巧

在团队游客中，有时会有截瘫、视力障碍（盲人）、聋哑等残疾游客，在任何时候、任何场合都不应讥笑和歧视他们，而应表示尊重和友好。此类游客的自尊心和独立性很强。虽然他们需要更多的关照，但又不愿给别人增添麻烦。因此，在接待这些残疾游客时，导游人员要特别注意方式方法，既要满腔热情、细心周到、尽可能地为他们提供方便，又要不给他们带来压力或伤害他们的自尊心。游客不主动介绍，不要打听其残疾的原因，以防引起其不快。有残疾游客时，应做好以下工作。

（一）适时、恰当地关心

接到残疾游客后，应适时地询问需要什么帮助，但不宜问候过多。如果过多地当众关心照顾，反而会使他们反感。因为他们的自尊心很强，认为自己既然能到中国来，生活就能自理，不愿成为累赘。

（二）时刻关注身体残疾游客

导游人员在工作中，要时刻想着他们，注意他们的行踪，因为他们毕竟是残疾人，与常人相比有诸多不便，的确需要照顾。因此，在安排活动时，要考虑到他们的生理条件和特殊

需要，如选择路线时应尽量不走或少走台阶，提前告诉他们洗手间的位置，通知餐厅安排在一楼就餐等。

（三）对聋哑游客的服务

接待聋哑游客要安排他们在车前排就座，因为他们需要通过读口形来获取信息，也就是通过导游人员讲解时的口形来了解讲解的内容。这时，地陪应有意识地面向他们放慢讲解速度，让他们能了解更多讲解内容。

（四）对视力障碍游客的服务

尽最大努力争取将讲解的内容细致形象。讲解时，可主动站在其身边，上车安排就座，能用手触摸的地方、物品可以尽量让他们触摸。

本章小结

在游客心中，导游人员是国家的代表、游客的朋友、"万事通"的导游艺术家，导游服务工作是一门艺术。导游服务工作直接面对游客，同时导游服务工作在整个旅游服务中又具有标志作用，导游服务工作在旅游服务中处于主导地位。作为从事导游服务工作的人员——导游人员，必须掌握带团的原则和要领，因此，导游人员必须不断提高导游服务质量，而提高导游服务质量的一个前提就是讲求导游服务的艺术性。导游人员据此进行导游服务，掌握相关技巧，掌握人际关系处理方式，分析游客特征，提供心理服务，传递正确的审美信息，激发游客的想象思维，掌握观景的方法，从而提高导游服务质量的技巧，这样才能真正做好导游服务工作，令游客满意。

学习和思考

1. 导游带团的原则是什么？
2. 导游带团服务要领是什么？
3. 导游人员的活动组织安排的技巧是什么？
4. 与领队或司机合作时，导游人员应注意些什么？
5. 导游人员与其他旅游接待单位的合作应把握哪些方面？
6. 调整游客情绪的方法有哪些？
7. 怎样激发游客游兴？
8. 提供心理服务的方法有哪些？
9. 怎样激发游客的想象思维？
10. 掌握观景赏美的方法有哪些？
11. 特殊旅游团队主要有哪些？试述儿童接待注意要点。

常识篇

第十一章　导游服务必备常识

第十一章　导游服务必备常识

学习目标

通过本章的学习，要求学生掌握出入境所需持有的证件、海关手续、出入境携带行李的规定等；了解我国航空运输、铁路运输、公路运输、水路运输等公共运输常识，购票及行李运输常识；了解邮电、货币、保险知识等常识；熟悉作为导游人员必须掌握的卫生保健救护等多种旅行常识。

第一节　出入境常识

一、出入境所持有效证件

外国人、华侨、港澳台同胞入境，中国公民返归，均须在指定口岸向边防检查站（由公安、海关、卫生检疫三方组成）交验有效证件，填写入境卡，经边防检查站查验核准加盖验讫章后方可入境。中国公民只需提供有效证件以供检查，不必填写入境卡。

有效证件是指各国政府为其公民颁发的出国证件，其种类很多。不同类型的人员使用的有效证件名称也不同，在我国如供国际机组人员使用的是"执照"，供国际海员使用的是"海员证"，邻国边境居民使用的是"边民证"，华侨、台湾同胞使用的是"旅行证"，港澳同胞使用的是"回乡证"，绝大多数外国游客与中国公民使用的是护照以及前往国在护照中签注和盖印的签证。与我国入境旅游相关的几种有效证件如下。

（一）护　照

护照是一国主管机关发给本国公民出国或在国外居留的证件，证明其国籍和身份。护照一般分外交护照、公务护照和普通护照3种。

1. 外交护照

发给政府高级官员、国会议员、外交和领事官员、负有特殊外交使命的人员、政府代表团成员等。持有外交护照者在外国享受外交礼遇（如豁免权）。

2. 公务护照

发给政府一般官员、驻外使领馆工作人员以及因公派往国外执行文化、经济等任务的人员。

3. 普通护照

发给出国的一般公民、国外侨民等。

在中国，外交、公务护照由外事部门颁发，普通护照由公安部门颁发。外交护照和公务护照有效期最长不超过 5 年，普通护照有效期最长不超过 10 年，期满后换发新照。华侨可在有效期满前向中国驻外使、领馆或外交部授权的驻外机关提出延期申请。

护照过期即为无效护照，丧失法律证明效力。根据《中华人民共和国护照法》规定，2007 年 1 月 1 日起，因私护照有效期即将届满的，将依法予以换发或补发，不再办理延期。新颁发的因私护照有效期分两种：未满 16 周岁的申请人颁发 5 年期护照，16 周岁（含 16 岁）以上的申请人颁发 10 年期护照。

（二）签　证

签证是一国主管机关在本国或外国公民所持的护照或旅行证件上签注、盖印，表示准其出入本国国境或者过境的手续。

1. 签证分类

签证分外交签证、礼遇签证、公务签证、普通签证等，还可分为入境签证、入出境签证、出入境签证和过境签证。旅游签证属于普通签证，在中国为 L 字签证（发给来中国旅游、探亲或因其他私人事务入境的人员）。签证上规定持证者在中国停留的起止日期。10 人以上的旅游团可发给团体签证。团体签证一式三份，签发机关留一份，来华旅游团两份，一份用于入境，一份供出境用。

2. 签证有效期

签证的有效期限不等，获签证者必须在有效期内进入中国境内，超过期限签证不再有效。

3. 申请签证

希望进入中国境内的外国人须持有效护照（必要时提供有关证明），例如，来华游客申请签证须出示中国旅游部门的接待证明，向中国的外交代表机关、领事机关或者外交部授权的其他驻外机关申请办理签证。

4. 落地签证

落地签证即口岸签证。至 2017 年，单方面允许符合条件持普通护照的中国公民抵达入境口岸时可办理落地签证的国家和地区有 39 个，分别是：马尔代夫、文莱、科摩罗、帕劳、缅甸、东帝汶、巴林、约旦、阿联酋、老挝、黎巴嫩、尼泊尔、斯里兰卡、泰国、土库曼斯坦、伊朗、越南、埃及、多哥、佛得角、几内亚比绍、科特迪瓦、马达加斯加、马拉维、坦桑尼亚、乌干达、圭亚那、英属圣赫勒拿、图瓦卢、瓦努阿图、柬埔寨、孟加拉国、毛里求斯、肯尼亚、玻利维亚、马尔代夫、毛里塔尼亚、阿塞拜疆、苏里南。

外国人（即与我国有外交关系或官方贸易往来的国家或地区的外国人）、港澳台同胞，可在海口、三亚、深圳、珠海、厦门和福州等地口岸办理入境 15 天的签证手续，可延期，并可转往中国内地任何口岸出境；针对常驻的外国人还可签发多次往返签证；针对我国台湾地区居民可以办理一次性有效期达 3 个月的入境签证。落地签并非直接持护照到达目的地即可获得签证。无论哪个国家，都要求游客持有往返机票或是前往第三国机票和正确的旅行证件才能办理落地签证。

5. 免办签证的几种情况

第一，持普通护照的下列 3 个国家公民前来中国旅游、经商、探亲访友或过境不超过 15 天者，可免办签证从中国对外国人开放口岸入境：新加坡、文莱、日本。但上述国家的下列人员需事先办妥签证：持普通护照但来华旅游、经商、探亲访友预计停留期限将超过 15 天者；持普通护照来华学习、工作、定居、采访者；持外交、公务护照者。

第二，国家间签订了互免签证协议。截至 2017 年 7 月，与中国互免签证的国家和地区有 11 个，单方面对中国公民免签的国家和地区有 16 个。

其中互免签证的是：巴巴多斯、巴哈马、厄瓜多尔、斐济、格林纳达、毛里求斯、圣马力诺共和国、塞舌尔、塞尔维亚、汤加、波黑。单方面对中国公民免签的国家和地区：亚洲（3 个）：阿联酋、印度尼西亚、韩国（济州岛等地）；非洲（3 个）：摩洛哥、法属留尼汪、突尼斯；美洲（7 个）：安提瓜和巴布达、海地、南佐治亚和南桑威奇群岛（英国海外领地）、圣基茨和尼维斯、特克斯和凯科斯群岛（英国海外领地）、牙买加、多米尼克；大洋洲（3 个）：美属北马里亚纳群岛（塞班岛等）、萨摩亚、法属波利尼西亚。

第三，持与中国建交国家的普通护照到中国香港地区和澳门地区旅游的外国人，经在香港、澳门注册的旅游公司组团进入广东珠江三角洲地区（指广州、深圳、珠海、佛山、东莞、中山、江门、肇庆、惠州、汕头市所辖行政区）旅游，且停留不超过 6 日可免办签证。

第四，过境免签。外国人持联程机票并已定妥联程座位搭乘国际航班从中国直接过境，且在过境城市停留不超过 24 小时、不出机场的，可免办签证。从 2013 年开始，为了吸引更多的外籍人士来华旅游和消费，国务院陆续批准北京、上海、广州、成都、重庆、沈阳、大连、西安等十余个城市口岸，对美国、英国、法国、德国、意大利、韩国、新加坡等 51 个国家公民实行 72 小时过境免签政策；其中上海、杭州、南京、京津冀等机场已经实行 144 小时过境免签政策，即持有 72 或 144 小时的联程机票，可不用签证，从这城市口岸入境，并在该城市行政区划停留 72 或 144 小时。

第五，经国家旅游局批准在海南注册的国际旅行社组团到海南省旅游，旅游团不少于 5 人，停留不超过 15 日可免办签证。如需要延长在海南停留时间或再到中国其他地方旅游的，由旅行社出具公函向当地公安机关申请办理加签手续。

（三）港澳居民来往内地通行证

港澳同胞回乡证是港澳同胞来往于香港、澳门与内地之间的证件，由广东省公安厅签发。年满 18 周岁者，回乡证有效期 10 年，18 岁以下者有效期 5 年。另有入出境通行证，也由广东省公安厅签发，有效期为 5 年。为加快口岸验放速度，方便港澳居民来往内地，公安部将具备机读码的卡式《港澳居民来往内地通行证》替代《港澳同胞回乡证》，该《通行证》于 1999 年 1 月 15 日正式启用。2012 年 12 月 28 日，为提高港澳居民来往内地通行证的防伪性能，公安部决定启用新版通行证。新版《港澳居民来往内地通行证》于 2013 年 1 月 2 日起开始使用。

（四）台湾同胞旅行证明

台湾同胞旅行证明是台湾同胞来祖国大陆探亲、旅游的证件，经口岸边防检查站查验并加盖验讫章后，即可作为进出祖国大陆和在内地旅行的身份证明，由口岸边防检查站签发，于 1988 年 10 月 31 日启用，与委托香港中旅社代办签发的《台湾同胞旅行证明》效用相同。目前，台湾居民来往大陆仍需持相关旅行证件出关，至大陆边检时，再以"台胞证"入境，在台湾地区、港澳地区和大陆均可领取"台胞证"，分为 5 年有效和 3 年有效。2015 年 9 月 21 日起，在台湾的大陆居民可向县级以上公安机关出入境管理部门申请补发、换发 5 年有效电子台胞证，包括持一次性有效台胞证入境的台湾地区居民。"台胞证"仍然有效可以继续使用。

二、办理出入境手续

（一）出入口岸

外国人、华侨和台湾同胞可持有效证件在指定的对外开放的口岸出入中国或祖国大陆；香港同胞持证经深圳，澳门同胞经珠海通行。

（二）海关检查

海关检查是指海关在国（边）境口岸依法对出国（边）境的货物、金银、证券、运输工具、行李物品和邮递物品执行监督管理、代收关税和查禁走私的一种行政管理活动。海关检查的主要目的是维护国家主权和利益，保护本国的经济发展、查禁走私和违章安检，防止沾染病毒病菌的物品入境。

1. 海关通道

海关通道分为"红色通道"（亦称"应税通道"）和"绿色通道"（亦称"免税通道"）2 种。

（1）红色通道。海外游客进入中国境内，一般须经"红色通道"，事先要填写"旅客行李申报单"向海关申报，经海关查验后放行。申报单上所列的自用物品，海关加上"△"记号的，必须复带出境（例如录音机、照相机、摄像机等），外国游客不准代他人携带物品进出境。申报单不得涂改，不得遗失，出境时要再交海关办理手续；申报单应据实填写，若有申报不实或隐匿不报者，一经查出，海关将依法处理。海外游客来中国旅行，可携带旅程中需要的、数量合理的自用物品。例如，年满 16 岁以上的旅客可免税携带香烟 400 支和酒 2 瓶（每瓶 750 mL）。

（2）绿色通道。持有中国主管部门给予外交礼遇签证护照的外国籍人员及海关给予免验礼遇的人员，可以选择"绿色通道"通关，但需向海关出示本人证件和按规定填写的申报单据。不明海关规定或不知如何选择海关通道的旅客，应选择"红色通道"通关。

2. 申报

旅客携带或者分离运输下列物品进出境者，应事先填写"旅客行李申报单"，如实向海关申报：

（1）海关征税或限量免税进境的物品。

（2）进出境旅行自用物品和超出规定旅行自用物品范围但仍为旅行途中需用的物品。

（3）国家禁止进出境的物品和国家限制进出境的文物、货币、金银及其制品，以及印刷品、音像制品等物品。

（4）货物、货样及其他超出旅客行李范围的物品。

3．一般规定

（1）通关时，请将全部行李物品交海关查验，海关未放行的行李物品不得提取或装运。

（2）分离运输行李物品请在"旅客行李申报单"上报明。自旅客入境日起六个月内运进的，海关予以验放。

（3）经海关验核签章的"旅客行李申报单"请妥善保管，以便本次出境或者入境时凭此办理有关手续。申报单上所列的自用物品，海关加上"△"记号的，必须复带出境。

（4）经海关免税放行的物品，两年内如出售、转让，或移作他用，必须报经海关核准并补缴税款。

（5）经海关登记准予暂免税入境或出境的行李物品，请在核准的期限内复带出境或入境。

（6）海关加封的行李物品，请不要擅自开拆或者损毁海关的封条。

（7）海关未放行的或者应予退运的行李物品，请旅客或者其代理人在海关指定的期限内办结手续。逾期由海关依法处理。

4．行李物品和邮递物品征税办法的规定

为了简化计税手续和方便纳税人，中国海关对进境旅客行李物品和个人邮递物品实施专用税则、税率。现行税率共有5个税级：免税、20%、50%、100%、200%。物品进口税从价计征，其完税价格由海关参照国际市场零售价格统一审定，并对外公布实施。

（三）卫生检疫

出入境检验检疫机构根据国境卫生检疫法及其实施细则，通过对出入境的人员、交通工具、运输设备以及可能传播检疫传染病的行李、货物、邮包等物品实施国境卫生检疫，防止传染病由境外传入或由境内传出，保护人体健康。出入境检疫对象都应当接受检疫，经出入境检验检疫机构许可方准入境或出境。

外国人进入中国，应根据入境检疫机关的要求如实填报健康申明卡，传染病患者隐瞒不报，按逃避检疫论处。一经发现，禁止入境；已经入境者，让其提前出境。

来自传染病疫区的人员须出示有效的有关疾病的预防接种证书（俗称"黄皮书"）；无证者，入境卫生检疫机关将从其离开感染环境时算起实施6日的留验。来自疫区被传染病污染或可能成为传染病传播媒介的物品，须接受卫生检疫检查和必要的卫生处理。

（四）边防检查

各国为了维护国家主权和安全，禁止非法出入境，为了方便出入境人员和保持交通运输畅通，都在对外开放的港口、机场、国境车站和通道以及特许的进出口岸设立边防检查站，对进出境的人员和物品进行检查。

出入境人员必须按照规定填写出境、入境登记卡，向边防检查站交验本人的有效护照或者其他出境、入境证件，经检验核准后，方可出入境。

（五）安全检查

中国海关和边防站为保证游客生命和财产安全，禁止携带武器、凶器、爆炸物品。采用通过安全门使用磁性检查、红外线透视、"搜身"、开箱检查等方法，对游客进行安全检查。该检查是出入境人员必须履行的检查手续，是保障旅客人身安全的重要措施。

（六）不准出入境的相关规定

1. 下列外国人不准入境

（1）被中国政府驱逐出境，未满不准入境年限的。
（2）被认为入境后可能进行恐怖、暴力、颠覆活动的。
（3）被认为入境后可能进行走私、贩毒、卖淫活动的。
（4）患有精神病和麻风病、艾滋病、性病、开放性肺结核等传染病的。
（5）不能保障其在中国期间所需费用的。
（6）被认为入境后可能进行危害我国国家安全和利益的其他活动的。

2. 对下列人士，边防检查站有权阻止入境

（1）未持有效护照、证件或签证的。
（2）持伪造、涂改或持他人护照、证件的。
（3）拒绝接受查验证件的。
（4）公安部或者国家安全部门通知不准入境的。

3. 下列外国人不准出境

（1）刑事案件的被告人和公安机关或者人民检察院或者法院认定的犯罪嫌疑人。
（2）人民法院通知有未了结民事案件不能离境的。
（3）有其他违反中国法律的行为尚未处理，经有关主管机关认定需要追究的。

4. 下列人士，边防检查机关有权限制出境

（1）持无效出境证件的。
（2）持伪造、涂改或持他人护照、证件的。
（3）拒绝接受查验证件的。

5. 中国公民有下列情形之一的，不准出境

（1）未持有效出境入境证件或者拒绝、逃避接受边防检查的。
（2）被判处刑罚尚未执行完毕或者属于刑事案件被告人、犯罪嫌疑人的。
（3）有未了结的民事案件，人民法院决定不准出境的。
（4）因妨害国（边）境管理受到刑事处罚或者因非法出境、非法居留、非法就业被其他国家或者地区遣返，未满不准出境规定年限的。
（5）可能危害国家安全和利益，国务院有关主管部门决定不准出境的。
（6）法律、行政法规规定不准出境的其他情形。

三、出入境携带物品的规定

（一）部分限制出入境物品

1. 烟　酒

来往我国港澳地区的游客，免税香烟200支，或雪茄50支，或烟丝250克；免税12度以上酒精饮料限1瓶（0.75升以下）。

当天往返或短期内多次来往港、澳地区的游客，免税香烟 40 支，或雪茄 5 支，或烟丝 40 克；12 度以上酒精饮料不准免税带进。

其他入境旅客，免税香烟 400 支，或雪茄 100 支，或烟丝 500 克；免税 12 度以上酒精饮料限 2 瓶（1.5 升以下）。

2. 旅行自用物品

非居民旅客及持有前往国家或地区再入境签证的居民旅客携进旅行自用物品限照相机、便携式收录机、小型摄影机、手提式摄录机、手提式文字处理机每种一件。超过范围的或单价超过 5 000 元人民币的物品，需向海关如实申报，并办理有关手续。经海关放行的旅行自用物品，旅客应在回程时复带出境。

3. 金、银及其制品

旅客携带金、银及其制品进境应以自用合理数为限，其中超过 50 克的应填写申报单证，向海关申报；复带出境时，海关凭本次进境申报的数量核放。携带或托运出境在中国境内购买的金、银及其制品（包括镶嵌饰品、器皿等新工艺品），海关验凭中国人民银行制发的"特种发票"放行。

4. 外　汇

旅客携带外币、旅行支票、信用证等进境，数量不受限制。居民旅客携带 10 000 美元（非居民旅客 5 000 美元）以上或等值的其他外币现钞进境，须向海关如实申报；复带出境时，海关验凭本次进境申报的数额核放。个人出境携带现金不超过 5 000 美元；如果携带现金在 5 000 美元以上 10 000 美元以下，由中国银行开具"携带外汇出境许可证"，海关放行；如果携带现金超过 10 000 美元，由省外汇管理局开具"携带外汇出境许可证"。

5. 人民币及文物

人民币现钞属于我国限制进、出境物品，旅客携带人民币现钞进、出境限额均为 2 万元。

文物（含已故现代著名书画家的作品）：旅客携带文物进境，如需复带出境，请向海关详细报明。旅客携运出境的文物，须经中国文化行政管理部门鉴定。携运文物出境时，必须向海关详细申报。对在境内商店购买的文物，海关凭中国文化行政管理部门所盖的鉴定标志及"文物外销发货票"查验放行；对在境内通过其他途径得到的文物，海关凭中国文化行政管理部门所盖的鉴定标志及开具的"许可出口证明"查验放行；未经鉴定的文物，请不要携带出境。携带文物出境不据实向海关申报的，海关将依法处理。

6. 中药材、中成药

旅客携带中药材、中成药出境，前往国外的，总值限人民币 300 元；前往港澳地区的，总值限人民币 150 元。寄往国外的中药材、中成药，总值限人民币 200 元；寄往港澳地区的，总值限人民币 100 元。进境旅客出境时携带用外汇购买的、数量合理的自用中药材、中成药，海关凭有关发票和外汇兑换水单放行。麝香以及超出以上规定限值的中药材、中成药不准出境。

7. 旅游商品

进境旅客出境时携带用外汇在我境内购买的旅游纪念品、工艺品，除国家规定应申领出口许可证或应征出口税的品种外，海关凭有关发货票和外汇兑换水单放行。

行李物品和邮递品征税办法：为了简化计税手续和方便纳税人，中国海关对进境旅客行李物品和个人邮递物品实施了专用税则、税率。现行税率共有5个税级：免税、20％、50％、100％、200％。物品进口税从价计凭，其完税价格由海关参照国际市场零售价统一审定，并对外公布实施。

（二）禁止入境物品

（1）各种武器、仿真武器、弹药及爆炸物品。

（2）伪造的货币及伪造的有价证券。

（3）对中国政治、经济、文化、道德有害的印刷品、胶卷、照片、唱片、影片、录音带、录像带、激光视盘、计算机存储介质及其他物品。

（4）各种烈性毒药。

（5）鸦片、吗啡、海洛因、大麻以及其他能使人成瘾的麻醉品、精神药物。

（6）带有危险性病菌、害虫及其他有害生物的动物、植物及其产品。

（7）有碍人畜健康的、来自疫区的以及其他能传播疾病的食品、药物或其他物品。

（三）禁止出境物品

（1）列入禁止出境范围的所有物品。

（2）内容涉及国家秘密的手稿、印刷品、胶卷、照片、唱片、影片、录音带、录像带、激光视盘、计算机存储介质及其他物品。

（3）珍贵文物及其他禁止出境的文物。

（4）濒危的和珍贵的动物、植物（均含标本）及其种子和繁殖材料。

第二节　交通、邮电常识

一、航空客运常识

（一）航空旅行常识

1. 航班、班次

民航的运输飞行主要有3种形式：

（1）班期飞行，是指按照班期时刻表和规定的航线，定机型、定日期、定时刻的飞行。

（2）加班飞行，是指根据临时需要在班期飞行以外增加的飞行。

（3）包机飞行，是指按照包机单位的要求，在现有航线上或以外进行的专用飞行。航班分为定期航班和不定期航班、国际航班和国内航班、去程航班和回程航班等等。

班次，是指在单位时间（通常以一个星期计算）内飞行的航班数（包括去程航班和回程航班）。班次是根据运量需求与运能确定的。

2. 航班号

为便于组织运输生产，每个航班都按照一定的规律编有不同的号码以便于区别和管理，这种号码称为航班号。航班号由各个航空公司的两字代码加4个阿拉伯数字组成，航空公司代码由民航局规定公布。四位阿拉伯数字第一位代表航空公司的基地所在地区，第二位表示航班的基地外终点所在地区（1 为华北，2 为西北，3 为华南，4 为西南，5 为华东，6 为东北，8 为厦门，9 为新疆），第三、第四位表示这次航班的序号，单数表示由基地出发向外飞的去程航班，双数表示飞回基地的回程航班。例如：CA1202，西安飞往北京的航班，CA 是中国国际航空公司。

我国国际航班的航班号是由执行该航班任务的航空公司的两字英文代码和3个阿拉伯数字构成。例如，NU545 是中国东方航空公司上海至新加坡的航班。

（二）机 票

1. 购 票

旅客购买机票须出示有效身份证件并填写旅客订座单，中国公民要出示本人的居民身份证，外国人须出示护照，台湾同胞要持台湾同胞旅行证明或公安机关出具的其他有效身份证件购买机票。

机票只限票上所列姓名的旅客使用，不得转让和涂改，否则客票无效，机票费不退。中国国内机票和国际机票的有效期为一年。已满 2 周岁、未满 12 周岁的儿童按成人全票价的 50%付费。不满 2 周岁的婴儿按成人全票价的 10%付费，不单独占一座位。每一成人旅客只能有一个婴儿享受这种票价。

2. OK 票、OPEN 票

OK 票，是指已订妥日期、航班和机座的机票；OPEN 票则是不定期机票，旅客乘机前须持机票和有效证件去民航办理订座手续。

3. 退 票

中国国内机票持有者若想退票，须按规定根据退票时间的早晚支付一定比例的退票费；国际机票持有者要退票应按规定办理，并只限在原购票地点或经航空公司同意的地点办理。误机的旅客要求退票，需支付自误机地至目的地的票款 50%的误机费。

4. 乘 机

旅客必须以机票上标明的航班规定离站时间提前到达指定机场（国内航班提前 90 分钟，国际航班提前 120 分钟），游客可通过机场"电子客票自助值机"服务或机场柜台，凭本人有效身份证办理登机手续，需要行程单可到柜台打印。国内航班通常规定离站前 30 分钟停止办理登机手续，国际航班为 40 分钟。乘机前，旅客及行李必须经过安全检查。

（三）行 李

1. 免费托运行李额

乘坐中国民航的国内、国际班机，持有成人票或儿童票的旅客每人可免费托运的行李额为：头等舱票 40 千克，公务客票 30 千克，经济客票 20 千克；中美、中加航线上的旅客可免费交运行李 2 件，每件不超过 32 千克。按成人票价 10%付费的婴儿无免费行李额。旅客交运的行李必须封装完整、锁扣完善、捆扎牢固并能承受一定压力；对包装不合格的行李，民航可拒运或不负损坏责任。

2. 随身携带的行李

持成人票或半价票的旅客可随身携带的行李不超过 5 千克，其体积不得超过 20×40×55 厘米。

3. 不准托运的物品

严禁旅客携带易燃、易爆、剧毒、放射性物品及其他危害民用航空安全的危险品进入机场、乘坐飞机或作为行李托运；旅客乘坐飞机不得携带武器或随身携带利器和凶器；交运的行李内不得装有货币、珠宝、金银制品、票证、有价证券和其他贵重物品。

（四）机场建设费

每一位在中华人民共和国机场乘坐国内、国际航班的旅客都应缴纳机场建设费：现机场建设费均为 50 元，乘坐国内航班旅客 50 元（部分机型为 10 元）；乘坐国际航班旅客 90 元。

下列旅客可免交机场建设费：

在国内机场中转未出隔离厅的国际旅客；乘坐国际航班出境和乘坐香港、澳门地区航班出港持外交护照的旅客；持半票的 12 周岁以下的儿童；乘坐国内航班在当日（与机票所到的下一航班起飞时间间隔 8 小时以内）中转的旅客。

二、铁路客运知识

（一）铁路旅行常识

自 2012 年 1 月 1 日起，我国实行实名制购票，旅客列车分为国际旅客列车（例如，北京至莫斯科的国际列车）和国内旅客列车。按车次前冠有的字母或 4 位阿拉伯数字的不同分为：

G：高速铁路动车组旅客列车；

C：城际动车组旅客列车；

D：动车组旅客列车；

Z：直达特快旅客列车；

T：特快列车；

K：快速列车；

1001-5999：普通旅客快车

6001-9999：普通旅客慢车

L：临时普快列车；

Y：临时旅游列车。

除高速和准高速列车外，客运列车一般由软卧车厢、硬卧车厢、软座车厢、硬座车厢、餐车、行李车和邮车组成。

（二）车　票

车票是旅客乘车的凭证，也是旅客加入铁路意外伤害强制保险的凭证。

1. 车票种类

客票：软座和硬座客票；

附加票：加快票（特别加快、普通加快）、卧铺票（高级软卧、软卧、包房硬卧、硬卧）、空调票。

为了优待儿童、学生和伤残军人，还发售半价票。

2. 儿童票

身高 1.2 米以下儿童可以免票乘坐列车。身高 1.2～1.5 米的儿童应购买儿童票。一位成人只可携带一名免费（1.2 米以下）儿童，超过的人数应买儿童票。超过 1.5 米的儿童应买全价票。购买卧铺票时，若儿童需单独使用一个卧铺，则需全价购买，另，儿童不需实名购买。

3. 车票丢失

旅客在乘车前丢失车票，须另行购票；旅客在乘车旅行中丢失车票，应从发现丢失车票的车站起补收票价，核收手续；不能判明是丢失车票时，按无票旅客处理。

（三）行　李

1. 免费携带物品

（1）重量：儿童（包括免费儿童）10 千克，外交人员 35 千克，其他旅客 20 千克。

（2）长度和体积：适合于放在行李架上或座位下边，并不妨碍其他旅客乘坐和通行，携带品的外部尺寸（长、宽、高的总和）最大不得超过 160 厘米；杆状物品的长度不得超过 200 厘米；重量不得超过 20 千克。

2. 不得携带物品

危险品（如雷管、炸药、鞭炮、汽油、煤油、电石、液化气体等易爆炸、易燃、自燃物品和杀伤性剧毒物品），国家限制运输物品，妨害公共卫生的物品、动物及损坏、污染车厢的物品，都不得带入车内。

三、公路客运知识

（一）公路客运常识

我国的公路运输呈现出蓬勃发展的势头。1979 年，我国的公路总里程只有 87.6 万千米，到了 2000 年已超过 140 万千米，公路密度达 14.6 千米/100 平方千米。而至 2017 年，公路通车总里程 477 万千米，其中高速公路通车里程 13.6 万千米，均居世界第一位，可见我国的交通建设有了很大发展；全国农村公路总里程达 396 万千米，99.2%的乡镇和 98.3%的建制村通了沥青路、水泥路，99.1%的乡镇和 96.5%的建制村通了客车。自十八大以来，新建改建农村公路 127.5 万千米，每年新增通客车的建制村 5 000 个以上，农村公路建设成效显著。交通部已明确目标：2018 年还将加快推进基础设施的联网优化，新改建农村公路 20 万千米，新改建国省干线公路 1.6 万千米，新增高速公路通车里程 5 000 千米。到 2019 年底实现具备条件的乡镇和建制村通硬化路，到 2020 年实现贫困地区国家高速公路主线基本贯通，具备条件的县城通二级及以上的公路。

（二）国　道

国道，是国家干线公路的简称，是在国家公路网中具有全国性政治、经济意义，并经确定为国家干线的公路。根据地理走向，我国国道分为三类：第一类以首都北京为中心，呈扇面辐射的公路；第二类是我国版图之内南北走向的公路；第三类是东西走向的公路。国干线均采用三位数字表示，其中第一位数字表示国道的类别，即 1×× 代表第一类国道，现有 12 条；2×× 代表第二类国道，现有 28 条；3×× 代表第三类国道，现有 30 条。编号中的第二、第三位数字表示国道的排列顺序，1×× 的 ×× 就是第一类国道自正北开始按顺时针方向排列的序数，其他两类国道也同样排列。

四、水路客运知识

（一）水路旅行常识

中国的水路交通分为沿海航运和内河航运两大类。海外游客在中国水上旅游时大多乘坐豪华游轮。航行在沿海和江湖上的客轮大小不等，船上的设备差异很大。大型客轮的舱室一般分五等：一等舱（软卧，1~2 人）、二等舱（软卧，2~4 人）、三等舱（硬卧，4~8 人）、四等舱（硬卧，8~24 人）和五等舱（硬卧），还有散席（包括座席）。豪华客轮设有特等舱（由软卧卧室、休息室、卫生间等组成）。

（二）船　票

1. 船票种类

船票分为普通船票和加快船票两类，又有成人票、儿童票（1.1 米~1.4 米的儿童）和残疾军人优待票；1.1 米以下的儿童免票。

2. 船票丢失

旅客在乘船前丢失船票，须另行购票；旅客上船后丢失船票，如能提供足够的证明，经确认后无须补票；无法证明时，按有关规定处理。

（三）行　李

1. 免费行李额

（1）重量。乘坐沿海和长江客轮，持全价票的旅客可随身携带免费行李 30 千克，持半价票者和免票儿童免费行李额为 15 千克；乘坐其他内河客轮，免费携带的行李额分别为 20 千克和 10 千克。

（2）体积。每件行李的体积不得超过 0.2 立方米，长度不超过 1.5 米，重量不超过 30 千克。

2. 不准携带的行李

下列物品不准携带上船：法令限制运输的物品，有臭味、恶腥味的物品，能损坏、污染船舶和妨碍其他旅客的物品，爆炸品、易燃品、自燃品、腐蚀性物品、有毒物品、杀伤性物品以及放射性物质。

五、邮电常识

（一）邮　件

邮件是函件和包裹的统称。邮件分国内邮件和国际邮件两大类。国内邮件按内容性质可分为函件和包件。在中国，函件包括信函、明信片、印刷品和盲人读物4种，包件包括包裹和快递小包。国际邮件分为国际函件和国际包裹。前者包括信函、明信片、印刷品、盲人读物和小包5种；后者分为普通包裹、脆弱包裹、保价包裹和过大包裹4种。

1. 邮政专递

我国的邮政与电信于1998年正式分开，邮政部门在原有业务的基础上开展了一些新的业务，例如全球邮政特快专递业务、国内超常规特快专递业务等。我国投巨资铺设全国长途光缆，引进外国先进的技术和设备。随着电信装备水平的提高，电话普及率稳步增长，通讯服务水平稳定提高，资费逐渐降低。

（1）全球邮政特快专递。以高速度、高质量为用户传递国际、国内的紧急信函、文件资料、金融票据、商品货样等各类文件资料和物品的业务。邮件资费因重量和性质的不等而各不相同，国内函件资费：信函首重100克内，每重20克（不足20克按20克计算），本埠0.8元，外埠1.2元；明信片每件0.8；印刷品首重100克（不足100克按100克计算），本埠0.4，外埠0.7；挂号费、回执每件3.0元；盲人读物免费。快递包裹按照寄递里程分区核定，具体标准详见现行《国内包裹资费表》。寄住我国港澳台地区的函件资费：信函20克及20克以下1.5元；明信片1元；印刷品20克及20克以下0.8元；盲人读物免费；航空附加费每10克加0.5元；挂号费每件3元，台湾地区不办理挂号业务。

（2）其他邮件快递公司。除了邮政特快专递，国内还有其他快递公司承接邮件快递业务，中国排名前十的有：STO申通快递、SF顺丰速运、EMS中国邮政、宅急送、圆通快递、天天快递TTK、韵达快递、中通速递、汇通、DDS勤诚等。

（3）邮递禁运物品规定。各类邮件禁止寄有爆炸性、易燃性、毒性、酸性和放射性的各种危险物品，麻醉药物和精神药品，以及国家法令禁止流通或寄递的物品等。具体可查看《禁止寄递物品管理规定》。

2. 电子邮件（E-mail）

信息时代到来，邮件更是在网络生活中扮演不可缺少的角色。网络邮件收发频率远大于普通的邮递员送信，节约了很多成本。利用电脑因特网接发信件（邮件），省时、快捷、省钱。部分高档酒店、宾馆向游客提供此项服务。

（二）电　话

电话是深受人们喜爱的快速通信手段。电话费用一般由打电话者自理，但也有"收话人付费电话"，即指发话人挂号时申明受话人支付话费的电话。用户若希望直拨国内、国际电话，必须知道有关国家和地区城市的电话代码，例如：中国：北京010，广州020，上海021，天津022，重庆023，哈尔滨0451，厦门0592，深圳0755，海南0898等。国际：中国86，美国、加拿大1，俄罗斯7，法国33，英国44。德国49，澳大利亚61，日本81等。直拨国内电话，其顺序如下：城市代码+用户电话。例如：拨打上海的32172002电话时，应拨02132172002即可。

国际电话，以及中国港澳台地区的电话，拨打方式如下：① 拨打国外固定电话：00+国家代码+地区代码+固定电话号码，注：如没有地区代码，则拨打00+国家代码+电话号码。② 拨打国外移动电话：00+国家代码+电话号码。例如直拨法国巴黎的42246879的电话时，应拨

0033142246879即可。注意,有些国家的城市(地区)的区号第一位数是0,例如法国巴黎的代码是01,但在直拨国际电话时不用拨01,只需拨1即可。国际直拨电话收费以"分"为单位,基本收费时间为1分钟,通话不满1分钟时按1分钟计算。

(三)传　真

传真是当前旅游联系最普遍的快捷通信方式,它可把团体签证以及有领导人签字的文件、照片、图纸等真迹由远处传送到对方。它克服了电报、电传等只能传递文字但不能传递文件原样的缺点。发国际、国内传真的办法与打国际、国内长途电话一样,先拨通对方国家、地区传真代码(同国际、国内长途电话的代码),然后发出传真即可。计费同电话。随着电脑网络技术的发展,扩展了办公方法,解放了人们的办公空间局限性。同样,传真也开始了空间解放运动。人们通过电脑网络,把传真电子化、邮件化,使得人们不管在哪里,只要能上网,就能接收传真。国内主要的传真服务器有 OceanFax, AOFAX, coFax, EastFax, myFAX, TraFax, WaveFax 等。

(四)因特网

网络很重要的一个优势就是交互性,利用在网站上设置用户调查表、留言簿、讨论公告板等方式可以迅速准确地得到大量用户反馈和建议。这些应用既有助于新产品推出、新市场开拓,又有助于售后服务和客户调查。传统商业模式中企业会印刷大量的企业介绍、产品信息等宣传资料,然后通过展览会、直邮等方式传递给客户。现在,最简单、最经济、最有效的办法就是将这些信息放到网站上,随时供全球客户索取。现在国内外一些政府机构已将网站作为其发布相关法令和通告的正式渠道,越来越多的企事业也通过网站对外发布消息、企业经营状况和最新动态。由于因特网相比传统媒体特有的优势,这一应用已经成为企业公共关系和全球化战略的重要组成部分。

第三节　货币、保险常识

一、货币常识

货币知识的范围广、内容复杂,这里只介绍一些与旅游活动相关的货币常识。

(一)外　汇

1. 外汇的概念

外汇是指以外币表示的可用于国际结算的一种支付手段,包括外国货币(钞票、铸币等)、外币有价证券(政府公债、国库券、公司债券、息票等)、外币支付凭证(票据、银行存款凭证等)以及其他外汇资金。

2. 我国的外汇政策

我国对外汇实行国家集中管理、统一经营的方针。在中国境内,禁止外汇流通、使用、质押,禁止私自买卖外汇,禁止以任何形式进行套汇、炒汇、逃汇。

3. 货币兑换

海外游客来华时携带的外汇和票据金额没有限制，但数额大时须在入境时据实申报；在中国境内，海外游客可持外汇到中国银行各兑换点兑换成人民币。世界上有150多种货币，在中国境内能兑换的货币有：美元（USD）、欧元（EUR）、英镑（GBP）、日元（JPY）、澳大利亚元（AUD）、加拿大元（CAD）、瑞士法郎（GHF）、丹麦克朗（DKK）、挪威克朗（NOK）、瑞典克朗（SEK）、新加坡元（SGD）、港币（HKD）、马来西亚林吉特（MYR）、菲律宾比索（PHP）、泰国铢（THB）、韩元（KRW）和澳门元（MOP）。我国台湾地区的新台币，可按内部牌价收兑。兑换外币后，游客应妥善保管银行出具的外汇兑换证明（俗称"水单"），该证明有效期为六个月，游客若在半年内离开中国，而兑换的人民币没有花完，可持护照和水单将其兑换成外币，但不得超过水单上注明的金额。

（二）信用卡

信用卡是一种电子智能卡，卡上印有姓名、卡号、有效期、预留签字、防伪标记、银行的简单声明等。

信用卡是指银行或信用卡公司向客户提供小额消费信贷的一种信用凭证。

1. 信用卡的种类

（1）按发卡机构，可分为银行卡和非银行卡。

（2）按持卡人的资信程度，可分为普通卡、金卡和白金卡。

（3）按清偿方式，可分为贷记卡和借记卡：贷记卡的持卡人无须事先存款就可享有一定信贷额度的使用权。借记卡的持卡人必须先在发卡机构存款，按存款金额持卡消费。中国的银行发行的人民币信用卡都属借记卡。

（4）按流通范围，可分为国际卡和地区卡。中国的银行发行的外汇信用卡，例如中国银行的外汇长城万事达卡，是国际卡，而人民币信用卡都是地区卡。

我国公民出境旅游，可尽量使用信用卡，既安全又省去许多麻烦。

国外的万事达卡、维萨卡、运通卡、JCB 卡、大莱卡、发达卡、百万卡等外汇信用卡的持卡人可在我国的一些宾馆、餐馆、商店持卡消费。

2. 注意事项

（1）有效期限：办理信用卡一定要问清信用卡的使用期限。

（2）消费限额：持卡人要记住一次提取现款或消费的最高限额；有的银行卡还规定一天提取现款的次数。

（3）超额消费：透支额度和还款计息方式。

（三）旅行支票

旅行支票是银行或旅行支票公司为方便旅行者，在旅行者交存一定金额后签发的一种面额固定、没有指定的付款人和付款地点的定额票据。购买旅行支票时，购买者要当场签字，作为预留印鉴；支取款项时又须当着付款单位工作人员的面在支票上再次签字；付款单位将两个签字核对无误后方予付款，以防假冒。在购买旅行支票和取款时要向银行支付手续费：购买时按票面金额 1%付费，在中国银行兑付旅行支票时按票面金额 7.5‰支付贴息。

二、保险常识

保险是一种风险转移机制，即个人或者企业通过保险将一些难以确定的事故转移给别人去负担，以付出一笔已知的保险费为代价，就可以将损失转移给保险公司承担。当然，办理保险本身并不能消除风险，保险只能为遭受风险损失的人提供经济补偿。来华游客大多在本国、本地区保了旅行意外伤害保险，进入中国境内后，旅游团一般都自动加入了中国的保险。我国的各大旅行社都与中国人民保险公司总公司签订了协议。

（一）旅游保险的概念及特点

1. 概　念

旅游活动中存在很多风险，风险一旦发生，将危及游客人身和财产安全，也将损害游客的利益。参加旅游保险可以在一定程度上实现风险转移，减少游客和旅行社的损失。所谓旅游保险，是指游客或旅游企业向保险人支付保险费，保险人对于在旅游活动中发生的保险事故所造成的经济损失进行补偿，或对被保险人在旅游活动中的人身伤亡或疾病等给予保险金的行为。旅游保险是保险业务的一个组成部分，它与普通保险最大的不同就体现在旅游保险与旅游活动密切相关，是保险业在旅游业中的体现。

2. 旅游保险的特点

（1）强制保险和自愿保险相结合。旅游保险多数情况下为自愿保险，保险公司和其他人不得强制游客或企业订立保险合同。但旅游保险中也存在强制保险，如旅行社从事旅游业务经营活动，必须投保旅行社责任保险。

（2）有偿性。游客或旅游企业投保旅游保险，必须向保险人支付保险费，否则不能保险。

（3）互助性。保险属于互助合作行为，通过多数人投保以补偿少数人的损失。旅游保险也是如此，少数人获得的保险赔付是以大量的游客或旅游企业缴纳的保险费为基础的。

（4）短期性。旅游保险的保险期一般是旅游活动期间，因此，相对而言，旅游保险具有短期性。如游览中的保险只是从游客检票进入游览完毕为止，时间很短。

（二）旅行社责任保险

所谓旅行社责任保险是指旅行社根据保险合同的约定，向保险公司支付保险费，保险公司对旅行社在从事旅游业务经营活动中，致使游客人身、财产遭受损害应由旅行社承担的责任，承担赔偿保险金责任的行为，其特点是旅行社责任保险属于强制保险。2001年5月15日，国家旅游局颁布了《旅行社投保旅行社责任保险规定》，其第二条规定："旅行社从事旅游业务经营活动，必须投保旅行社责任保险。"也就是说，旅行社责任保险是旅行社必须投保的，没有商量的余地。旅行社责任保险的受益人为旅行社，旅行社责任保险的投保人是旅行社，被保险人和受益人也是旅行社。这一险种的设立目的就是为了转嫁旅行社的经营风险，更好地保护游客和旅行社的利益。由此保险费是由旅行社承担，旅行社责任保险的保障范围是旅行社应当承担的责任。在旅行社责任保险当中，保险公司只对旅行社在从事旅游业务经营活动中，致使游客人身、财产遭受的损害应由旅行社承担的责任负责。而且，保险公司也不是对所有的旅行社应承担的责任负责，而只对保险合同中约定的赔付范围负责。

1. 保险责任范围

旅行社应当对旅行社依法承担的下列责任投保旅行社责任保险：

（1）游客人身伤亡赔偿责任。

（2）游客因治疗支出的交通、医药费赔偿责任。

（3）游客死亡处理和遗体遣返费用赔偿责任。

（4）对游客必要的施救费用，包括必要时近亲属探望而支出的合理的交通、食宿费用，随行未成年人的送返费用，旅行社人员和医护人员前往处理的交通、食宿费用，行程延迟需支出的合理费用等赔偿责任。

（5）游客行李物品的丢失、损坏或被盗所引起的赔偿责任。

（6）由于旅行社员工争议引起的诉讼费用。

（7）旅行社与保险公司约定的其他赔偿责任。

2. 保险人不承担责任的范围

根据《旅行社投保旅行社责任保险规定》，下列情况下旅行社不承担赔偿责任：

（1）游客在旅游行程中，由自身疾病引起的各种损失或损害，旅行社不承担赔偿责任。

（2）游客参加旅行社组织的旅游活动，应当服从导游人员或领队的安排，在行程中注意保护自身和随行未成年人的安全，妥善保管所携带的行李、物品。由于游客个人过错导致的人身伤亡和财产损失，以及由此导致需支出的各种费用，旅行社不承担赔偿责任。

（3）游客在自行终止旅行社安排的旅游行程后，或在不参加双方约定的活动而自行活动的时间内发生的人身、财产损害，旅行社不承担赔偿责任。

因为旅行社责任保险的保险人只对旅行社的责任承保，因此，旅行社不承担赔偿责任的情况自然也不属于保险人的承包范围。

3. 保险期限

旅行社责任保险的保险期限为1年。即旅行社投保旅行社责任保险后，在1年的保险期限内，如果发生投保范围内的赔偿责任，保险公司应赔偿。

4. 索　赔

在保险期限内发生保险责任范围内的事故时，旅行社应及时取得事故发生地公安、医疗、承保保险公司或其分、支公司等单位的有效凭证，向承保保险公司办理理赔事宜。

旅行社对保险公司请求赔偿或者给付保险金的权利期限为3年，即旅行社应当在知道保险事故发生之日起2年内行使请求赔偿权。

（三）旅游意外险

在旅游过程中，游客面临的风险是多种多样的。有的属于旅行社的责任，有的不属于。如果不属于旅行社的责任，即使投保了旅行社责任险，保险公司也不予赔偿。游客可自行购买相关的个人保险，如旅游意外险。不少游客认为旅行社已投保"旅行社责任险"，自己不必再投保意外险，这其实是一种误解。

是否购买旅游意外险完全取决于游客的意愿。但为了充分保障游客的利益,《旅行社管理条例实施细则》和《旅行社投保旅行社责任保险规定》都明确规定,旅行社在与游客订立旅游合同时,应当推荐游客购买相关的游客个人保险。

旅游意外保险是指投保人向保险公司支付保险费,双方约定在发生自然灾害或游客遭遇意外事故时,由保险公司按合同约定向游客支付保险金的保险。

旅游意外险的种类很多,如旅游救助保险、旅游人身意外伤害险、游客意外伤害险、住宿游客人身保险、户外运动专项保险、旅游医疗险、航空运输人身意外伤害险、铁路旅行意外伤害保险等。而且,各保险公司针对游客的实际需求,还在不断改进和推出新的旅游意外保险产品。

我国对旅游意外保险合同的内容并没有统一的规定。不同的保险公司推出的旅游意外保险有不同的内容。

1. 旅游意外保险的赔偿范围

旅游意外保险的赔偿涉及游客的人身、生命和财产。具体来说,一般包括因自然灾害引起的游客下列赔偿:

(1)人身伤亡、急性病死亡引起的赔偿。
(2)受伤和急性病治疗支出的医药费。
(3)死亡处理或遗体运返所需的费用。
(4)游客所携带的行李物品丢失、损坏或被盗所需的赔偿。
(5)第三方责任引起的赔偿。

2. 保险期限

保险期限是保险合同的有效期限,也是保险公司承担保险责任的期限。旅游意外保险的保险期限一般是游客的旅游期间。具体来说,国内旅游、出境旅游的保险期限从游客登上由旅行社安排的交通工具开始,直至该次旅行结束离开旅行社安排的交通工具为止;入境旅游的保险期限从游客入境后参加旅行社安排的旅游行程时开始,直至该旅游行程结束,办完出境手续出境时为止。

3. 保险金额

旅游意外保险的保险金额不等。从几万元至几十万元的都有,相应的保险费也有较大差别,从几元到几百元的都有。游客可根据旅游项目的风险程度和个人的需要做出选择。

4. 保险金赔偿或者给付

购买了旅游意外险的游客,应随身带上保险手册,当在保险有效期内发生保险责任范围内的事故或急性病发需要治疗时,应第一时间打电话向保险公司登记报案,并及时取得事故发生地公安、医疗、承保保险公司或其分、支公司等单位的有效凭证,向承保保险公司办理理赔事宜。其索赔时效以事故发生之日起180日内为限。

旅行者自行终止旅行社安排的旅游行程,其保险期限至其终止旅游行程时间为止;游客在中止双方约定的旅游行程后自行旅游的,也不在旅游意外保险之列。

第四节 卫生保健救护常识

一、卫生救护常识

外出旅游，应该懂得一点卫生常识，如不吃不卫生的食物，不喝不洁的饮料；随身携带一些常用药物，以备不时之需。除此之外，导游人员还应该掌握几种常见病的治疗常识。

（一）晕车（机、船）

晕车、晕机、晕船者旅行前不应饱食，需提前服用药物（最好让其服用自备药或者医生提供的药）；可能时让其坐在较平衡的座位上；长途旅行中旅客晕机（车、船），导游人员可以请乘务员协助。

（二）中暑

中暑的主要症状是大汗、口渴、头昏、耳鸣、眼花、胸闷、恶心、呕吐、发烧，严重者会神志不清，甚至昏迷。人长时间处在暴晒、高热、高湿热环境中容易中暑，所以盛夏旅游，导游人员在带团时要注意劳逸结合，避免游客长时间在骄阳下活动。若有游客中暑，可以置患者于阴凉通风处，平躺，解开衣领，放松裤带；可能时让其饮用含盐饮料，对发烧者要用冷水或者酒精擦身散热，服用必要的防暑药物；缓解后让其静坐（卧）休息。严重中暑者经过简单、必要的治疗后立即送医院。

（三）食物中毒

食物中毒对人体的危害很大，其症状是上吐下泻，特点是起病急，发病快，潜伏期短，若救治不及时，会有生命危险。发现游客食物中毒，让其多喝水以缓解毒性，严重食物中毒者立即送医院抢救。食物中毒多由饮食不卫生引起，导游人员要随时提醒游客不要食用小摊上的食品。

（四）骨折

游客骨折，须及时送医院救治，但在现场，导游人员应做力所能及的初步处理：

首先，止血。游客骨折，应及时止血。止血的常用方法有：① 手压法，即用手指、手掌、拳在伤口靠近心脏一侧压迫血管止血；② 加压包扎法，即在创伤处放厚敷料，用绷带加压包扎；③ 止血带法，即用弹性止血带绑在伤口近心脏的大血管上止血。

其次，包扎。包扎前最好清洗伤口，包扎时动作要轻柔，松紧要适度，绷带的结口不要在创伤处。

最后，上夹板。可以就地取材上夹板，以求固定两端关节，避免转动骨折部位的肢体。

（五）心脏病猝发

游客心脏病猝发，切忌急着将患者抬着或者背着去医院，而应该让其就地平躺，头部略垫高，由患者亲属或者领队或者游客从患者口袋中寻找备用药物，让其服用；同时，导游人员尽快联系附近医务所的医生前来救治，待患者病情稍稳定后送医院。

（六）蝎、蜂蜇伤

若游客被蝎、蜂蜇伤，导游人员要设法将毒刺拔出，用口或者吸管吸出毒汁，然后用肥皂水（条件许可时用5%苏打水或者3%淡氨水）洗敷伤口，服用止痛药。导游人员、游客如识中草药，可以用大肖叶、药荷叶、两面针等捣烂外敷。严重者要送医院抢救。

另外，当旅游团中有游客中暑，食物中毒，骨折，心脏病猝发或者被蝎、蜂严重蜇伤时，导游人员应该立即报告旅行社，严重者送医院治疗。

二、保健常识

（一）四季旅游保健常识

1. 春季旅游应该注意的问题

（1）春季气候变化不定，时晴时雨，游客要注意衣服、鞋袜和雨具的携带。

（2）春季是百花盛开的季节，空气中常含大量的花粉微粒，有花粉过敏症的游客不要过分接近或接触花草，还应注意游前口服抗过敏药物。

（3）乘车春游的游客，要注意休息。早中餐宜吃得适量，少吃油腻、生冷及难消化的食物，切不可空腹乘车。

（4）春季是细菌容易繁衍的季节，应防止"病从口入"。游客旅途中切忌喝生水及小贩的饮料，最好自带凉开水、冰茶、矿泉水或购买正规商店出售的饮料，以免引起腹痛、腹泻等。

（5）注意饮食卫生，随身自带的食品及瓜果要防止变质，并要定时定量地进食。

（6）春季易于感冒。宜准备一二种感冒退热药品。

2. 夏季旅游应注意的事项

（1）夏季炎热的气候往往使人体的心率加快，心脏负担加重，出汗增多，大量的盐分会随着汗液排出体外，使人口干舌燥，应注意及时补充水和盐分。否则，会使血容量减少，再加上旅途疲劳，容易中暑。此外，在炎热的环境里，尤其在太阳暴晒的室外不宜久留，以防中暑。

（2）旅游时要携带草帽、扇子、太阳镜等防暑用品，还要准备清凉油、仁丹和十滴水等简易防暑药品。

（3）每晚应采用淋浴的方法洗澡，以保持皮肤清洁。

（4）旅游住宾馆使用空调时，室温不宜过低，应控制在26℃~28℃为宜，室内外温差不宜过大。

（5）夏夜闷热，不可怕热贪凉而露宿在外，以防止感冒及蚊虫叮咬后引起疟疾、丝虫病及乙型脑炎等疾病。

（6）在海滨游泳时要谨慎,因为海滨不同于游泳池,深、浅水界限不明显,容易发生意外事故。不会游泳者更要警惕,初学者不能擅自行动,以防发生溺水事件。

（7）去山地旅游,在植被茂密处最好穿长衣、长裤,戴草帽,以防蛇、虫咬伤。

（8）夏季是多雷雨的季节,野外旅游时应注意防雨与避雷。

3. 秋季旅游应该注意的事项

（1）秋季气候开始转凉,早晚温差大,旅游在外容易着凉感冒,要带好足够的衣服,并准备一些治疗感冒和肠胃不适的药品。

（2）秋季气候干燥,容易引起皮肤干燥、唇炎及一些"上火"的疾病,应注意补充水分,适量进食蔬菜和水果。

（3）立秋后,许多花草树木逐渐枯黄,草木易燃,自助旅游在外野炊时应注意保管好火种,避免引起火灾。

（4）秋天的河谷大多水落石出,沿山间溪流行走时应注意行路安全,防止跌伤和扭伤。

（5）在山中旅游,遇持续暴雨时,要特别注意山体滑坡和泥石流的迹象,一旦发现不要惊慌,设法避开。

4. 冬季旅游应注意的事项

（1）勿忽视冬游服装的选择。宜穿着既保暖又轻松的衣服,上衣通常是毛衣和羽绒衣或皮衣,长裤为毛线裤或运动裤加羊毛袜,裤长宜覆盖过足部。袜要厚,鞋要大小适中,切忌鞋袜过小。另外勿忘手的保暖,备一厚一薄两副手套,厚的戴着行走,薄的便于取东西、照相。

（2）注意皮肤的防寒保健。如在室外活动时宜在面部、手上或其他裸露的皮肤处涂抹防寒护肤霜,在嘴唇上涂润唇膏,以防冻伤。另外,除了带防寒药品和一些个人常备药品外,因为寒冷和干燥,常常口渴,饮水过多上卫生间不方便,建议随身携带润喉片备用。

（3）去北国旅游,由于室内外温差大,室外活动时应戴帽子、系围巾、穿外套,活动时如果出汗,不要立刻解开外套或摘下帽子直接吹冷风,避免伤风感冒,宜在室内将汗擦干。

（4）在冰面上行走时,应防止滑倒受伤。特别是冰上活动时宜小步滑行,双手不要插入衣袋,以便失去平衡或跌倒时保护自己。

(二) 不同人群的保健事项

1. 老人旅游注意事项

老人外出前应准备好一双能保温、透气、轻便、防滑的鞋子。老人多有动脉硬化症,由于脚的血液供应量减少,脚部受凉,容易感冒,容易引起胃病、腹痛;老人行动较慢,动作迟缓,走路时重心不易掌握,容易失去平衡而跌倒;老年人骨质疏松,摔倒容易引起骨折。所以,老人外出旅游,以穿旅游鞋为好。

老人的骨质随着年龄的增大而逐渐疏松,稍不留神,身体一歪或轻微的碰撞就会引起骨折,尤其是股骨颈骨折。若旅游时携带东西过多过重,或跌倒、滑到,椎体受压可导致严重腰痛,甚至可引起椎体压缩性骨折而不能行动,因此在旅途中应特别当心。

老人乘卧铺列车旅行应睡下铺；老人夜尿多，夜间上厕所时应先在床上坐一会再下地。如起床下地过猛，容易造成直立性低血压，或一时性脑贫血而晕倒受伤。

老年人大多患有一些潜在的疾病。在长途旅游时，可能会使原有的病加重，可能会使原来的疾病显露出来，所以应由家属陪同或老友结伴而行。为了防止单身旅游的老人，或因故与同行旅伴分开而发生突发疾病及意外伤害，建议老人外出旅游前准备好一张保健卡，随身携带，放在容易被人查找到的外衣口袋中，以便救援人员了解病情，给予及时的救护。也便于救援人员与老人的单位、家属及时联系。

患有慢性疾病的老人应尽量避免或减少长线旅游，上路前应根据各自的病情，准备好常规服用药和急救用的药物，随身携带。如高血压病老人应带上降压药，肝病老人应带上保肝药。

2. 青年女性外出注意事项

（1）不要用湿毛巾抹汗。玩得汗流浃背时，随手将湿毛巾拿来抹上几把，觉得很舒服，这是不好的习惯。在外活动时身上的毛管开放，如用湿毛巾抹汗，易使水分渗入毛管之内，因此应用干毛巾抹汗。

（2）不要用体温烘衣。衣衫湿了，不方便脱下或未带备用衣服，以为可以借助体温烘干，这样做对身体是不利的。还是应及时换去湿衣，否则容易得病。

（3）不要在剧烈运动后倒头便睡。大运动量后，人较疲劳，容易入睡。然而，由于人体各系统机能未得到适当调节，各部位活动尚未转入正常，容易招致疾病。

（4）不要利用冷水或吹风来降低体温。野外活动后大量流汗，若立即进行冷水浴或游泳，会引起生理功能的紊乱，导致神经系统失调。也不应立即用电风扇的快挡吹风降温，否则，容易引起头痛、感冒。

（5）不要暴饮水。活动后适量饮些茶水、盐水、温开水解渴是必要的，但不宜喝得太多。因为饮用大量的水，不仅会使消化系统和心血管系统增加负担，还会增加出汗，使体内盐分大量流失，这样就容易引起抽筋，甚至影响食欲。

3. 老年人、婴幼儿乘坐客机应注意问题

老年人因体力不足，不可携带过重的物品；老年人大多患有一些慢性病，尤其是心脑血管病者较多，在旅游前应治疗一下原有疾病，等病情初步控制后才能上路；在旅游中如老毛病复发或有其他不适，应及时报告乘务人员，以得到必要的治疗和关照；携带必要的平时常服药物及备急药品，以便在机上发病时急用；为减轻旅途劳累，上机后应早些放倒座椅靠背，安静休息。

婴幼儿上机应由父母背抱，在飞机起飞上升、着陆骤降及空中颠簸时，大人要抱稳婴幼儿，系牢安全带，飞机升降时不要让婴幼儿睡觉，应让婴儿吃奶或用奶瓶喂奶，以便婴幼儿耳咽管开放，防止大气压压坏耳鼓膜；稍大一些的幼儿勿在机舱内奔跑，以防扭伤、挫伤等意外事故发生。13周岁以下的儿童，需有成人陪伴同行或交乘务人员代为关照。

老幼都应注意的问题是登机后尽早熟悉机上游客使用的设备，如安全带、清洁袋、通风器，以及厕所的位置。飞行中要学会通风器的调整，把风向和风且调到最佳位置，不让风直接收到身上，以免旅途感冒。

本章小结

导游人员在为游客提供各种服务的过程中,要随时随地帮助游客处理旅行中的一些必要手续,解答他们的各种咨询,帮助他们解决各种难题。因此,导游人员必须掌握本章所介绍的各种旅行常识,包括出入境常识、交通邮电常识、货币保险常识及卫生保健救护常识。掌握这些旅行服务知识是导游人员提高工作效率和服务质量的必要条件,是塑造导游美好形象的基本保证,对游客旅游活动的顺利进行尤为重要。

学习与思考

1. 什么是护照?护照的类型有哪几种?
2. 签证有哪些种类?在办理各类签证时,分别有哪些规定?
3. 国内的旅客列车包括几种类型?对儿童购票的具体要求有哪些?
4. 在航空运输及铁路运输服务中,购票、行李运输有哪些规定?
5. 什么是旅行社责任保险?其保险范围是如何规定的?
6. 什么是红绿通道?海关禁止及限制进出境物品有哪些?
7. 出现中暑、食物中毒、骨折、心脏病猝发、蝎或蜂蜇伤、蛇咬伤等紧急情况时如何急救?
8. 四季旅游与不同人群外出旅游保健注意事项有哪些?

参考文献

[1] 陈树. 导游业务[M]. 重庆：重庆大学出版社，2015.

[2] 解程姬，李晓标. 导游业务[M]. 北京：北京理工大学出版社，2015.

[3] 全国导游资格考试统编教材专家编写组. 导游业务[M]. 北京：中国旅游出版社，2017.

[4] 贵州省旅游局. 导游业务[M]. 北京：中国旅游出版社，2010.

[5] 贵州省旅游局. 贵州导游现场考试指南[M]. 北京：中国旅游出版社，2010.

[6] 杜炜，张建梅. 导游业务[M]. 北京：高等教育出版社，2012.

[7] 广东省导游人员考评委员会办公室. 导游业务[M]. 广州：广州旅游出版社，2007.

[8] 生延超，范保宁. 导游理论与实务[M]. 北京：中国旅游出版社，2010.

[9] 熊剑平，石洁. 导游学[M]. 北京：北京大学出版社，2010.

[10] 黄明亮，刘德兵. 导游实务[M]. 北京：高等教育出版社，2009.

[11] 李伟丽，任曼丽. 导游业务[M]. 郑州：郑州大学出版社，2015.

[12] 陶汉军，黄松山. 导游服务学概论[M]. 北京：中国旅游出版社，2003.

[13] 王连义. 导游技巧与技术[M]. 北京：旅游教育出版社，2002.

[14] 蒋炳辉. 导游带团艺术[M]. 北京：中国旅游出版社，2001.

[15] 蒋炳辉. 导游人员带团200个怎么办[M]. 北京：中国旅游出版社，2002.

[16] 国家旅游局人事劳动教育司. 导游业务[M]. 北京：旅游教育出版社，2002.